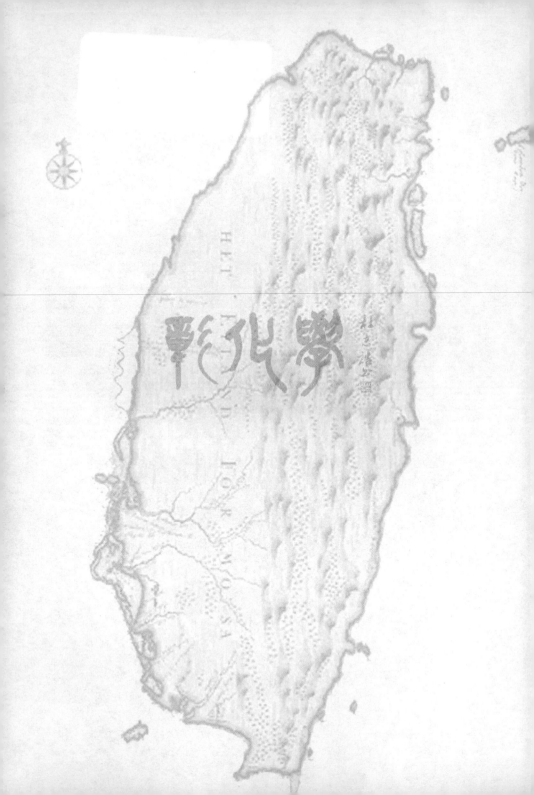

彰化學 031

陳再得的
台灣歌仔

陳益源、陳必正、陳芳慶◎編

晨星出版

陳再得
與家人、朋友

陳再得與愛妻洪秋香女士於摩扥車上合影（1974）。

陳再得與愛妻洪秋香女士於相館合影（1971）。

陳再得全家福（1970）。前排左起：陳芳慶、洪秋香、陳再得。後排左起：陳鸞寶、陳翠芳、陳鸞鄉、陳鸞花、陳必正。

陳再得與愛妻洪秋香女士於芳苑鄉新生村十戶仔老家前合影（1999）。

2

陳再得長子陳必正全家福（2010）。前排左起：謝美女、許帘媗、陳洺葳、陳必正。後排左起：陳憲波、鍾婗君、許竣翔、陳慶芬、許滄德。

陳再得次女陳黛鄉全家福（2000）。左起：洪婷婷、洪聖文、洪仕勳、洪登春、陳黛鄉、洪安琪、洪姍姍。

陳再得長女陳黛花全家福（1979）。前排左起：林柏青、林公青、林鴻志、林鳴志。後排左起：陳黛花、林和興。

陳再得夫妻與次子陳芳慶全家福（2000）。左起：黃瓊慧、陳見晴、洪秋香、陳再得、陳芳慶、陳見屬。

3

陳再得三女陳翠芳全家福　陳再得四女陳鶯寶全家福（2010）。左起：洪
（1994）。前：洪藝真。後　冠程、洪詩盈、陳鶯寶、洪永昌、洪浚騰。
排左起：洪偉哲、洪文煌、
陳翠芳、洪聖雯。

陳再得、洪秋香五十週年金婚紀念，於十戶仔老家前家族合影
（2000元旦）。

陳再得家族成員於十戶仔老家前齊聚一堂（2010母親節）。

陳再得全家福與陳日頌（2000）。
前排左起：陳鶯寶、陳鶯花、陳鶯
卿、陳翠芳。後排左起：陳芳慶、
洪秋香、陳再得、洪藝真、陳日
頌、陳必正。

陳再得與友人合影（2002）。左
起：楊明郎、陳再得、許明山。

《陳再得及其歌仔研究》作
者林依華與田野調查對象合
影（2006）。左起：林依
華、陳必正、許明山。

陳再得於洪醒夫故居前與多位學者專
家合影（2001）。左起七位：彭瑞
金、鄭邦鎮、吳晟、陳慶芳、康原、
陳再得、許明山。

陳再得
文物及相關報導

陳國勝句，許明山書，「再傳事實昭鄉史，得
自天真正梓歌」對聯（2000）。

〈芳苑追想曲，鄉所決印在電
話簿內——陳再得融入芳苑鄉
歷史，寫成七字歌訣，鄉長認
值得保存永久流傳〉，載《聯
合報》（1999.6.8）。

中國文化大學
中國文學系
民間文學小組

感　謝　狀

陳再得協助本小組
進行民間文學作品採
集工作特贈此狀以表
謝忱並留紀念
此狀

中華民國　九十年　三月十五日

中國文化大學中國文學系民間文學小組致贈陳再得之感謝狀（2001）。

做歌記代誌，唸歌講歷史
——歌仔先陳再得今心情

康原

一九八五年芳苑鄉鄉長陳請讚先生，透過友人對我表示，希望我能幫忙找一些學者專家，為芳苑撰寫鄉志。年輕為鄉民有此大志，做其成，便邀請召集鄉志編撰小組，最後由中興大學教授王良行博士擔任主持人，我任編撰主持人，開始進行各種事宜。

我做了協助主持人做各種相關事宜外，又擔任文化篇的撰寫工作，找文獻資料與相關的檔案資料，又做田野調查，公所方面又協助份開著老座談會，在一次會老座談會中，我認識陳再得先生，那次，他提供一首七字仔次〈芳苑五大姓氏分佈口訣歌〉。

七字仔歌記錄芳苑姓氏分佈

「彰化縣下靠海邊，福建泉州分人氏，早來將近三百年，芳苑姓氏湠與漚，南邊有頂部黑新街，五州三台後寮算無少，永興北邊無外一載，永興又闊佔

作者訪談的情景

陳再得先生　台語詩歌選

～寫給愛妻秋香～
》秋風微微雲遮月
》香味陣陣對面吹
》再度想起青春時
》得意至今甘苦嚐

～為出生地菅脚而作～
草湖菅脚文武器，全帶（住）陳家令子孫，
兩條龍脈固真穩，箸那無破配乾坤。

～沙山追想曲～
小弟住在彰化縣，芳苑鄉內新生村，
芳苑半年曾仔托，滿門蓋瓦無磚瓦，
戊戌年間水真大，冬尾時天風飛沙，
沙崙一層過一層，日本時代故沙山。

康原，〈做歌記代誌，唸歌講歷史——歌仔先陳再得今心情〉，載《彰化青年》第328期（1999.6），頁4～6。

陳再得詩刊開內頁（2005）。錄〈寫給愛妻秋香〉、〈為出生地菅脚而作〉、〈沙山追想曲〉（局部）三段「台語詩歌選」。

陳再得
的台灣歌仔中所述及之相關地點

南投縣竹山鎮保安宮（李勇廟）旁勝逢製茶所，是陳再得向當地者老探訪七耳蚵傳說的地點。

南投縣竹山鎮保安宮（李勇廟）。陳再得編唱〈沙山追想曲〉時，為佐證七耳蚵傳說，特與長子陳必正親赴此地訪談當地者老。

彰化縣芳苑鄉王功漁港福海宮牌樓。

彰化縣芳苑鄉王功漁港一景。

彰化縣芳苑鄉王功漁港福海宮。

彰化縣芳苑鄉王功漁港「王者之弓」橋。

彰化縣芳苑鄉漢寶村「漢寶社區歡迎您」
輪胎造景標語。

彰化縣芳苑鄉王功漁港燈塔。

彰化縣芳苑鄉草湖保
安宮福德祠福德亭，
亭上對聯屬陳再得撰
書。

彰化縣芳苑鄉白馬峰善天宮。

彰化縣芳苑鄉草湖保安宮福德祠。

彰化縣芳苑鄉草湖保安宮。

彰化縣福興鄉麥嶼厝九天寺牌樓。

彰化縣福興鄉麥嶼厝九天寺。　彰化縣立草湖國民中學外觀。　南投縣集集鎮火車站。

陳再得
的台灣歌仔手稿與書影

〈芳苑白馬峰普天宮歌〉，刊於《台灣新生報‧台灣詩壇》231
期「台語竹枝詞」（2000.10.14）。

〈麥嶼厝九天寺〉手稿。

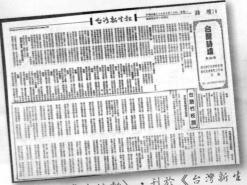

〈台灣集集大地動〉，刊於《台灣新生
報‧台灣詩壇》235期「台語竹枝詞」
（2001.10.30），同期尚刊出〈芳苑白馬
峰普天宮歌〉後半。

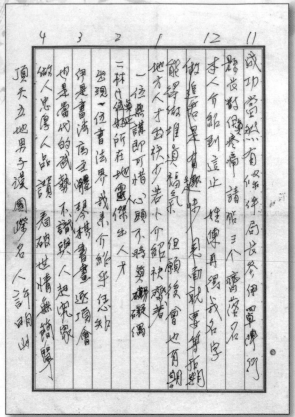

〈二林真正好所在，地靈人傑出人才〉手稿。

〈三國論〉手稿（書於2000.10.12日曆紙背）。

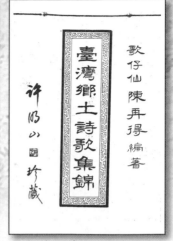

臺灣鄉土詩歌集錦

歌仔仙 陳再得 編著

許明山 珍藏

〈台灣宗教〉手稿。

陳再得編着，許明山珍藏《台灣鄉土詩歌集錦》（自印本）封面。

〈漳泉過台灣〉手稿。

陳再得編着，許明山珍藏《台灣鄉土詩歌集錦》（自印本）目次。

〈二林名人歌〉（代擬）手稿（書於2000.6.12日曆紙背）。

【叢書序】

啓動彰化學
──共同完成大夢想

林明德

　　二十多年來，台灣主體意識逐漸抬頭，社區營造也蔚爲趨勢。各縣市鄉鎮紛紛編纂史志，大家來寫村史則方興未艾。而有志之士更是積極投入研究，於是金門學、宜蘭學、澎湖學、苗栗學、台中學、屏東學……，相繼推出，騰傳一時。

　　大致上說來，這些學術現象的形成過程，個人曾直接或間接參與，於其原委當有某種程度的了解，也引起相當深刻的反思。

　　一九九六年，我從服務二十五年的輔大退休，獲聘於彰化師大國文系。教學、研究之餘，仍然繼續台灣民俗藝術的田調工作。一九九九年，個人接受彰化縣文化局的委託，進行爲期一年的飲食文化調查研究，帶領四位研究生進出二十六個鄉鎮市，訪問二百三十多個飲食點，最後繳交《彰化縣飲食文化》（三十五萬字）的成果。

　　當時，我曾說過：往昔，有一府二鹿三艋舺的符碼；今天，飲食文化見證半線風華。這是先民的智慧結晶，也是彰化的珍貴資源之一。

　　彰化一帶，舊稱半線，是來自平埔族「半線社」之名。清雍正元年（1723），正式立縣；四年（1726）創建孔廟，先賢以「設學立教，以彰雅化」期許，並命名爲「彰化縣」。在

地理上，彰化位於台灣中部，除東部邊緣少許山巒外，大部分屬於平原，濁水溪流過，土地肥沃，農業發達，有「台灣第一穀倉」之美譽。三百年來，彰化族群多元，人文薈萃，並且累積許多有形、無形的文化資產，其風華之多采多姿，與府城相比，恐怕毫不遜色。

二十五座古蹟群，各式各樣民居，既傳釋先民的營造智慧，也呈現了獨特的綜合藝術；戲曲彰化，多音交響，南管、北管、高甲戲、歌仔戲與布袋戲，傳唱斯土斯民的心聲與夢想；繁複的民間工藝，精緻的傳統家俱，在在流露令人欣羨的生活美學；而人傑地靈，文風鼎盛，舊、新文學引領風騷，成果斐然；至於潛藏民間的文學，既生動又多樣，還有待進一步的挖掘與整理。

這些元素是彰化的底蘊，它們共同型塑了「人文彰化」的圖像。

十二年，我親近彰化，探勘寶藏，逐漸發現其人文的豐饒多元。在因緣俱足之下，透過產官學合作的模式，正式推出「啟動彰化學」的構想。

基本上，啟動彰化學，是項多元的整合工程，大概包括五個面相：課程設計結合理論與實際，彰化師大國文系、台文所開設的鄉土教學專題、台灣文化專題、田野調查、民間文學、彰化縣作家講座與文化列車等，是扎根也是開拓文化人口的基礎課程，此其一；為彰化學國際化作出宣示，二〇〇七彰化文學國際學術研討會聚集國內外學者五十多人，進行八場次二十六篇的論述，為彰化文學研究聚焦，也增加彰化學的國際能見度，此其二；彰化師大文學院立足彰化，於人文扎根、師資培育、在職進修與社會服務扮演相當重要角色，二〇〇七重點發展計畫以「彰化學」為主，包括：地理系〈中部地區地理

環境空間分析〉、美術系〈彰化地區藝術與人文展演空間〉與國文系〈建置彰化詩學電子資料庫〉三個子題，橫向聯繫、思索交集，以整合彰化人文資源，並獲得校方的大力支持，此其三；文學院接受彰化縣文化局的委託，承辦二〇〇七彰化學研討會，我們將進行人力規劃，結合國內學者專家的經驗與智慧，全方位多領域的探索彰化內涵，再現人文彰化的風貌，為文化創意產業提供一個思考的空間，此其四；為了開拓彰化學，我們成立編委會，擬訂宗教、歷史、地理、生物、政治、社會、民俗、民間文學、古典文學、現代文學、傳統建築、傳統表演藝術、傳統手工藝與飲食文化等系列，敦請學者專家撰寫，其終極目標乃在挖掘彰化人文底蘊，累積人文資源，此其五。

彰化師大扎根半線三十六年，近年來，配合政策積極轉型為綜合大學，努力參與社區總體營造，實踐校園家園化，締造優質的人文空間，經營境教，以發揮潛移默化的效果，並且開出產官學合作的契機，推出專案，互相奧援，善盡知識分子的責任，回饋社會。在白沙山莊，師生以「立卦山福慧雙修大師彰師大，依湖畔學思並重明德化德明。」互相勉勵。

從私立輔大退休，轉進國立彰師大，我的教授生涯經常被視為逆向操作，於台灣教育界屬於特例；五年後，又將再次退休。個人提出一個大夢想，期望結合眾多因緣，啟動彰化學，以深耕人文彰化。為了有系統的累積其多元資源，精心設計多種系列，我們力邀學者專家分門別類、循序漸進推出彰化學叢書，預計每年十二冊，五年六十冊。並將這套叢書獻給彰化、台灣與國際社會。

基本上，叢書的出版是產官學合作的最佳典範，也毋寧是台灣學的嶄新里程碑。感謝彰化縣文化局、全興、頂新、帝寶

彰化學

等文教基金會與彰化師大張惠博校長的支持。專業出版社晨星的合作，在編輯、美編上，為叢書塑造風格，能新人耳目；彰化人杜忠誥教授，親自題寫「彰化學」三字，名家出手為叢書增色不少，在此一併感謝。

回想這套叢書的出版，從起心動念，因緣俱足，到逐步推出，其過程真是不可思議。

「讓我們共同完成一個大夢想吧。」我除了心存感激外，只能如是說。

·林明德（1946～），台灣高雄縣人。國立政治大學中文博士。現任國立彰化師範大學國文學系教授兼副校長。投入民俗藝術研究三十年，致力挖掘族群人文，整合民俗藝術，強調民俗是一切藝術的土壤。著有《台澎金馬地區區聯調查研究》（1994）、《文學典範的反思》（1996）、《彰化縣飲食文化》（2002）、《阮註定是搬戲的命》（2003）、《台中飲食風華》（2006）、《斟酌雅俗》（2009）。

歌仔先的鄉情記事

康　原

　　民間文學是文化的根源，其中一篇故事、一則俚語、一首歌謠，都充分反應普羅大眾的感情與認知和地方特色。近十幾年來參加撰寫鄉志、村史，或個人傳記書寫，以及民間文學採集，以尋找台灣的文化根源，過程中常會遇到一些具有傳承民間文學的耆老。如果說：「文化就是生活的形式」，各族群的文化都應該表現出其生活特質，這些方式就是文化的表徵。包括宗教藝術、法律、風俗習慣。因此人類的思考、行為模式、台灣民間文學，就是生活在這塊土地的人民，用他們自己的語言，去表達他們的生活經驗。

　　在做口述歷史與田野調查時，面對耆老訪談總是欲罷不能，存在民間的七字歌謠、傳說、故事相當多，由於沒能做更深入的探討與研究，這些民間文學的傳承者被埋沒。記得在撰寫《芳苑鄉志》時，在訪談過程認識了歌仔先陳再得（1929～2005）。這位鄉賢出於芳苑鄉崙腳村，後來移居新生村，是家父的好朋友。陳再得的父親陳九屎、母親陳林滿世代務農，育有四子三女，再得排行第三。

　　他出生農家，擔任過兩屆村長，以種稻、養鴨、種甘蔗等農畜業為生，曾於民國四十年左右從事養鴨事業，是採用吉普賽的流浪放牧方式，在稻穀收割時從故鄉出發，將小鴨由西

海岸向東邊趕至埔里，沿途將鴨子趕入收割完的稻田中撿拾稻穀食用，等到了目的地再將已屆成熟的鴨隻從埔里運回故鄉芳苑。閒暇時刻喜歡說唱歌仔自娛，並以七字歌謠記錄鄉土之事，他有一副「樂暢」的個性，喜歡悠閒的鄉間生活，常與家父在鄉間的榕樹下、廟堂上泡茶聊天，幽默風趣的「樂暢」性格，形成歌仔更能深度刻劃人性，真摯的傳遞鄉里間的各種事物，記錄鄉間的生活。因此筆者在書寫《野鳥與花蛤的故鄉——漢寶村的故事》時，曾引用許多他唸唱的七字仔歌謠，來呈現漢寶鄉間的生活與開發的歷史。

成功大學陳益源教授調查彰化縣民間文學時，看到筆者收集與運用陳再得的七字歌謠，恰巧他指導一位中興大學中文所的研究生林依華是出生於崙腳村（依華的母親也認識陳先生）就以《陳再得及其歌仔研究》為題做碩論，她分析陳再得歌仔的形式、內容、分類、價值等面相，口考時受到口試委員之一的林明德教授的讚許與肯定。

經過三年多，陳益源教授再指導研究生為這本論文做註解與考證，並加以修訂，與陳再得二十五首歌仔結輯出版，展現更完整風貌。這些歌仔內容有：民間信仰的紀錄、鄉土與政治人物的素描、台灣地名的探源、天災與地貌變遷的書寫、食茶的四句聯，還有時代的勸世歌、收集史料編出來的歌仔，最令人感動如一首〈寫給愛妻秋香〉，用「秋香」、「再得」的冠字做對：「秋風微微雲過月，香味陣陣對面吹；再度想起青春時，得意至今甘苦甜。」表現出夫妻鶼鰈情深的情感。

台灣歌仔是一種優美與和諧的地方史料，常以平民的觀點去評論歷史，由庶民觀點去記錄歷史，就如提唱大眾史學的周樑楷所說：「每個人對於認知能力的成長都有基本的歷史意識。在不同的社會文化中，人人可以以不同的形式和觀點表述

私領域與公領域的歷史。大眾史學一方面以同情了解的心態，肯定每個人的歷史表述；另一方面也鼓勵人人『書寫』歷史，並且『書寫』大眾的歷史，供給大眾閱聽。」細讀陳再得的歌仔，我們可以印證他「作歌記代誌，唸歌講歷史」的本事，更可肯定他不失為一種村莊歷史的傳唱與書寫者。

【編者序】
我的父親

陳必正

　　父親陳再得的詩歌作品取材很廣，內容除了包涵歷史地理外，也關心環保、勸人爲善、關心弱勢，除娛樂世人外，也具教化功能，是很難得的鄉土文學創作。

　　他生性簡約，隨手一拈，就在舊日曆紙背面書寫初稿，筆法蒼勁有力，思路井然有序，遇有存疑必親找相關人士求證，曾有幾次我陪同父親遠赴南投探尋洪氏各房遷徙情形，也爲佐證七耳蚵的傳說而造訪竹山李勇廟，探訪當地耆老。

　　他對詩歌內容講求眞實，遣詞用字細心推敲、巧妙押韻，節奏順暢如行雲流水，讓人朗誦起來心情隨之起伏，有如身歷其境。鄉土口吻台灣味的描述，氣象萬千，不得不讚嘆詩歌的眞善美。他在文化界的友人陳國勝撰文、許明山書寫之「再傳事實昭鄉史，得自天眞正梓歌」對聯，是對父親作品最貼切的寫照。

　　父親的詩歌受到作家康原的矚目，多次在刊物上介紹他的作品，讓更多人認識他與他的詩歌，曾有中興大學研究生林依華專題研究當作畢業論文，更爲彰師大副校長林明德遴選爲彰化學題材，並由成大陳益源主任指導優秀團隊研究整理完成。父親的作品得以發光發熱，上述各位都是他的貴人。又，早期幫忙進行電腦輸入工作的陳宗錡、彭玉美夫婦，以及常陪父親到處造訪求證的楊明郎也功不可沒。父親詩歌作品能夠完整保存並廣爲流傳，這是他以及爲人兒女者共同的心願，在此謹代替父親向所有參與的人致上最高的謝意。

【編者序】
跟隨春天，插秧工從高屏出發

陳芳慶

一八九八年，台灣發生戊戌水災，濁水溪改道，舊河道乾涸後溪沙隨風吹，造成一望無際的沙丘地，日治時代，將此區域劃定為沙山鄉（今芳苑鄉），廣植木麻黃當防風林，一九四〇年，地質生態逐漸穩定，許多日本移民村先後建立起來，開墾荒地，種植甘蔗、水稻等作物。台灣光復後，各地閩客農民來到彰化漢寶南邊移民村，繼續開墾林地，隨著人口數增加，新生村行政區乃應運而生。

由於父親善於處理村民紛爭，受到信任，乃在二十七歲擔任村長。為了增加收入，父親和村民常在立春時節前往屏東承攬插秧工作，當氣候次第暖化，一路跟隨春天的腳步，由南向北，沿著西部平原的高雄、台南、嘉義、雲林各縣市，直到彰化老家。白天忙於插秧，晚上夜宿田間工寮，父親常以創作歌謠自娛娛人，描繪所見所聞，情純意真。父親的詩詞曾被選為研究題材，中興大學中國文學所研究生林依華以《陳再得及其歌仔研究》，在陳益源教授指導下，完成學位論文。母親名叫秋香，這是父親以他倆名字寫成的七言詩：

> 秋風微微雲過月　香味陣陣對面吹
> 再度想起青春時　得意至今甘苦甜

　　父母親務農，白天辛勤耕耘，晚間忙裡偷閒，在曬穀場納涼，月光下，南風輕輕吹，風中帶來收割時期的稻香，回想起來，不管是苦還是甘甜，都讓結褵五十多年，共渡無數寒暑的夫妻感到驕傲。

【編者序】
陳再得生平簡介和這本書

陳益源

　　陳再得（1929～2005），彰化縣芳苑鄉人。他的父親陳九屎、母親陳林滿世，世代務農，育有四子三女，陳再得排行第四，上有一姐二兄，下有二妹一弟。曾於沙山公學校王功分教場接受日本教育，唯以家貧，公學校二年級時輟學，未能完成學業。雖然如此，據其長子陳必正表示，陳再得輟學後並未中斷學習之路，十幾歲時跟隨張滿堂（彰化人）、鹿港先（姓名不詳）等地方宿儒學習漢文，練成一手好字及深厚的漢學根底，並因接觸洪尊明（二林人，人稱「竹圍仔筆」）的歌仔作品得到啟蒙，因而對編唱七字四句聯歌仔產生濃厚興趣。

　　一九五一年，陳再得與小他一歲的洪秋香女士結婚，婚後育有五子二女。夫妻二人相敬如賓，幸福美滿。七名子女皆受良好教育，目前多在教育界、醫界服務。陳再得廣結各方善緣，通達人情義理，熱心鄰里事務，曾連任芳苑鄉新生村第六屆、第七屆村長，因為善於站在公正立場調解村里間的爭端，深受村民信任，乃至於卸任後，村民還是習慣請他出面仲裁糾紛。陳再得除擔任村長之外，實以務農營生，另尚經營過養鴨、種植甘蔗等事業，但都為期甚短。

　　陳再得交遊廣闊，見多識廣，不僅擴大其編唱歌仔吟詠的主題，也深化其編唱歌仔關懷的對象，其充滿在地歷史典故、

民俗文化風情的歌仔創作，受到諸多詩人作家與文史工作者注意。一九九七年，熟悉芳苑地方掌故的陳再得，更受聘爲《芳苑鄉志》的編輯顧問。一九九九年六月八日，《聯合報》登載標題爲〈芳苑追想曲，鄉所決印在電話簿內──陳再得融入芳苑鄉歷史，寫成七字歌訣，鄉長認值得保存永久流傳〉之報導，報導中介紹了陳再得及其編唱七字歌仔〈芳苑鄉追想曲〉（即〈沙山追想曲〉）的內容與構思過程。一九九九年十二月，康原發表〈歌謠中的村莊歷史〉（載《國立中央圖書館台灣分館館刊》第252期），以陳再得編唱之〈芳苑鄉追想曲〉爲本，對照多種族譜、方志等文獻，詳細考證先民開墾生活情景與地方家族發展演變，突顯出陳再得的台灣歌仔紀錄歷史之意義與價值。

　　二〇〇〇年十月，陳再得〈芳苑白馬峰普天宮〉於《台灣新生報》「台灣詩壇」第230期至第231期，第233至第235期，連載登出，這是首度有陳再得的台灣歌仔作品在報章雜誌上公開刊載。復於《台灣新生報》「台灣詩壇」第235、237、238期連續刊載了〈台灣集集大地動歌〉部分內容，第246期刊出〈時代勸世歌〉部分內容。因《台灣新生報》「台灣詩壇」於第246期後即告停刊，主編吳錦順將陳再得的台灣歌仔作品轉往《台灣古典詩詩學》第39期繼續刊出。同年十二月，施福珍主編之《彰化縣民間文學集（16）》出版，收錄〈路上厝〉、〈漢寶園〉、〈王功開發歌〉、〈牛埔頭之歌〉、〈芳苑的土豆〉、〈芳苑開發歌一～三）〉等，其實乃係康原采錄、整理自陳再得的台灣歌仔〈沙山追想曲〉。

　　二〇〇三年十一月，陳再得以〈地方歌仔仙賜稿──保安宮〉、〈地方歌仔仙賜稿──福德祠〉（收錄於《草湖保安宮福德祠入火安座大典》專刊），恭賀芳苑鄉草湖村保安宮福德

祠入火安座大典紀念,可見陳再得的台灣歌仔與在地廟宇文化息息相關。二〇〇四年八月,康原於〈芳苑才子——謝春木〉(收入吳晟主編《彰化縣文學家的故事》,彰化縣文化局)文中,大量援引陳再得的台灣歌仔〈沙山追想曲〉所敘內容,說明謝春木生平及其與「二林事件」之關係。二〇〇五年四月,康原《野鳥與花蛤的故鄉——漢寶村的故事》(彰化縣文化局)刊行,陳再得的台灣歌仔數度為康原所引證,可說是其建構漢寶村史的重要參考對象。

二〇〇七年六月,林依華完成《陳再得及其歌仔研究》(中興大學中國文學研究所碩士論文),林氏透過田野調查,遍訪陳再得家人、朋友,勾勒陳再得生平傳略及生命情調,探究陳再得編唱歌仔的背景淵源與歷程轉變,分析陳再得歌仔的內容主題與文學手法,彰顯陳再得歌仔在記錄歷史、保存語料、傳承民俗、累積文化等多重價值。二〇〇七年十月,我與林依華合撰〈陳再得歌仔與彰化地方傳說〉(「2007年彰化研究學術研討會——啟動彰化學」,彰化師範大學文學院),該文深入探討陳再得的台灣歌仔中所敘之芳苑及其鄰近地區的地名由來和寺廟沿革、神明傳說,也發現陳再得編唱在地特產「七耳蚵」的神奇來歷,以及改編自「二林事件」、「二林奇案」等作品,這些被陳再得取材並加以運用的傳說故事,是深入探究彰化地方傳說多元面貌的寶貴線索。總的來說,陳再得的台灣歌仔與彰化地方密不可分,和台灣發展息息相關,康原盛讚其「作歌記代誌,唸歌講歷史」,乃一卓然有成的民間文學家,誠非過譽。

關於陳再得的台灣歌仔之整理與出版,大概可以分為幾個階段。早年陳再得隨口唸唱的七字歌仔,本是農閒公暇之際,有感而發的生活實錄或自娛娛人的即興創作。直到結識康原、

許明山、吳錦順等詩友，在彼此切磋鼓勵之下，開始有意識地將自己口中的歌仔形諸文字，並由長子陳必正輸入電腦，列印成冊，本書所附多張歌仔冊自印本書影，即為陳必正打字整理而成，這是陳再得的台灣歌仔整理出版工作之第一個階段。（其中有些作品陳再得自署創作日期，有些沒有，我們依悉原貌呈現，不予易動。）

　　二○○六年，中興大學中國文學研究所研究生林依華在我的指導之下，開始有系統地全面就陳再得及其歌仔進行調查、搜集、整理及研究。二○○七年，林依華完成碩士論文的同時，也將所搜集到的陳再得的台灣歌仔，重新打字編次，做為論文的附錄，至此，陳再得的台灣歌仔首度以接近全貌的方式公開呈現。也就在此時，彰化師範大學林明德副校長，做為林依華碩士論文的口考委員，有鑑於陳再得的台灣歌仔，極具豐富的彰化文史傳承價值與充沛的在地生命活力，希望能將陳再得的台灣歌仔納為《彰化學叢書》出版對象之一，正式刊行，這是陳再得的台灣歌仔整理出版工作之第二個階段。

　　二○○八～二○一○年，先由中正大學中國文學系碩士班施志諺根據林依華初步整理的文字稿，再次校訂，為便於一般讀者閱讀，針對外界較不易懂記音漢字，加註台語音標與註解。接下來是東華大學民間文學研究所陳嘉雀加入編輯團隊，接替施志諺的工作，繼續為陳再得的台灣歌仔進行標音與註解，嗣後，連嘉雀的母親宋丹枝女士也加入了工作的行列，嘉雀與她的母親曾多次與我仔細交換意見，甚至為了歌仔唱詞中出現幾處令人費解的農具名稱或地名，主動訪談親友，以求陳再得的台灣歌仔能讓更多人看得明白，這是陳再得的台灣歌仔整理出版工作之第三個階段。

　　二○一○年，在陳再得長子陳必正醫師與次子陳芳慶教授

的鼎力幫助下，取得多幀陳再得的珍貴照片與手稿，並蒙惠賜大作，這本書因為有了這些由陳再得先生家族徵集提供的照片留影與兩篇序，讓這本書的出版更加有意義。

這次出版工作，對於陳再得的台灣歌仔在內容分類上與林依華碩士論文所述略有不同，林依華論文原分為：一、改編台灣歷史與民間故事類；二、改編當時該地社會新聞類；三、勸善教化類；四、敘情歌類；五、知識類；六、台灣主題書寫；七、家鄉在地書寫；八、贈答交際；九、其他。本書將「家鄉在地書寫」併入「改編台灣歷史與民間故事類」，並改為「彰化歷史與地方傳說」，清楚確立陳再得以歌仔唸唱彰化歷史與傳說的重要特色，是吾人建構「彰化學」不可或缺的一環；另將「知識類」與「台灣主題書寫」合併，並改為「中華歷史與台灣地理知識」，使之合乎四篇歌仔所敘內容而又不致於忽略歌仔中所欲表現的台灣主題精神。又，為盡量統一體例起見，一律刪去「類」字，將「改編當時該地社會新聞類」簡化為「社會時事新聞」，又把「敘情歌」改稱「敘情歌詩」。所以，這本書中的分類為：第一篇　彰化歷史與地方傳說；第二篇　社會時事新聞；第三篇　中華歷史與台灣地理知識；第四篇　勸善教化；第五篇　敘情歌詩；第六篇　贈答交際；第七篇　其他；另外，則將四種從未公開，陳再得親筆寫於日曆紙背面的歌仔手稿列為附錄，以饗讀者。

最後，《陳再得的台灣歌仔》這本書的正式出版，我要特別感謝陳必正中醫診所陳必正醫師、高雄師範大學工業科技教育學系陳芳慶教授，以及陳再得先生所有家屬的全力支持，感謝彰化師範大學林明德副校長、康原文史工作室康原老師的再三督促，感謝晨星出版有限公司徐惠雅等編輯同仁的多方包容，感謝柯榮三、廖凱蘋等我的助理們的耐心編校。我相信藉

彰化學

由這本書，一定能讓更多朋友透過「歌仔仙」陳再得留給他的子孫，留給我們大家的「作歌記代誌，唸歌講歷史」，更加親近芳苑，認識彰化，關懷台灣。

99.12.20謹誌於成大中文系

彰化學

【目錄】contents

【導論】
陳再得歌仔與彰化地方傳說

陳益源、林依華[1]

　　彰化縣民間文學中的地方傳說蘊藏豐富，經過十二年
（1993～2004）的普查，採錄成果頗為可觀，但仍有許多遺
漏。而彰化縣芳苑鄉有位「歌仔仙」陳再得（1929～2005），
一生喜好編創閩南語歌仔，現存作品二十六首，凡六萬餘言，
內容包羅萬象。因此本文作者在進行陳再得歌仔研究時，基於
廣泛挖掘、搶救彰化縣地方傳說的實際需求，特別注意其歌仔
與彰化地方傳說之間的關係。透過陳再得的歌仔，我們看到了
許多跟芳苑及其鄰近地區的地名由來和寺廟沿革、神明傳說，
也由他的作品中發現當地特產「七耳蚵」的神奇來歷，以及著
名的「二林蔗農事件」和「二林奇案」的最新改編。這些被陳
再得所取材並加以運用的傳說故事，正是我們尋訪幾被遺忘的
彰化地方傳說、深入探究彰化地方傳說的多元面貌的寶貴線
索。

1　林依華，國立中興大學中文所碩士。

一、前　言

　　彰化民間文學的採錄，在日治時期曾經得到彰化文人賴和、楊守愚、周定山等人的重視，加以搜集改寫[2]。之後，沉寂了很長一段時間，直到一九九〇年代胡萬川教授推動普查工作，主編《彰化縣民間文學集1～10集》，才重啓新一階段的富有科學性的田野調查。這波調查活動，爲期十二年（1993～2004），在胡萬川、林松源、施福珍、康原、陳益源等人的接力主持下，調查範圍涵蓋縣內二十六個鄉鎮市，科學記錄了二十世紀末彰化閩南語傳說（109篇）、一般民間故事（74篇）、笑話（39篇）、歌謠（342首）和諺語、歇後語、謎語、繞口令數百則，前後由彰化縣立文化中心、彰化縣政府文化局出版了二十二集民間文學資料，以及一冊《彰化縣民間文學集總目索引》，成果頗爲可觀。其中，一〇九篇的民間傳說裡有七十六篇是跟彰化在地的人、事、時、地、物緊密結合的地方傳說[3]，蘊含著當地開發的歷史記憶與多采多姿的民俗

2　如賴和的〈善訟的人的故事〉、〈富戶人的歷史〉，楊守愚的〈美人照鏡〉，周定山的〈鹿港憨光義〉、〈王仔英〉等，主要載於李獻璋編著的《台灣民間文學集》，1936年刊行。

3　這76篇，包括和美鎮：〈和美爲什麼以前叫做「來而散」〉（2）、〈烘爐穴迎花燈〉（21）；彰化市：〈鬼故事〉（7）；大村鄉：〈睡地蜈蚣〉（9）；埔鹽鄉：〈楊本縣敗地理〉（9）；線西鄉：〈大眾爺的傳說〉、〈文昌帝君的傳說（一）（二）（三）〉、〈溫王的傳說〉、〈神明保佑的傳說〉、〈神明相殘〉、〈媽祖的傳說〉、〈夫人媽的傳說〉（17）；伸港鄉：〈張玉姑廟〉（17）；芬園鄉：〈阿彌陀崁的傳說〉、〈山腳湖的傳說〉、〈寶藏寺媽祖的傳說〉、〈嘉慶君的故事〉、〈請客雞不剁的由來〉（18）；花壇鄉：〈木師窟的傳說〉、〈花壇地名的由來〉、〈土地公的傳說〉、〈曾維楨和土地公（一）（二）〉、〈姑娘廟的傳說〉（18）；秀水鄉：〈曾厝村的故事〉（18）；員林鎮：〈八堡圳與林先生〉、〈風水的由來〉、〈道士鎮的馬〉、〈道士鎮的法印〉（19）；田尾鄉：〈台灣玄天上帝廟的由來〉、〈漳泉拼鬥的傳說〉、〈墳場鬼故事〉、〈林先生和八堡圳〉（20）；社頭鄉：〈骷髏頭〉、〈鬼屋〉、〈女鬼糾纏〉、〈埤斗村的風水傳說〉、〈楊本縣敗地理〉、〈土地公治病〉、〈詹九〉（20）、〈許厝寮〉、〈仙人腳印〉、〈絲線吊銅鐘〉、〈十八彎古道的由來〉（21）；鹿港鎮：〈脫褲村的由來〉、〈嘉慶君見林品〉、〈蔡牽送銀兩〉、〈風水師與陳老闆〉（21）；福興鄉：〈粘氏過台灣〉、〈與岳飛有

風情,是彰化莘莘學子認識家鄉歷史地理、風俗信仰的珍貴素材,所以在這七十六篇當中又有三十五篇被選入《彰化縣國民中小學台灣文學讀本・地方傳說卷》[4]。

　　不過,無論是三十五篇、七十六篇或一〇九篇,實際上都還遠遠不能反映彰化縣地方傳說的豐富藏量,未來我們仍應努力尋訪相關話題,追蹤各種線索,盡可能地把更多彰化的地方傳說挖掘、搶救下來。正是出於這樣的考量,當我們在進行彰化「歌仔仙」陳再得歌仔(俗稱「七字仔」、「四句聯仔」)的研究時[5],便特別注意他編創的歌仔與彰化地方傳說之間的關係,期待在他的作品中能有所發現。

二、芳苑「歌仔仙」陳再得及其歌仔

　　陳再得,彰化縣芳苑鄉人,生於一九二九年二月二十一日,卒於二〇〇五年一月十九日,享年七十六歲。他的父親陳九屎、母親陳林滿,育有四子三女,陳再得在四兄弟中排行老三。陳家世代務農,家中貧困,陳再得曾於沙山公學校王功分教場接受過日本教育,但只讀到小學二年級即因家貧而輟學。一九五一年,陳再得與小他一歲的洪秋香結婚,婚後生有五女

仇〉、〈三目青〉、〈喜顯榮〉(21);溪湖鎮:〈荷婆崙地名由來〉、〈阿圳伯的故事〉、〈英雄公〉、〈蛇穴〉、〈楊本縣敗地理〉、〈楊振文和三山國王〉(22);溪州鄉:〈活廖死張〉、〈姓廖的人不吃雞頭〉、〈濁水溪附近的特殊風俗〉、〈董公傳奇〉(22);二林鎮:〈番治嫂〉、〈曾深河〉、〈二林奇案〉(22);大城鄉:〈鹽水風〉、〈壓稻〉、〈蜈蚣與蛇〉(22);二水鄉:〈林先生〉、〈金鴨母與銀蚯蚓〉、〈金鴨母與銀泥鰍〉、〈龍頭獅嶺〉、〈二水和二八水〉、〈螺溪石傳奇〉(22)。括弧內的數字為《彰化縣民間文學集》的集數。

4　《彰化縣國民中小學台灣文學讀本》為吳晟總召集,《地方傳說卷》為陳益源所主編,以彰化縣內各鄉鎮市為單位,精選具有代表性的地方傳說共93篇,彰化:彰化縣文化局,2004年8月。

5　林依華已於2007年6月完成《陳再得及其歌仔研究》,國立中興大學中文研究所碩士論文,陳益源指導。

二子。他生性樂觀，好交朋友，連任過村長，愛編歌仔，他曾以歌仔作過自我介紹：

小弟恬在彰化縣　　芳苑鄉內新生村

家庭貧赤無哀怨　　心情不時真樂觀

住所小弟順序報　　敬請諸位朋友哥

我住新生第二號　　有閒請您來七桃

溪湖出去無外遠　　北邊粘著漢寶園

小名普通真快問　　早年村長我塊當

白小我是樂暢子　　好交朋友甲弟兄

專望列位來相疼　　姓陳再得我小名[6]

自稱「樂暢」的陳再得，雖無學歷，但記憶力強[7]，十幾歲起曾跟隨漢文先生學習，練出一手好字，養成深厚的漢文底子，後來又受到二林竹圍前輩歌仔先洪筆（人稱「竹圍仔筆」）的啟迪，引發他編創歌謠的高度興趣[8]，晚年並在同鄉作家康原、文史工作者許明山的鼓勵下，以「歌仔仙」為筆名，自己把歷來創作過的歌仔記錄了下來。

「歌仔仙」陳再得自己記錄，再由其長子陳必正中醫師、許明山協助打字整理的歌仔，現存二十六首，凡六萬餘言。若依其內容來分類，大致可分為：

（一）改編台灣歷史與民間故事類：〈沙山追想曲之

6　引自陳再得〈二林奇案：盧章打死石阿房〉篇末。

7　陳再得〈沙山追想曲之二〉開篇唸道：「小弟住在彰化縣，芳苑鄉內新生村。再得做人真平凡，教育程度並無高。不過記性還麥醜，先輩若講乎我知，我就記在腦海內，必要時陣超出來。」

8　陳國勝〈陳再得先生簡介〉曾說陳再得：「國校肄業，承彰化張滿堂先生及人稱鹿港筆仔（姓名不詳）兩位老師教授漢文。進而受二林洪尊明先生（人稱竹圍仔筆）之啟蒙，始對七字四句聯歌謠產生濃厚之興趣。」載於《台灣古典詩詩學雙月刊》第39期，2001年4月，頁30。

三）、〈沙山追想曲之四〉、〈沙山追想曲之五〉、〈麥嶼厝九天寺〉、〈芳苑白馬峰普天宮〉。

（二）改編當時該地社會新聞類：〈台灣集集大地動〉、〈二林奇案：盧章打死石阿房〉、〈沙山追想曲之二〉、〈農會之歌〉、〈溪門環保好變醜，濁水溪神訴悲哀〉。

（三）勸善教化類：〈時代勸世歌〉。

（四）敘情歌類：〈寫給愛妻秋香〉。

（五）知識類：〈戲說中華五千年史，縮短一本作歌詩〉。

（六）台灣主題書寫：〈美麗的寶島〉、〈台灣光復半世紀，收集資料編歌詩〉、〈台灣地名探源〉。

（七）家鄉在地書寫：〈沙山追想曲之一〉、〈芳苑五大姓氏分布口訣歌〉、〈三代望族陳家班〉、〈草湖中學的由來〉、〈地方歌仔仙賜稿──福德祠〉、〈地方歌仔仙賜稿──保安宮〉。

（八）贈答交際：〈二林眞正好所在，地靈人傑出人才〉、〈政治明星陳水扁〉、〈陳雷e歌〉。

（九）其他：〈食茶四句歌〉。[9]

以上的分類，第一～五類均見於曾子良「台灣閩南語歌仔的內容」的十類分法之中[10]，不同的地方在於陳再得歌仔少有「改編中國傳統小說戲曲類」、「改編中國歷史與民間故事

9 參見林依萍《陳再得及其歌仔研究》第二章第三節「陳再得歌仔冊的分類」（台中：國立中興大學中文研究所碩士論文，2007年6月，頁28-29），並且略作調整。

10 曾子良將台灣閩南語歌仔依序分爲「改編中國歷史與民間故事類」、「改編中國歷史與民間故事類」、「改編台灣歷史與民間故事類」、「改編當時該地社會新聞類」、「勸善教化類」、「褒歌類」、「趣味歌類」、「敘情歌類」、「知識類」、「其他」等十大類，詳見其《台灣閩南語說唱文學『歌仔』之研究及閩台歌仔敘錄與存目》上篇第四章（東吳大學中文研究所博士論文，1990年6月，頁31-42），又其主持之《閩南說唱歌仔（唸歌）資料彙編》二十九冊也同樣採取這十大類的分法（台北：中華民國台灣歌仔學會，1995年4月）。

彰化學

類」、「褒歌類」、「趣味歌類」的內容,多出不少「台灣主題書寫」、「家鄉在地書寫」和「贈答交際」之作,形成了他個人創作主題的一大特點。

整體說來,陳再得歌仔具有巧妙運鏡明快敘事節奏、特有俚語表現眞切感情、通俗易懂傳達質樸感情、兼具鉅微觀的報導文學、運用時空交織投射自我、承繼傳統滋養其歌仔養分等特色,富有地方歷史之重建、珍貴語料之保存、史詩地位之確立、民俗文化之保存、本土意識之激昂的價值[11]。本文則擬專就他歌仔中的彰化地方傳說,作進一步的說明與探索。

三、陳再得歌仔中的彰化地方傳說

陳再得的歌仔包羅萬象,其中涉及彰化地方傳說者也不少,主要集中在「改編台灣歷史與民間故事」、「改編當時該地社會新聞」和「家鄉在地書寫」這三類當中,內容有王功地名的由來、芳苑地區的寺廟沿革與神明故事、地方特產的來歷、二林地區的社會事件等等,茲分述如下:

(一) 王功地名的由來

陳再得的家鄉——芳苑,舊名「番挖」、「番仔挖」,大正九年(1920)改名爲「沙山」,民國三十五年(1946)再改爲「芳苑」。芳苑鄉有二十六個村,其中王功村因有王功漁港而頗富盛名,其地名由來的說法也最多。據說「王功」本名「王宮」,清朝嘉慶年間海盜蔡牽在此劫虐,「王爺宮」的池王爺顯靈逼退,事後蔡牽爲了感謝池王爺開恩,通令海盜,船

---

11 詳參林依華《陳再得及其歌仔研究》第六章「陳再得歌仔冊的特色與價值」,台中:國立中興大學中文研究所碩士論文,2007年6月,頁133-171。

每次航行至此，要向王爺公遙拜才能通過，後來漁船航經於此就大喊「王爺宮庄」到了，村民感念王爺的護庄功勞，特將「王宮」改爲「王功」[12]；又有一說是，嘉慶十七年（1812）彰化縣令楊桂森到王宮巡視，認爲這個地名有冒犯皇宮的嫌疑，所以下令以同音的「功」字代替「宮」字[13]。

關於王功地名的由來，陳再得如此唱道：

王功地理算無醜　　部分姓林台先來
……

認爲生活能安定　　隨時落起王爺宮
王爺能得蔭庄境　　庄名著彼自然成
日本不用王爺宮　　王爺中國的神明
伊改王功咱不用　　路尾大家講王宮[14]

唱詞中王爺庇蔭莊境的背後，可能隱藏著一段和王爺顯靈逼退海盜蔡牽一樣的故事，至於是日本人把「王宮」改爲「王功」的說法，則與眾不同。

（二）芳苑地區的寺廟沿革與神明故事

擔任村長的陳再得，平日熱心公益，經常參與地方上的寺廟事務，對於芳苑地區的寺廟沿革與神明故事如數家珍。

例如他的〈芳苑白馬峰普天宮〉提到媽祖顯靈：

聽見先輩塊講起　　二次大戰彼當時

12 説見林宜慈《朝露絲雨：風情王功·蚵畫人生》，彰化，：彰化縣文化局，2004年，頁15。
13 説見魏金絨《甦醒中的王功》，彰化：彰化縣文化局，2005年，頁35。
14 引自陳再得〈沙山追想曲之三〉。

媽祖伊能擋槍子　伊對信徒足慈悲
媽祖現身穿女裝　可比一個小女童
炸彈槍子伊敢擋　表明伊帶白馬峰

　　此一媽祖接炸彈類型的傳說，在台灣各地流傳普遍。不過，〈芳苑白馬峰普天宮〉一開始先解釋了「白馬峰」地名的由來，背後尚有一白馬傳說[15]；接著回顧普天宮的廟史，說是明鄭時期將領陳四方兵敗投降無處可去，後來得到媽祖庇佑渡海來台替人醫病，眾多信徒紛紛捐款建廟，則是該廟特有的歷史傳說[16]。

　　又如〈麥嶼厝九天寺〉提到九天玄女幾度託夢：

彰化沿海六鄉鎮　生活實在足可憐
圳水不足風有剩　玄女慈悲救萬民
麥厝許家塊討海　玄女託夢乎伊知
金身蓋在草堆內　叫伊趕緊卻返來
……
玄女託夢周天啓　天啓好人歹性地
天光現場看詳細　果然婦人做狗爬
仙人托夢眞有影　天啓隨去建設廳
風頭水尾眞歹命　過溪無橋通好行

15　內容是說：「白馬偷飲水缸水，主人看著便起追。每回追到這一位，目周酸澀展抹開。恰早鹹山有人講，以後人講白馬峰。範圍靈氣眞正旺，起宮建廟攏能通。」

16　內容是說：「自從媽祖來了後，眞正庇佑歸角頭。無論囝仔亦是老，頭燒耳熱伊總包。媽祖照單眞好用，無輸權威的醫生。引起信徒的肯定，歸日爐單拔無停。媽祖照顧老百姓，不免吃藥看先生。歸日的人踢踢鄭，四方不識共提錢。四方逐日做義工，吸引眞多外地人。無論症頭帶外重，來到本地隨輕鬆。外地信徒先籌備，就要建宮恰合宜。合著四方的心意，開始尋日挖地基。自從地基開了後，寄付信徒相叩頭。起宮的錢存有夠，種種設備有出頭。」

這些都是麥嶼厝（位於芳苑北鄰的福興鄉）「九天寺」立廟的傳奇，以及連接福興、芳苑二鄉之間的造橋傳說。

值得注意的是，無論是芳苑白馬峰的普天宮，或者福興麥嶼厝的九天寺，都有神明顯靈賜藥治病的傳說情節[17]，陳再得用他的歌仔為這種台灣寺廟文化現象留下了一些生動的記錄。

（三）地方特產的來歷

彰化縣芳苑鄉臨近台灣海峽，過去漁產豐富，直到今天當地與「蚵仔」有關的產業仍遠近馳名，各地饕客絡繹於途。當地傳說清代嘉慶君遊台灣時，在鹿港日茂行林品家中吃到王功的蚵仔，大加讚賞，由於當時鹿港外海有沙洲綿延到王功以南，形成一條海溝，要到鹿港得先往南入海溝後再倒往北走，所以嘉慶君就稱王功的蚵仔為「倒經北蚵仔」[18]。

然而，陳再得是把芳苑特產的蚵仔稱為「七耳蚵」，並在歌仔中細述嘉慶君遊台灣的另一段民間軼聞，說嘉慶君曾於竹山龍門閣高興地品嚐這道來自芳苑福海港的「七耳蚵」，洩露真實身分，遭到山地原住民圍殺，致使李勇殉難，幸得古早下凡種下「七耳蚵」的七仙女搭救，才安然逃過一劫：

> 清宮食譜有記載　七耳蚵仔的由來
> 古早仙女下凡界　七個姊妹共同栽

---

17 陳再得〈麥嶼厝九天寺〉提到麥嶼厝許姓兄弟請回九天玄女金身，九天玄女為他們身染重病的父親開藥方：「玄女隨時落處理，老二替身做乩手。老大伊即看佛字，神人合作落加醫。頭味就是萬斤草，二味土香一大包。羊帶來仔拗來罩，煎好燒燒灌落喉。自從湯茶飲了後，身軀發燒汗直流。凶神惡煞伊趕走，一切玄女伊總包。」

18 「倒經北蚵仔」的傳說故事，收錄在李修瑋《浮水蓮花──王功人文產業變遷紀實》，彰化：彰化縣立文化中心，1996年6月，頁100-102。康原《芳苑鄉志‧文化篇》曾予轉載，芳苑：彰化縣芳苑鄉公所，1997年12月，頁290-292。

裁塊福海港溝邊
蚵仔著的即爻生
綜合起來這麼甜
七耳蚵仔詳值錢
嘉慶感覺真懷疑
林杞龍門老先生
蚵販海口的親堂
招阮落海頭暈暈
福海正在伊西邊
男女吃了有感情
全無重纏甲半絲
送給林杞老先生
正是仙女下凡時
氣味芬芳留情誼
南來北往的書生
這手字筆非凡人
這位客官真斯文
敢是京城嘉慶君
即時通報酋長知
不如出草先加台
嘉慶三人遊山頭
煞被青番四面包
開嘴責罵蕭碧伊
伊對李勇先出肢[19]

姊妹一個栽一耳
溝水慢退閣早鄭
七耳七種的口味
若配漢方治百病
竹山蚵仔有七耳
命令李勇請林杞
林杞見面著塊講
叫我去請人豪爽
伊帶海口王爺宮
蚵仔就是仙女種
嘉慶聽了晟歡喜
起手落筆寫幾字
七月初七的日子
姊妹種蚵發七耳
林杞掛在門樓頂
看著的人便肯定
眾人大家塊議論
地方口音講無準
蕭坤蕭碧心真歹
嘉慶起兵巢番界
四月十二過罩後
走到蕭碧的門口
李勇彼陣大生氣
蕭碧不認伊無理

---

19 引自陳再得〈沙山追想曲之三〉。

彰化縣民間文學普查活動，二○○一年四月二了日採錄過〈嘉慶君的故事〉（芬園鄉）[20]，二○○一年十二月二十三日採錄過〈嘉慶君見林品〉（鹿港鎮）[21]的傳說，卻遺漏了芳苑鄉這則結合七仙下凡、嘉慶君遊台灣的「七耳蚵」特產來歷的地方傳說，不能不說是一個遺憾。

（四）二林地區的社會事件

芳苑鄉緊鄰二林鎮，二林在日治時期發生過兩樁轟動全台的社會事件，一是「二林蔗農事件」，二是「二林奇案」：

1.「二林蔗農事件」

發生大正十四年（1925）的「二林蔗農事件」，其導火線是當年二林地區有志之士李應章（二林）、謝南光（芳苑）等人士，受到「文化協會」蔣渭水、林獻堂的鼓舞，成立「蔗農組合」，團結蔗農，挺身與剝削蔗農的林本源製糖株式會社對抗，因此爆發一波波嚴重的流血衝突，其事件始末可參見洪長源、魏金絨聯合調查整理的《二林蔗農事件：殖民地的怒吼》[22]。

陳再得在〈沙山追想曲之二〉以歌仔詳細敘述了二林蔗農事件發生的前因後果，結構嚴密，持與《二林蔗農事件：殖民地的怒吼》相互對照，雖偶見說法不一的異聞[23]，但整體說來，它的紀實色彩還是十分濃郁的。

20 講述者：吳成偉，載於胡萬川、康原、陳益源總編輯《彰化縣民間文學集》第18集，2002年4月，頁28-34。

21 講述者：王七，載於陳益源總編輯《彰化縣民間文學集》第21集，2004年11月，頁18-44。

22 彰化：彰化縣文化局，2001年11月。

23 據洪長源、魏金絨《二林蔗農事件：殖民地的怒吼》記載：「有一次農民實在不相信一台車的才甘蔗才那麼一點點重量，所以三個『保正』（里長）同時跳上台車過磅，結果才增加五十斤，因此日後有一句形容生意人偷斤減兩的話，『三個保正五十斤』。」（頁72～73）而陳再得〈沙山追想曲之二〉則寫成：「本源會社真過分，官商勾結無單純。伊的地磅全不準，三個委員十八斤。」

　　〈沙山追想曲之二〉中的二林蔗農事件，另有一個特點，那就是陳再得在寫到同屬芳苑先輩的謝南光的言行事蹟時，描繪得格外詳細（「聽見先輩箸塊講，日本時代謝南光。文章會寫話會講，本身武術眞靈通。⋯⋯」），所以康原在爲「芳苑才子——謝春木」（即謝南光）立傳時，便大量摘引用陳再得的歌仔，名爲〈謝南光之歌〉[24]。

　　2.「二林奇案」

　　「二林奇案」名列台灣四大奇案之一，案件發生在昭和十六至十九年間（1941～1944）。這件盧章貪財謀害石阿房的殺人血案，偵破過程曲折離奇，轟動當時社會。彰化縣芳苑鄉人「竹圍仔筆」可能是加以編唱的第一人[25]；接著和平村人洪月也把它編成歌仔，傳頌一時[26]。後來新竹竹林書局主人林有來說洪月所寫「乎人嫌廣歌嘮梭」，又改編成〈二林鎭大奇案歌〉，取而代之，成爲「二林奇案」最通行的歌仔冊，也被認爲是現在完整保存的惟一版本。如今，陳再得〈二林奇案：盧

24　康原〈芳苑才子——謝春木〉，收入吳晟主編《彰化文學家的故事》，彰化：彰化縣文化局，2004年8月。

25　康原《野鳥與花蛤的故鄉——漢寶村的故事》說：「漢寶村的耆老洪福來談到竹圍仔筆，他說：『年輕的時候，陳奢先生家開雜貨店，店前一棵大榕樹，有一天下午竹圍仔筆在大樹下談天，善於說故事的他，眼見太陽就要下山了，本想早一點回家，很多人都想聽他唱歌，就要求他留下來吃飯，飯後就詢問要聽什麼歌？有人就說：盧章打死石阿房。』於是他就拿出隨身攜帶的二胡，邊拉邊唱著石阿房太太哭訴的一段⋯⋯」唱到此，聽歌的人臉都帶著悲戚之情，有一些婦女卻流下了許多眼淚。六十多年過去了，竹圍仔筆也不在人間了，但漢寶地區的鄉親，都還記得這件謀財害命的血案。」彰化：彰化縣文化局，2005年4月，頁70-71。

26　柯榮三《有關新聞事件之台灣歌仔冊研究》主張：「日治時期發生的兇殺案何其多，比起『二林奇案』更曲折離奇的並非沒有，例如：1930年代，台南地區就有所謂『白鼠奇案歌』，但爲何戰後，皆不見有『白鼠奇案歌』的流傳，而卻有『二林大奇案歌』呢？恐怕與『二林大奇案歌』早期編唱者之一『洪月』本身即是彰化縣芳苑鄉人有關。《二林鎭志》中告訴我們，『兇手盧章是本鎭鄰近今芳苑鄉埤北的人士』，換言之，『二林奇案』可說是在洪月家鄉眞實發生的兇殺案，生爲在地人，又懂得編歌仔，自然會想到將自己家鄉的殺人事件編成歌仔，奉勸世人，諸惡莫作。」台南：國立成功大學台灣文學研究所碩士論文，2004年6月，頁27。林依華2007年2月曾就此訪問洪月老鄰居林來水，林先生表示的確有洪月其人，且善編歌詩，但作品皆已亡佚。

章打死石阿房〉歌仔的披露，又提供了我們一個了解「二林奇案」的最新版本，也有助於研究台灣歌仔冊的演化過程。

由於陳再得師承演唱「二林奇案」第一人的竹圍筆仔，加上他交遊廣闊，直接接觸參與討論奇案內容的地方耆老的機會眾多，所以即便他很有可能也參考過竹林書局的〈二林鎮大奇案歌〉，但細考其時代背景更清楚的描述以及情節發展的鋪陳，〈二林奇案：盧章打死石阿房〉仍有其細膩獨到之處。

彰化縣民間文學普查活動，二○○三年十月十八日採錄過〈二林奇案〉（二林鎮）[27]，可惜那時陳再得已經生病，不便接受採訪，否則我們絕對可以再多採錄到一則精彩的「二林奇案」傳說。

四、結　語

綜觀陳再得的歌仔內容，雖然也看得到像〈溪門環保好變醜，濁水溪神訴悲哀〉那樣，以虛構的手法創造出濁水溪神的想像之作，不過他更多的歌仔都是以寫實的筆觸來表達他對台灣社會現實生活的直接關懷，其中不乏對社會動向的及時的反應（如〈台灣集集大地動〉歌的編寫即是）。

本文簡介芳苑「歌仔仙」陳再得及其歌仔之餘，將焦點放在他「改編台灣歷史與民間故事」、「改編當時該地社會新聞」和「家鄉在地書寫」這三類的作品來看，無論是王功地名的由來（〈沙山追想曲之三〉）、芳苑白馬峰的地名和普天宮的媽祖傳說（〈芳苑白馬峰普天宮〉）、福興九天寺的九天玄女傳說與造橋故事（〈麥嶼厝九天寺〉）、地方特產「七耳

27　講述者：魏金絨，載於陳益源總編輯《彰化縣民間文學集》第21集，2004年11月，頁18-44。

蚵」的神奇來歷（〈沙山追想曲之三〉），或者二林地區著名的「二林蔗農事件」（〈沙山追想曲之二〉）、「二林奇案」（〈二林奇案：盧章打死石阿房〉）等等，亦很能看出他的社會寫實風格。

　　總之，我們慶幸陳再得的歌仔能夠獲得整理與研究。單就他歌仔中所蘊含的彰化地方傳說來看，其傳說年代或遠或近，其歌仔所記或略或詳，有的說法與眾不同，也有的幾乎已快被遺忘，而這些都是我們要繼續尋訪彰化地方傳說的話題，挖掘、搶救採錄更多的彰化縣民間文學資料時，值得重視的一些寶貴的線索。

第一篇 彰化歷史與地方傳說

（一）〈沙山追想曲〉

小弟住在彰化縣	芳苑鄉內新生村
再得做人眞平凡	教育程度並無高
不過記性還甭醜[1]	先輩若講給我知
我就記在腦海內	必要時陣超[2]出來
芳苑鄉內的代誌	收集資料編歌詩
這有歷史的意義	聽完大家便知機
芳苑早年番仔挖	溪門塞鄭[3]無礁瓦[4]
戊戌年間水眞大[5]	冬尾[6]時天風飛沙
沙崙一層過一層	日本時代改沙山
再改芳苑有恰慢	台灣光復的年間
沙山庄民嫌歹聽	建議庄長改新名
發現一塊大石片	在著[7]哨口南平[8]坪
這塊石片眞美款	坦豎[9]面頂刻圓圓
正面二字刻芳苑	到底不知什淵源

---

1 甭醜，或記爲「獪穲」，音：be⁷bai²/bue⁷bai²，不錯。
2 超，或記爲「抄」，音：chiau¹，搜索。
3 鄭，或記爲「滇」，音：tinn⁷，滿。
4 無礁瓦，音：bo⁵ta¹ua⁵，無可奈何之意。
5 指1898年芳苑大水災。
6 冬尾，音：tang¹bue²，年終。
7 在著，或記爲「在佇」、「迚佇」，音：chai⁷ti⁷，豎立在。
8 南平，或記爲「南爿」，音：lam⁵ping⁵，南邊。
9 坦豎，或記爲「坦徛」，音：than²khia⁷，轉成直立。

一位先輩塊講起
算諒秀才[10]那當時
後面花園眞舒適
這是入口的石碑
大家聽甲足歡喜
人仕目睭伊看伊
庄名來用這兩字
就此決定甭延遲
姓洪嶴山[11]先來到
柏埔[12]伊才最後頭[13]
四房三柱隴無走
夏房[14]走去到南投
走到南投算甭醜
宣治立委通人知
焦雄[15]縣長做兩屆
人事由伊的安排
在地嘛是眞有勢
三房秀才出五個
過碑後寮芳苑底
卡早亦是同一家
嶴山洪姓這屬害
當然嘛是有由來
伊是熙官的後代
我若無講少人知
反清復明洪熙官
至于文定洪秀全
革命無成變造反
部分宗親過台灣
初來蚵仔插卡少
不過烏魚眞爻著[16]
截乾[17]歸年截無歇
搖鐘[18]嘛是伊塊搖
芳苑土豆雙手剝
剝好量重繳頭家
洪斗牛車駛來下[19]
載落海底配梧棲

10　算諒秀才，指當地舉人洪算諒。

11　嶴山，洪姓的堂號之一，據說最早是從甘肅敦煌，遷徙至福建泉州同安縣馬巷鎮，最後再遷往金門大嶝嶼，最後定居台灣彰化。。

12　柏埔，洪姓的堂號之一，由福建泉州同安縣馬巷鎮至台灣彰化定居。

13　最，或記爲「做」，音：cue^3/co^3。最後頭，指的是隨後就到。

14　夏房，音：ha^{7}pang^5，芳苑的洪姓分爲春房、秋房、冬房三大房，而夏房則在南投草屯。

15　焦雄，應爲南投縣第三、四屆縣長「洪樵榕」。

16　爻著，或記爲「勢著」，音：gau^{5}tioh^8，很容易捕捉到。

17　截乾，早期捕烏魚的方式。

18　搖鐘，早期捕烏魚的一種方式，利用潮差和魚群覓食特性來捕魚，一天只有六小時左右的作業時間，要在「起流」時就出海作業；因爲需要多人合作，所以就以搖鐘來作爲集合出海的訊號，久而久之，搖鐘便成爲這種捕魚方式的代名詞。搖鐘網（Swingbellnet）是拖網漁業的一種。

19　下，音：he^7，放。

洪斗沙鹿開油車[20]　普通家庭塊轉食[21]
好膽豆框[22]參伊舍[23]　接著美援隨好額
美援連援十二年　買入省本賣多錢
每個金庫朗照鄭[24]　圓人下[25]扁扁人圓
洪斗人高兼漢大[26]　普通家庭塊生活
伊的肚量有夠闊　栽培小弟伊塊拖[27]
先講洪卦真有量　外面出名思故鄉
引起鄉親的敬重　大小代誌有商量
芳苑加工做尚多　沙鹿鹿寮歸條街
五分埔嘛伊塊做　西園路嘛佔一格
芳苑學耀做庄長　伊有滿腹的文章
爭權奪利伊無想　站[28]在正義的立場
芳苑武勢縱貫線　芳苑中央做大官
芳苑南管琴會彈　芳苑象棋炮躇山[29]
芳苑人文移過東　二林街內佔三房
黑白兩道喊能動　鎮長也是芳苑人
柏埔雖然恰慢到　亦是佔著好地頭
新街算來尚[30]海口　落海一日趕雙流[31]

---

20 開油車，音：khui¹iu⁵chia¹，開榨油工廠。1920年洪斗在社口租油車間製造花生油、胡麻油，並生產花生仁、豆餅等，銷售全省各地，贏得「土豆王」之稱譽。
21 轉食，或記爲「賺食」，音：cuan²ciah⁸，賺錢、討生活。
22 豆框，或記爲「豆箍」，音：tau⁷khoo¹，榨油剩下的豆渣所製成的豆餅，可作肥料或飼料。
23 舍，或記爲「削」，音：siah⁴，舀出去拼。
24 朗照鄭，或記爲「攏齊滇」，音：long²ciau⁵tinn⁷，全都滿了。
25 下，或記爲「會」，音：e⁷，會。
26 漢大，音：han³tua⁷，指「漢草」（體格）很好。
27 拖，音：thua¹，拖磨，吃苦打拼。
28 站，或記爲「徛」，音：音：khia⁷，站。
29 炮躇山，音：phau³puann⁵suann¹，炮可以打過山，用來表示象棋技術很厲害。
30 尚，或記爲「上」，音：siong⁷，最。
31 趕雙流，音：kuann²siang¹lau⁵，兩個潮汐都趕著出海，表現相當勤奮的意思。

彰化學

新街本是野春[32]紅　　伊替五娘拼暝工[33]
無情三兄將伊放　　母子才著姓相同[34]
結婚儀式無同款　　新娘出嫁戴鳳冠
同時著唱同君傳　　日本時代才失傳
新厝洪挑苦命子　　一貫讀書第一名
台大醫科參人拼　　考中狀元好名聲
伊爹聽見起破病　　台大醫科讀七年
咱顧腹肚都麥鄭　　貧人亦想做先生[35]
伊爹苦這續[36]起肖[37]　　神經衰弱擋麥條
病情若發起幹詨[38]　　考這醫生卜吃梢[39]
洪挑當時半痛疼　　面前岔路對兜[40]行
若去讀書爹無命　　枉費小漢[41]甲咱晟[42]
洪挑主張不要去　　親戚朋友加[43]伊如[44]
身體欠安是小事　　這是老人身恰[45]虛
自從成績發佈後　　一日媒人相叩頭[46]
學費一切付甲夠　　有的卜叫去伊兜
亦有小姐帶到位　　三十一二的胸圍

32　野春，或記爲「益春」，爲陳三五娘故事中，五娘的婢女。
33　拼暝工，或記爲「拚暝工」，音：$piann^3me^5kang^1$，晚上加班趕工。
34　相同，或記爲「相仝」，音：sio^1kang^5，一樣。
35　先生，音：$sian^1sinn^1$，醫生。
36　續，或記爲「煞」，音：$suah^4$，竟然。
37　起肖，或記爲「起猶」，音：khi^2siau^2，發瘋。
38　起幹詨，或記爲「起姦撟（代用字）」，音：$khi^2kan^3kiau^7$，開口罵人。
39　吃梢，或記爲「食潲」，音：$ciah^8siau^5$，沒事找事做、自找麻煩。
40　兜，或記爲「陀」，音：to^2/toh^4，哪裡。
41　小漢，或記爲「細漢」，音：se^3han^3，小時候。
42　晟，或記爲「成」，音：$chiann^5$，養育。
43　加，或記爲「共」，音：ka^7，把、跟。
44　如，或記爲「挐」，音：ju^5/lu^5，耍賴、無理取鬧，糾纏不休，整句意爲親戚朋友不斷勸洪挑去念書。
45　恰，或記爲「較」，音：$khah^4$，比較、更。
46　相叩頭，或記爲「相硞頭」，音：$sio^1khok^8thau^5$，指來來往往的媒人很多。

身高有夠面閣美[47]　　見面強卜剝[48]麥開
洪挑照常不接受　　這款條件無自由
醫科卜讀多研究　　讀透準備要進修
一對富翁無後世　　家內養子有一個
洪挑認伊做乾爸　　一切學費對伊提
我付學費借汝用　　開業有賺汝才還
洪挑當時做決定　　對伊乾爸拜在先
自從洪挑去了後　　厝內一切亂操操
司公[49]媽姨[50]問透透　　藥仔先吃袂離留[51]

有時卜卦問童乩[52]　　厝宅坐向無合字
厝前後壁有煞氣　　若無遷位難得醫
到這嘛是要罔信[53]　　壁土拆掉扛較輕
歸棄[54]徙位[55]才閣柄[56]　　牛屎抹好變成新
單單[57]厝場要三改　　有好無好嘛不知
有時就會恰自在　　病情發作就閣來
洪挑博士錄取後　　隨時返來到伊兜
父子見面攬塊哭　　目屎流乾才離留
返來經過三日後　　乾爸追來到伊兜
見面就講歹聲嗽[58]　　在場的人才出頭
當時大家有約定　　錢項有賺才卜還

47　美，或記爲「媠」，音：sui²，人長得美。
48　剝，或記爲「擘」，音peh⁴，用兩手把東西分開。
49　司公，音：sai¹kong¹，道士。
50　媽姨，音：ma²i⁵，靈媒，亦稱「尪姨（音：ang¹i⁵）」。
51　離留，音：li⁷lau⁵，指身上的病症完全被醫好。
52　童乩，音：tang⁵ki¹，乩童，藉神明附身傳達旨意的人。
53　罔信，音：bong²sin³，勉強將就著相信。
54　歸棄，或記爲「規氣」，音：kui¹khi³，乾脆。
55　徙位，或記爲「徙位」，音：sua²ui⁷，搬離原來的位置。
56　柄，或記爲「變」，音：pinn³，弄。
57　單單，音：tan¹tan¹，僅僅。
58　歹聲嗽，音：phainn²siann¹sau³，說話的口氣、態度很不好。

彰化學

知高照仔[59]才先整[60]　　臭頭出面才擺平
洪挑落開醫生館　　一日門診百外番[61]
不知醫生即好賺　　好賺順勢兼有權
林派頭目換伊做　　眾人扶伊做大哥
同時大家來祝賀　　這款空頭[62]世間無
洪挑做頭掌林派　　煞甲[63]大福[64]相對台
同窗過去算甭醜　　怎樣見面煞礙礙[65]
洪挑伊去做議長　　當然有伊的主張
爭權奪利伊無想　　站在正義的立場
做人忠直兼義氣　　所有同事尊敬伊
競選縣長若有意　　聯合陣線加支持
同事對伊真疼痛　　一半歡喜一半驚
走去民雄偷看命　　講伊先選都不[66]贏
洪挑伊真不服氣　　卜返[67]無甲伊相辭
返來隨時去登記　　果然選輸世明伊
結果輸伊六千票　　大福無罩[68]才未著[69]
按算贏多變輸少　　明明孤六變孤么[70]
縣長落選選國代　　這屆終身通人知
他的命底算甭醜　　有福該來伊著來

59　知高照仔，人名。
60　整，音：cing²，籌措（金錢）。
61　百外番，音：pah⁴gua⁷huan¹，一百多個人次。
62　空頭，音：khang¹thau⁵，好處。
63　甲，或記爲「佮」，音：kah⁴，與、和。
64　大福，指二林陳派的醫師陳大福。
65　礙礙，音：gai⁷gai⁷/ngai⁷ngai⁷，彆扭、不舒服。
66　不，或記爲「燴」，音：be⁷/bue⁷。
67　返，或記爲「轉」，音：teng
68　無罩，音：bo⁵ta³，沒有靠過來。意指陳大福於縣長選舉時沒有支持洪挑。
69　未著，或記爲「燴著」，音：be⁷tioh⁰/bue⁷tioh⁰，沒選上。
70　孤六變孤么，玩骰子的術語，六點變一點，表示該贏卻轉輸。

路上 [71]

路上出名十八祖　　初來海邊塊牽孤 [72]
火燒孤寮想無步　　路尾 [73] 看破才改途
歸陣的人巡過東　　一遍 [74] 菅花白茫茫
發現一條林投巷　　這裡地理無相同
巷內小路有人行　　北屏 [75] 林投親像城
將此打平恰有影　　起些 [76] 草寮蓋孤坪 [77]
厝續起在路面頂　　路續變成厝下面
伊講路厝無人信　　不過事實通證明

路過的人無介多　　獨有舊社透新街
目的店 [78] 這卜耕地　　目前經費有問題
想卜耕地本無夠　　大家相招鑄犁頭
台灣全島鑄透透　　大家讚美伊真賢 [79]
路上的人真打拼　　有錢什麼朗 [80] 不驚
個鑄犁頭兼補鼎 [81]　　補鼎路上向出名
大家共同拼一睏 [82]　　身邊不只攏有春 [83]
返來耕地擔 [84] 有本　　有的起厝兼結婚
有的耕地兼起厝　　無本暫請店彼龜 [85]

71　彰化縣芳苑鄉路上村。
72　牽孤，或記爲「牽罟」，音：khan¹koo¹，一種沿海的傳統捕魚活動，由一群人在岸上合作拉網捕魚，所獲由大家共分。
73　路尾，或記爲「落尾」，音：loh⁸bue²，最後。
74　一遍，或記爲「一片」，音：cit⁸phian³。
75　屏，或記爲「爿」，音：ping⁵，邊。
76　些，或記爲「遐」，音：hia¹，那些。
77　蓋孤坪，或記爲「蓋孤爿」，音：kham³koo¹ping⁵，只有蓋單一邊。
78　店，或記爲「踮」，音：tiam³，在。
79　賢，或記爲「勢」，音：gau⁵，厲害。
80　朗，或記爲「攏」，音：long²，都。
81　鼎，音：tiann²，鍋子。
82　一睏，音：cit⁸khun³，一段時間。
83　春，或記爲「伸（或作賰）」，音：chun¹，剩下。
84　擔，或記爲「今」，音：tann¹，現在。
85　龜，音：ku¹，引伸有窩著不走的意思。

鹿寮奉招[86]無賴久[87]　　番頭[88]返來耕園區

東屏耕到大圳底　　西屏將近到新街

頂屏耕到隙仔[89]齊　　南屏耕到魚寮溪

早起出門還有星　　中罩[90]不驚日頭硬

宿眠[91]返來大暗暝　　一頓熟來兩頓青[92]

姓謝個個真康健　　出門喊休甲連天

三戶姓曾人真善[93]　　聽著頭殼會嗆煙[94]

四框輪轉[95]攏姓謝　　酒若飲醉刺鵝鵝[96]

根俗[97]店這真歹騎[98]　　看破要位來轉食[99]

彼時定名路上屆　　傳練宋江真工夫

文官武職兩面有　　面對週圍二五株[100]

若是每次要出陣　　攏總有請一尊神

有看戰甲無看面　　對方睜[101]久頭就暈

庄頭若和人就歹　　路上出名對彼來

對彼時陣到現代　　代代攏有出人才

聽見先輩箸塊講　　日本時代謝南光[102]

86　奉招，或記爲「予（人）招」，音：hoo⁷（lang⁵）cio¹，合音：hong⁵cio¹，入贅。

87　無賴久，或記爲「無若久」，音：bo⁵gua⁷ku²，沒有多久。

88　番頭，或記爲「翻頭」，音：huan¹thau⁵，回過頭來。

89　隙仔，指芳苑鄉陳仔村。

90　中罩，或記爲「中晝」，音：tiong¹tau³，中午。

91　宿眠，或記爲「歇眠」，音：hioh⁴khun³，休息。

92　整句形容工作非常忙碌，連好好地煮一頓飯都沒時間。

93　善，或記爲「瘝」，音：sian⁷，厭倦。

94　嗆煙，或記爲「衝煙」，音：ching³ian¹，冒煙。

95　四框輪轉，或記爲「四箍輾轉」，音：si³khoo¹lian¹tng²，四周圍。

96　刺鵝鵝，或記爲「刺夯夯」，音：chi³gia⁵gia⁵，指一個人張牙舞爪，好勇鬥狠。

97　根俗，音：kin¹siok⁸/kun¹siok⁸，根本。

98　騎，或記爲「徛」，音：khia⁷，站著，這裡指討生活。

99　轉食，或記爲「賺食」，音：cuan²ciah⁸，謀生。

100　二五株，或記爲「二五都」，音：ji⁷goo⁷tu¹，「都」是地方行政區域，比鄉小比里大；「二五都」本指泉州府同安縣洪姓的鼇山與柏埔兩堂，加起來共有二十五都。

101　睜，或記爲「瞠」，音：cin¹，瞪眼怒視。

102　謝春木，台灣的社會運動參與者，又名謝南光，筆名追風，出生於彰化。

文章會寫話會講　　本身武術眞靈通
當時滿清眞著病　　戰輸日本甲午年
馬關條約打眞硬　　才將台灣割給伊
想著當時眞苦嘆　　西后未戰先投降
忍心將咱台灣放　　日本親像管犯人
台灣人民無地位　　實在強卜吃不虧[103]
加在一位蔣渭水　　伊參獻堂八做堆[104]
伊去霧峰招獻堂　　做伴來尋謝南光
目前台灣按怎創　　謝兄你想卡下通[105]

南光做人眞客氣　　也是林兄舉大旗
台灣精英滿滿是　　趕緊寫批總通知
批信寫出三日後　　一百十個有出頭
便有接批總有到　　集合霧峰獻堂兜
五路齊到開會議　　推荐獻堂落主持
台灣總督眞無理　　管咱親像管畜牲
大家聽甲流目屎　　抱著滿腹的悲哀
西后無念同胞愛　　咱的受苦伊不知
嘉義一位劉啓光　　聽甲強強卜抓狂
歸棄看卜按怎創　　財產開乾嘛無妨
清水肇嘉笑咪咪　　目屎照常含目瀸[106]
對付日本要鬥智　　若用武力穩輸伊
姓蔡培火加肯定　　南光讚聲全贊成
會議到這做決定　　大家緊尋沈葆禎

---

103 吃不虧，或記爲「食艙開」，音：ciah⁸be⁷khui¹/ciah⁸bue⁷khui¹，指沒辦法好好生存。

104 八做堆，或記爲「把做堆」，音：pe²co³tui¹，守衛、掌握，指蔣渭水與林獻堂站在同一陣線。

105 卡下通，或記爲「較會通」，音：khah⁴e⁷thong¹，比較合理，容易讓人信服。

106 目瀸，或記爲「目墘」，音：bak⁸kinn⁵，眼眶。

二次會議伊來到　未講目屎代先[107]流
世界殖民來比較　日本甲咱管過頭
趕緊組織文化會　合法組織無問題
委員就咱些人做　推選會長通掌作[108]
制度就要恰健全　狀況發生便支援
報告會長通呼喚　必要時陣有特權
組織會議到這止　申請交代獻堂伊
南光返來寫雜誌　有時寫出斷腸詩
返來一季卡平靜　二林事件隨發生
本源會社車盤桌[109]　鬧甲雞犬都不寧
採收甘蔗不講價　採收了後由伊提
蔗農捉賊哭無爸　拒絕採收起冤家[110]
腳踏馬屎[111]憑官勢　動員警察百外個
採收甘蔗用強制　看這蔗農無目地
二林一位李應章　正是民族的英雄
伊作醫生兼有量　本身武勢嘛眞強
蔗農返來甲報告　趕緊叫人去打鑼
甘蔗若是不給[112]錯[113]　大家著要講通和[114]
應章彼陣眞趕緊　拜請南光來相挺
隨時寫了一封信　報告經過的原因
本源會社眞過分　官商勾結無單純
伊的地磅全不準　三個委員十八斤[115]

---

107 代先，或記爲「事先」，音：tai⁷sing¹，先。
108 掌作，或記爲「掌做」，音：ciong²co³，掌握控制。
109 車盤桌，或記爲「捙跋反」，音：chia¹phua⁸ping²，折騰不休。
110 起冤家，音：khi²uan¹ke¹，發生爭執。
111 腳踏馬屎，指站在馬身後，及逢迎拍馬屁。
112 給，音：hoo⁷，給。
113 錯，或記爲「剉」，音：cho³，砍伐。
114 講通和，音：kong¹thong¹ho⁵，好好協議讓意見一致。
115 此句形容會社秤量甘蔗時減金減兩，原作「三個保正五十斤」。

南光動員宋江陣　　個個目周青銀銀[116]
會社這歹阮不信　　打甲屎尿騎[117]塊淳[118]
隊員個個真好膽　　不輸猛虎放出欄
講著相打大家唔[119]　只驚打贏無人擔
見面大家開始戰　　戰甲喊休甲連天
長鎗短棍齊出現　　哀爸叫母足可憐
卡巧警察在後面　　卡愚警察箭最前[120]
老人的話伊不信　　賢游水的死台先
二林蔗農隨時到　　沙仔一人提一包

見面也[121]去隨越[122]走　二林蔗農佔風頭
警察柳絲[123]提孤手　一手那塊揉目周
蔗農那會這夭壽　　沙仔英[124]著流目油
目周無看想要走　　續參大城相碰頭
閣有路上塊迫後　　竹塘起來四面包
打甲茫煙甲散霧　　血流血滴歸身軀
第一出名路上厝　　臨陣才知真工夫[125]
戰鼓越打越愈緊　　個個隊員愈認真
打到霞烏[126]無看面　聽著鑼聲才收兵
這場加在無人死　　全是缺腳[127]甲手折[128]
打贏的人免歡喜　　打輸趕緊載去醫

---

116 青銀銀，或記為「青睨睨」，音：chenn¹gin³gin³，眼睛睜得大大的。
117 騎，或記為「倚」，音：khia⁷，站著。
118 淳，或記為「津」，音：tin¹，水滴下。
119 唔，或記為「插」，音：對於chap⁴，干預、介入。
120 箭最前，或記為「搰做前」，音：cinn³co³cing⁵，擠身為前頭。
121 也，或記為「掖」，音：ia⁷，撒。
122 越，或記為「斡」，音：uat⁴，轉頭、轉身。
123 柳絲，或記為「家私」，音：ke¹si¹，工具，這裡指武器。
124 英，或記為「坱（或做煙）」，音：ing¹，沙子跑進眼睛。
125 工夫，或記為「功夫」，kang¹hu¹，本領、造詣。
126 霞烏，音：ha⁵oo¹，指太陽下山。
127 缺腳，或記為「瘸跤」，音：khue⁵kha¹，跛腳。
128 手折，音：chiu²cih⁸，斷手。

彰化學

打贏嘛無好食眠　　等待天光看新聞
姓李應章反日本　　姓謝南光嘛有份
百姓攏是伊煽動　　代誌做了賴蔗農
全是謠言甲誹謗　　聲明通緝謝南光
南光愈想愈哀怨　　返來又閣惹事端
報告給伊寫造反　　抄家滅族續無傳
本源會社眞夭壽　　明明甲我結冤仇
來去唐山才研究　　目屎含塊看破溜
自從南光去了後　　二林地方亂操操
應章看破伊也走　　蔗農內底續無頭
蔗農一人帶一位　　放尿超沙[129]未做堆
暗時若聽狗塊吠　　就是警察過來圍
本源會社靠官勢　　動員警察歸百個
抄甲歸庄亂馬馬[130]　　雞母雞角[131]打鵠雞[132]
早去的人眞僥倖[133]　　未曾問話打台先
冤枉的人不承認　　著要灌水兼睏冰
定罪無論輕也重　　至少拘留二九工
著拘夠額[134]才有放　　彼陣攏無有勢人
南光做伊溜溜去　　伊去北京閣讀書
閣去黃埔學軍事　　一帆風順眞自如
世界大戰八年久　　日本頭贏續尾輸
聯軍空襲路上厝　　考驗南光眞工夫

---

129 放尿超沙，或記爲「放尿抄沙」，音：pang³jio⁷chiau¹sua¹，直接撒泡尿來攪拌沙子，用來形容就像一盤散沙，沒辦法團結在一起。
130 亂馬馬，音：luan⁷be²be²，形容事物失去次序，非常混亂。
131 雞角，音：ke¹kak⁴，公雞。
132 打鵠雞，或記爲「拍咯雞」，音：phah⁴kok⁸ke¹，母雞生蛋後所發出一種咕咕叫的聲音；這整句話是形容現場一片混亂、雞飛狗跳的樣子。
133 僥倖，音：hiau¹hing⁷，因爲他人不義的行爲而導致不幸。
134 夠額，音：kau³giah⁸，數量足夠。

彰化學

路上是阮的故鄉　　　伊對將官加參詳
軍事建設無嚴重　　　空襲人民大損傷
路上機場[135]斷點炎[136]　　五庄外埔碎鹽鹽[137]
地方的人加感念　　　多人讚美少人嫌

王功

王功地理算無醜　　　部分姓林台先來
先到先佔好所在　　　石仔盤蚵誰不知
石仔盤蚵出眞多　　　大出眞正踢倒街
大販小販刉[138]去賣　　尙剩能得鹹蚵郭[139]
認爲生活能安定　　　隨時落起王爺宮
王爺能得蔭[140]庄境　庄名著彼[141]自然成
日本不用王爺宮　　　王爺中國的神明
伊改王功咱不用　　　路尾大家講王宮
陳林洪姓帶同位[142]　箸這馬巷的周圍
親戚和好情可貴　　　招來台灣帶做堆
希元出世眞歹命　　　出生陳家無通晟[143]
送給林厝人做子　　　出人頭地好名聲
當時江南第一槍[144]　同時出有九尾龍
子子孫孫加崇敬　　　金身請來到王功
王功地理丁財貴[145]　二條水神頂下圍

---

135 路上機場，日據時代曾在庄東設軍用機場。
136 斷點炎，沒有受到損壞。
137 碎鹽鹽，音：chui³iam⁵iam⁵，形容像鹽一樣粉碎。
138 刉，或記爲「割」，音：kuah⁴，批發。
139 蚵郭，或記爲「蚵䭕」，音：o⁵ke⁵，用鹽醃漬的蚵仔。
140 得蔭，或記爲「致蔭」，音：ti³im³，庇蔭。
141 著彼，或記爲「佇遐」，音：ti³hia¹，在那裡。
142 帶同位，或記爲「蹛仝位」，音：tua³kang⁷ui⁷，住在一樣的地方。
143 晟，或記爲「成」，音：chiann⁵，養育。
144 槍，或記爲「銜」，音：ching³，氣勢盛、名氣大。
145 丁財貴，人丁、財富、權貴。

後港一條環身水　確保庄頭麥散開
庄頭愈久多人倚[146]　家家戶戶賺有食
順續有錢通好寄　現金買賣攏免賒
現在三間信用部　有人寄著百萬元
三千外名的客戶　要寄要領等歸埔[147]
王功蘆筍尚賢大　潤格面頂一幅沙
拋山拋海[148]做眞闊　經濟大家眞快活
王功蘆筍賺眞多　大家相招飼蛋雞
蛋販在庄兼著做　錢項全部無問題
王功的人正[149]活動　到處都有生意人
台灣全島帶透透　有在東京開銀行
王功福海出國寶　轟動全國七耳蚵
能得補身口味好　這款物件世間無
早年得祿做太保　保護嘉慶去吃蚵
竹山一間龍門閣　頭出一盤鼎邊趖[150]
二出湯頭好口味　就是生蚵煮薑絲
嘉慶銀針落加試　發現蚵仔有七耳
清宮食譜有記載　七耳蚵仔的由來
古早仙女下凡界　七個姊妹共同裁
姊妹一個裁一耳　裁塊福海港溝邊
溝水慢退過早鄭[151]　蚵仔著的[152]即爻[153]生
七耳七種的口味　綜合起來這麼甜

---

146 倚，或記爲「徛」，音：khia⁷，居住。
147 等歸埔，或記爲「等歸晡」，音：tan²kui¹poo¹，等半天。
148 拋山拋海，音：pha¹suann¹pha¹hai²，翻山越嶺。
149 正，或記爲「誠」，音：ciann⁵，很、非常。
150 鼎邊趖，音：tiann²pinn¹so⁵，一種點心小吃。
151 慢退過早鄭，或記爲「慢退攔早漲」，音：ban⁷the³ko¹ca²tinn⁷，退潮慢而漲潮
　快。
152 著的，或記爲「就會」，音：tio⁷e⁷/to⁷e⁷。
153 爻，或記爲「勢」，音：gau⁵，很會。

若配漢方治百病　　　七耳蚵仔詳值錢
竹山蚵仔有七耳　　　嘉慶感覺眞懷疑
命令李勇請林杞　　　林杞龍門老先生
林杞見面著塊講　　　蚵販海口的親堂
叫我去請人豪爽　　　招阮落海頭暈暈[154]
伊帶海口王爺宮　　　福海正在伊西邊
蚵仔就是仙女種　　　男女吃了有感情
嘉慶聽了晟[155]歡喜　　　全無重纏[156]甲半絲
起手落筆寫幾字　　　送給林杞老先生

七月初七的日子　　　正是仙女下凡時
姊妹種蚵發七耳　　　氣味芬芳留情誼
林杞掛在門樓頂　　　南來北往的書生
看著的人便肯定　　　這手字筆非凡人
眾人大家塊議論　　　這位客官眞斯文
地方口音講無準　　　敢是京城嘉慶君
蕭坤蕭碧心眞歹　　　即時[157]通報酋長知
嘉慶起兵巢[158]番界　　　不如出草先加台[159]
四月十二過罩後　　　嘉慶三人遊山頭
走到蕭碧的門口　　　煞被青番四面包
李勇彼陣大生氣　　　開嘴責罵蕭碧伊
蕭碧不認伊無理　　　伊對李勇先出肢[160]
可惡伊煞先出手　　　即被李勇撥甩丟

---

154 頭暈暈，或記爲「頭楞楞」，音：thau⁵gong⁵gong⁵，頭昏昏。
155 晟，或記爲「誠」，音：ciann⁵，很、非常。
156 重纏，或記爲「重耽」，音：ting⁵tann⁵，差錯。
157 即時，音：cik⁴si⁵，立刻。
158 巢，或記爲「剿」，音：cau⁵，剿滅。
159 台，或記爲「刣」，音：thai⁵，宰殺。
160 出肢，出手的意思。

蕭坤銅鐘一下扭　　所有青番齊喊休[161]

嘉慶彼陣有打算　　先守後攻才有長

三個腳蒼[162]卻相斷[163]六蕊目睭觀八方

蕭氏想法太單純　　卜收京城嘉慶君

在伊打算一半穩　　江山叔侄對半分

李勇劍法有夠緊[164]對方先打賣瓦身[165]

蕭氏認爲卡輸面　　趕緊逃走西北平

蕭氏叔侄卜逃走　　李勇逼著腳蒼頭

逼到絕崖煞麗[166]哭　叔侄跳落濁水溝

得祿單劍保嘉慶　　眞正九死唯一生

織女天庭有感應　　報答嘉慶一點情

這次嘉慶惹大禍　　完全爲著七耳蛔

寡不敵眾眞無保　　恐驚嘉慶性命無

織女腰帶戍[167]一下　扭來倒下十外個[168]

得祿主公顧好勢　　閃在下坪[169]陳家宅

七色腰帶眞好用　　眞正一馬抵萬兵

伊卜下凡無申請　　犯著天條罪不輕

看見李勇來接應　　伊無時間緊收兵

一步踏起[170]白雲頂　兩步伊即到天庭

李勇返來到原地　　找[171]無嘉慶因二個

---

161 喊休，或記爲「喝休」，音：huah⁴hiu¹，大聲叫喊。

162 腳蒼，或記爲「尻川」，音：kha¹chng¹，屁股。

163 相斷，或記爲「相撞」，音：sio¹tng⁷，撞在一起。

164 緊，音：kin²，快。

165 賣瓦身，或記爲「膾倚身」，音：be⁷ua²sin¹/bue⁷ua²sin¹，不能靠近。

166 麗，或記爲「咧」，音：leh⁴，在。

167 戍，或記爲「摔」，音：sut⁴，抽打。

168 十外個，十幾個。

169 下坪，地名，位於南投縣竹山鎮。

170 起，或記爲「去」，音：khi³，到。

171 找，或記爲「揣」，音：chue⁷，尋找。

想甲心肝亂馬馬	皇上討人對叨宅[172]
當塊發火的時陣	可比猛虎入羊群
東西南北直直奔	先[173]找找無嘉慶君
青番走入竹林內	李勇憨憨[174]全不知
青番發箭做一擺	李勇先格[175]格不開
李勇人死身無倒	兩蕊目睭奶隴鵝[176]
青番認為真無保	若無緊走性命無
李勇人死無倒地	心電感應因兩個
兩人山路青滲[177]爬	看見李勇孤一個
嘉慶佣人找林杞	收埋代誌交待伊
墳墓雖然無舒適	只豎一塊青石碑
嘉慶預算卜福海	李勇出事煞無來
站店山頂真感慨	表明幾句乎人知
王爺宮地算袂醜	壽山福海頂下排
後靠壽山前看海	利取東西南北財

漢寶、新寶

漢寶新寶都是寶	中間一條牛肚河
西面隴有海可討	掘力[178]吃穿免驚無
姓黃本來住加走	大水沖破牛肚溝
歸庄的人朗搬走	倒返才住牛埔頭
搬到伸港蚵寮庄	牛埔草港至菜園

---

172 對叨宅，或記爲「對陀提」，tui³to²theh⁸，從哪裡拿。
173 先，音：sian¹，反覆不斷、一直。
174 憨憨，或記爲「戇戇」，音gong⁷gong⁷，笨、傻。
175 格，或記爲「搭」，音：keh⁴，用手擋開。
176 奶隴鵝，或記爲「玲瓏遨」，音：lin⁸long⁸go⁵，團團轉，表示死不瞑目。
177 青滲，或記爲「悽慘」。
178 掘力，或記爲「搰力」，音：kut⁴lat⁸，勤勞、努力。

彰化學

二港福興麻有算　海邊一條落落長 [179]
新寶東北土龍港　溫寮溝水流西南
這條龍脈氣真重　新寶代代出勇人
漢寶有人講溪底　其實早年東螺溪
日本通盤落規劃　溪頭築好無問題
要築溪頭開國庫　溪底無水變溪埔
移民一人來一路　要作溪底不要租
沙土一年一年厚　頂港客人做起頭
昭和四年伊來到　先造浮圳才開溝
頭年伊播暹邏種 [180]　稻穗出起真利莖
赤色稻穀粒粒硬　有的大甲掰作平 [181]
草寮起店東屏面　西面福德把水神
種作有收卡要緊　建廟順續刻金身
姓羅成傳伊發起　姓李阿運支持伊
姓劉阿傑麻同意　姓陳阿君罩 [182] 出錢
使呼成傳真安慰　所開的錢公家開
厝邊團結真可貴　才有氣力可發揮
豐收客人才歡喜　親戚朋友全通知
早來絕對佔有利　慢來恐驚卡無偏 [183]
接著消息便知影　娶某舉鼎 [184] 透暝行
為了生活賭生命　閣恰干苦 [185] 麻不驚
乞食貪著塊大普　賣輸 [186] 七月塊搶孤

---

179 落落長，或記為「躴躴長」，音：loˈloˈtngˈ，形容很長。
180 暹邏種，指泰國品種。
181 掰作平，或記為「擘做爿」，音：pehˈcoˈpingˈ，剝成兩半。
182 罩，或記為「湊」，音：tauˈ，幫忙。
183 無偏，音：boˈphinnˈ，佔不了便宜。
184 娶某舉鼎，或記為「㤇某揭鼎」，音：chuaˈbooˈgiahˈtiannˈ，帶著妻子、拿著鍋子，意指攜家帶眷。
185 干苦，或記為「艱苦」，音：kanˈkhooˈ，痛苦、難過、辛苦困難。
186 賣輸，或記為「燴輸」，音：beˈsuˈ/bueˈsuˈ，好像。

客人尚多八十戶　　走來溪底耕溪埔
客人實在有夠和　　有什代誌找義哥
崙腳保正給伊靠　　大事化小小化無
樂極生悲原有數　　會社煙筒[187]眞大框[188]
技師出來塊測路　　三腳馬頂劃地圖
東西一路三甲透　　南北三甲一條溝
防風歸遍造透透　　木麻卜種過斬頭
溪湖會社的社長　　無影無者[189]亂主張
人民生死伊無想　　強制徵收做農場
農民個個眞不願　　不敢去惹日本番
報告若是寫造反　　抄家滅族續無傳
崙腳一位陳九喊　　愛飲燒酒嘴尖尖
面型生做三角念[190]　肚量氣魄無人嫌
做人忠直兼義氣　　自動出來舉反旗
要參會社拼生死　　拜託農民支持伊
九喊嘛是眞厲害　　殿下卜來伊會知
按算頭前跪塊拜　　身驅準備卜乎殺
會社社長隨知影　　實在有影眞著驚
乎伊接著咱無命　　趕緊派人去探聽
探聽陳喊不識字　　御狀卜寫靠代書
寫著陳喊要報備　　台灣全島全通知
陳喊伊去南部寫　　頭殼想步加轉食[191]
陳喊兩字伊無豎　　返來才塡不是些

---

187 煙筒，音：ian¹tang⁵，煙囪。
188 大框，或記爲「大箍」，音：tua⁷khoo¹，此處指煙囪很粗、很胖。
189 無影無者，或記爲「無影無跡」，音：bo⁵iann²bo⁵ciah⁴，沒有的事、子虛烏有的事。
190 三角念，或記爲「三角鯰」，音：sann¹kak⁴liam⁵，指臉形呈倒三角形如同鯰魚頭。
191 轉食，或記爲「賺食」，音：cuan²ciah⁸，此處指詐騙。

陳喊書類提了後　走加不敢閣越頭[192]
警察刑事隨時到　嘉義市區四面包
看人有貨塊疊車　衫褲脫掉供罩舉[193]
少等[194]車頂乎我寄　互相不要說多謝
嘉義搭車到永靖　落車[195]一間豬仔間
歸陣警察攏舉槍　歸去[196]你請我無閒
豬仔捉加吱吱叫　身軀噴加全屎尿
這款膽識是真少　警察先捉麻袂著
給伊逃到北勢尾　溪湖分室陳水螺
這劫先脫不得過　任你插翅難得飛
趁伊大隊也袂到　一領棕簑[197]著田頭
一區[198]稗仔[199]生足厚[200]　棕簑穿好落供搝[201]
陳喊搝稗正舒適　打乎警察伊無疑
光光呵呵[202]無塊避[203]　只好與他鬥心機
今日路頭行足遠　暗頭逃入草湖庄
見著親同塊加問　崙腳電火點彼光
北斗郡守起大隊　崙腳庄內四面圍
庄內相片平頭對[204]　隊長崙頂塊指揮
隊長有帶望遠鏡　看見庄邊誰塊行

---

192 越頭，或記爲「幹頭」，音：uat⁸thau⁵，轉頭。
193 供罩舉，或記爲「共湊夯」，音：ka⁷tau³gia⁵，幫別人搬舉重物。
194 少等，音：sio²tan²，等一下。
195 落車，音：loh⁸chia¹，下車。
196 歸去，或記爲「規氣」，音：kui¹khi³，乾脆。
197 棕簑，音：cang¹sui¹，用棕毛製成的雨衣，即「蓑衣」。
198 一區，或記爲「一坵」，音：cit⁸khu¹，計算田地的單位詞。
199 稗仔，音：phe⁵a²，一種長於田間的雜草。
200 足厚，ciok⁴kau⁷，很多。
201 搝，音：khau¹，拔花草。
202 光光呵呵，或記爲「光光禿禿」，音：kng¹kng¹khut⁸khut⁸，光禿禿、空無一物。
203 避，或記爲「覕」，音：bih⁴，藏匿。
204 平頭對，一個個比對。

乎伊抓來眞歹命　　攏麻搥[205] 加羊仔聲
四框輪返[206] 刊電火[207]　　電話麻是刊四繞[208]
不準三個逗陣會　　對外封鎖尚死絕[209]
五穀被人損了了[210]　　庄內畜牲著塊飫[211]
遇到豬母若塊瘋[212]　　任你先關麻袂朝[213]
郡守要來不一定　　若來吉普做頭前
武裝警察全帶槍　　憲兵部隊做後平
若來甲長[214] 就知害　　未曾問話手先西[215]
日本憲兵有夠歹　　著要忍痛不敢哀

等待返去才幹宄[216]　　彼你什滲[217] 卜吃蛸[218]
煩惱客人死了了　　害著庄頭吃賣消[219]
萬傳生這不晟孩[220]　　害著庄頭加親晟
調問若講不知影　　攏嘛打加尾拖搧[221]
九喊聽了喘大氣　　目屎流甲四瀺垂[222]
陳喊若死無所謂　　害著眾人尚刻虧[223]

---

205 搥，或記爲「搥」，音：thui¹，打。整句是說都被打到哭聲如羊叫聲般嘶啞。
206 四框輪返，或記爲「四貓報轉」，音：si³khoo¹lin³tng²，四周圍。
207 刊電火，或記爲「牽電火」，音：khan¹tian⁷hue²，拉電線以點亮燈光。
208 繞，或記爲「楚」，音：seh⁸。
209 死絕，音：si²ceh⁸。
210 損了了，音：sng²liau⁰liau⁰，全都被毀壞。
211 飫，或記爲「楞」，音：iau¹，肚子餓。
212 瘋，或記爲「猾」，音：siau²，雌性動物發情。
213 關袂朝，或記爲「關繪牢」，音：kuainn¹be⁷tiau⁵/kuainn¹bue⁷tiau⁵，關不住。
214 甲長，今日之鄰長。
215 西，或記爲「搋」，音：sai¹，打耳光。
216 幹宄，或記爲「姦撟」，音：kan³kiau⁷，罵人的話。
217 什滲，或記爲「雜插」，音：cap⁸chap⁴，好管閒事之意。
218 吃蛸，或記爲「食潲」，音：ciah⁸siau⁵，沒有用。
219 吃賣消，或記爲「食繪消」，音：ciah⁸be⁷siau¹/ciah⁸bue⁷siau¹，吃不消。
220 不晟孩，或記爲「毋成囝」，音：m⁷ciann⁵kiann²，鄙夷小孩之詞。
221 尾拖搧，或記爲「尾拖骿」，音：bue⁵thua¹phiann¹，指被打到脊椎受傷嚴重。
222 四瀺垂，或記爲「四淋垂」，音：si³lam⁵sui⁵，涕淚交流的樣子。
223 刻虧，或記爲「克虧」或「剋虧」，音：khik⁴khui¹，委屈、吃虧。

輸贏蓋在[224]明阿再[225] 　九點殿下就要來
我有租車叫人駛 　救護車我租二台
每台油桶加甲飽 　沿路無人甲咱匼[226]
時間弄我測有密[227] 　車停隨時落車腳[228]
岩落車腳脫凸體[229] 　同時就要包頭白[230]
冤枉二字排好勢 　要見殿下做狗爬
御狀縛塊頭殼頂 　批殼[231]封面寫陳情
內容理由句句定 　對症下藥有效能
應付話門想好好 　臨機應變無塊學[232]
這著草湖塊參考 　聽見有人叫喊哥
當時就是阿本嫂 　伊找喊哥找朗無
恐驚喊哥半吃餓[233] 　用些高粱鳳片糕[234]
本嫂見面就加跪 　感謝喊哥你解圍
客人無塊通喘氣 　感謝目屎四溻垂
九喊看這煞愕愕[235] 　本嫂行動無對同[236]
才有一半的希望 　對我跪拜仙[237]不通
本嫂彼陣才講起 　辜榮來找大福伊
請你現身無代誌 　徵收土地不實施
叫伊趕緊作決定 　北斗郡守隨撤兵

---

224 蓋在，或記爲「介在」，音：kai³cai⁷，在於。
225 明阿再，或記爲「明仔載」，音：bin⁵a²cai³，明天。
226 匼，或記爲「閘」，音：cah⁸，攔阻。
227 密，音：ba⁷，密合。
228 落車腳，或記爲「落車跤」，音：loh⁸chia¹kha¹，下車。
229 脫凸體，或記爲「裼肚裼」，音：thng³too²theh⁴，打赤膊。
230 包頭白，音：pau¹thau⁵peh⁸，頭上綁白布條。
231 批殼，音：phue¹khak⁴，信封。
232 無塊學，或記爲「無地學」，音：bo⁵te³oh⁸，無處可學。
233 半吃餓，或記爲「半食餓」音：puann³ciah⁸go⁷，三餐不繼。
234 鳳片糕，音：hong⁷phian³ko¹。
235 愕愕，或記爲「楞楞」，音：gang⁷gang⁷，感到意外而楞住。
236 無對同，音：bo⁵tui³tang⁵，牛頭不對馬嘴。
237 仙，音：sian¹，千萬。

甘蔗原在[238]乎咱種　　咱才做伊扣仔坪[239]

會社伊卜出蔗種　　貸款未種借台先

肥料伊配乎咱用　　等待採收才總還

九喊聽著條件好　　不通參伊舉硬戈[240]

九喊該作才有作　　人講好事不如無

漢寶事件到這止　　九喊出名做一時

以前眾人塊加氣　　現在奧落加觸舌[241]

本嫂就叫阿喊兄　　有閒溪底罔[242]來行

暗頭[243]才來乎我請　　看請什麼我不驚

九喊聽著嘴微微　　越[244]去邊仔才吐舌

本嫂竟然這誠意　　那我九喊朗無辭

事件經過四年久　　日本退伍的軍伕

配來卜住移民厝　　計共分作五工區

昭和十六伊來到　　建設出所[245]甲學校

草湖新路打甲透　　建造兩條浮圳溝

退伍軍人眞有權　　漢寶改制八洲村

伊有專人著塊管　　職位乎作指導員

退伍軍人眞有勢　　全面無人敢咬架[246]

客人放屎看風勢　　一庄走甲剩二個

一個破病[247]病眞久　　一個尪婿[248]做軍伕

---

238 原在，音：guan⁵cai⁷，仍舊。

239 扣仔坪，或記爲「鉤仔爿」，音：kau¹a²ping⁵，蔗農將種的甘蔗拿到會社去秤重賣錢，會社用來秤重的大型機具（大鐵鉤）被稱爲「鉤仔爿」。

240 舉硬戈，或記爲「揭硬篙」，音：giah⁸nge⁷ko¹，硬碰硬。

241 奧落加觸舌，或記爲「呵咾咯觸舌」，音：o¹lo²kah⁴tak⁴cih⁸，嘖嘖讚美。

242 罔，音：bong²，將就。

243 暗頭，音：am³thau⁵，傍晚。

244 越，或記爲「斡」，音：uat⁸，轉頭。

245 出所，即派出所。

246 咬架，或記爲「狡扴」，音：kau²keh⁸，喜歡唱反調。

247 破病，音：phua³penn⁷，生病。

248 尪婿，或記爲「翁婿」，音：ang¹sai³，丈夫。

彰化學

恐驚返來找無厝　母子暫時住這居
日本昭和下命令　臨時卜抽台灣兵
抽著我君尚僥倖[249]　仙人去講嘛無情
接著紅單哭歸暗　天光枕頭朗巢淡[250]
夭壽日本眞濫慘[251]　抽著我君足不甘
夫妻不願對面相　二人心內帶悲傷
望君身體要保重　夫妻離開辜不終[252]
甘願一日吃二頓　不甘乎君出外方
一去不知何時返　給我親像刈心腸[253]
天光六點要點名　日本古吹[254]彈三聲
右手舉旗左手牽子　目屎含著隨君行
國旗舉高喊萬載[255]　愈想心情愈悲哀
到底卜去什所在　著等接批才會知
送君送加無看影　卜返強卜倒頭行
今日那會這歹命　彼陣才敢哭出聲
彼時我哭子塊哮[256]　母子坐在土腳兜
返來到厝日過罩　給我心肝亂操操
給我心頭不平靜　趕緊燒香拜神明
平生無做歹心倖[257]　老天敢會彼絕情
手指媽祖妳尙興　遇著槍子[258]越孤屛
口人死了無要緊　不可傷著台灣兵

249 僥倖，音：hiau⁵hing⁷，指被抽中當兵很可憐，也指日本軍方行事不義。
250 巢淡，或記爲「齊澹」，音：ciau⁵tam⁵，全都濕了。
251 濫慘，或記爲「濫摻」，音：lam⁷sam²，胡亂來。
252 辜不終，或記爲「姑不將」，音：koo¹put²ciong¹，不得已、無可奈何。
253 刈心腸，或記爲「割心腸」，音：kuah⁴sim¹tng⁵，形容極度的傷心悲痛。
254 古吹，或記爲「鼓吹」，音：koo²chue¹，喇叭。
255 萬載，日語發音萬歲之意。
256 哮，或記爲「吼」，音：hau²，哭。
257 歹心倖，或記爲「歹心行」，音：phainn²sim¹hing⁷，心地惡毒。
258 槍子，或記爲「銃子」，音：ching³ci²，子彈。

拜好將香插了後　　雙腳跪落土腳兜
給阮愈想愈愛哮　　開聲哭加卜直喉[259]
爬起腳浮頭反重　　如頭撒過[260]像瘋人
若我唯一的希望　　再度見著阮親尪
若卜甲君再相見　　除非插翅飛上天
日本海防管眞硬　　匝著也是哥哥纏[261]
想來想去想不曉　　想加頭殼擋袂朝
若無控制會起瘋　　歸日無吃不知餓
自從我君去了後　　乎我目屎不時流

有人講我歹目草[262]　　其實煩惱操過頭
操甲目睭起反霧　　疑難雜症歸身驅
莫非敢是命所注　　袂輸[263]落水半沉浮
騎店庭尾暝日看　　先等等無阮心肝
諒必無君通做伴　　六月多天起畏寒
無君罩陣[264]眞艱苦　　床頭床尾叩叩摸[265]
想要早睏無法度　　目睭愈恥[266]愈大框
落尾睏去做惡夢　　夢見郎君入阮房
站佇床前無振動　　請伊上床喊不通
夫妻那著彼客氣　　我君頭殼格欺欺[267]
莫非我君出代誌　　給我愈想愈怪奇
分明我君穿長褲　　爲何行路無踏土
素眞彼陣才知苦　　打嚇清醒頂半晡

---

259 整句是說哭得肝腸寸斷。
260 如頭撒過，或記爲「挐頭鬖髻」，音：ju⁵thau⁵sam³kue³，形容頭髮散亂的樣子。
261 哥哥纏，或記爲「膏膏纏」，音：ko⁵ko⁵tinn⁵，死纏活賴。
262 歹目草，phainn²bak⁸chau²，很容易受情緒影響而淚流不止。
263 袂輸，或記爲「燴輸」，音：bue⁵su¹/be⁵su¹，好像。
264 罩陣，或記爲「湊陣」，音：tau³tin⁷，偕同、結伴。
265 叩叩摸，或記爲「硞硞摸」，音：khok⁸khok⁸moo¹，一直不停的摸。
266 恥，或記爲「展」，音：thi²，張開。
267 格欺欺，或記爲「激敧敧」，音：kik⁴khi¹khi¹，頭歪斜的樣子。

打嘛清醒日卜罩　一個警察來阮兜
論眞禮數用眞夠　在彼庭尾塊點頭
近前問我徐素眞　妳抂是不是林忠信
勇敢前線抵頭陣　盡忠報國來過身[268]
素眞詳細聽了後　骨灰抱在心肝頭
代誌煩惱攏不哮　即時昏落土腳兜
警察看見眞著驚　要喊救人袂出聲
舉鼎起打恰有影　加再厝邊攏有聽
厝邊頭尾走來到　藥仔先灌不落喉
有的粒前加粒後[269]　有的緊推心肝頭
好得阿婆冰到位　銀針舉起叩叩威[270]
素眞彼陣喘大氣　目屎流加四潦垂
素眞彼陣開聲哮　目屎親像水塊流
望卜參君好到老　無疑一擔存一頭[271]
哭加目睭紅吱吱　白仁[272]內底牽紅絲
目尾血水滲滲滴　腳骨手骨冷吱吱
骨灰放在神桌頂　素眞站在桌面前
對君躬躬加敬敬　點香給子拜頭先
阿宜眞巧免人教　接香跪落叫阿爸
拜好接給伊母仔插　抱著伊母的後腳
怨嘆六歲無老爸　放伊母子有二個
後日伊母閣去嫁　生活費用無塊提

---

268 過身，音：kue³sin¹，逝世、死亡。
269 粒，或記爲「捋」，音lik⁸，以手理物。整句是說，有的人幫忙拍前胸、拍後背以順暢呼吸。
270 叩叩威，或記爲「硞硞攃」，音：khok⁸khok⁸ui¹，一直不停的用針在身體上旋轉鑽孔。
271 一擔存一頭，扁擔原本兩端挑物，但其中一端不見了，指丈夫已死，無法白頭偕老。
272 白仁，音：peh⁸jin⁵，白眼球、眼白的部分。

素真聽見險絕氣　　心肝親像針塊威
乖子是阿母心肝血　　母子永遠不離開
乾擔[273]煩惱無路用　　緊請道士來豎靈[274]
一個娶路[275]錢恰省　　祭品簡單用三牲
林家發生這嚴重　　母子何去甲何從
骨灰埋著崙腳塚　　母子流浪到高雄
當庄客人走了了　　河洛勉強住會朝
移民種作全不曉　　租地租金要明瞭
租地大家要寫字　　一年租金納二期

絕對不通過日子[276]　　若無後年不租伊
移民來到四年久　　世界大戰伊戰輸
給咱加趕返他厝　　宿舍換咱治塊龜
給咱趕返伊日本　　地方的人翻草根[277]
恰早[278]便作便有份　　從伸[279]大家才照分
一些要吃不振動　　專卜欺負忠厚人
土地是伊祖公放　　著卜貼伊鋤頭工
漢寶早前外蒙古　　現在歸遍沒草埔
東西南北柏油路　　厝場每個站眞舒
諸讚鄉長做兩屆　　建設對頂做落來
他塊講化眞實在　　有無讚編[280]我不知

273 乾擔，或記爲「干焦」，音：kan¹ta¹，光是、僅僅。
274 豎靈，或記爲「徛靈」，音：khia⁷ling⁵，人死後設立靈堂。
275 娶路，或記爲「𤆬路」，音：chua⁷loo⁷，帶路。
276 整句是說，絕對不可以超出繳租的期限。過，超過。
277 翻草根，音：huan¹chau²kun¹，除草、連根翻除。
278 恰早，或記爲「較早」，音：khah⁴ca²，以往。
279 從伸，或記爲「從賰」，音：ciong⁵chun¹，向來剩下的……。
280 讚編，捏造的讚美之語。

鑾井爲記兮陳家

姓陳祖籍在福建　　泉州管內的邊緣
地醜交通無利便　　生活實在足可憐
著這泉州同安縣　　十五都內大突村
堅持不給清庭管　　有意想卜過台灣
做兵返去塊講起　　移民台灣合時機
台灣空地滿滿是　　人少土地無人池[281]
大家聽甲眞歡喜　　厝邊頭尾伊報伊
緊請族長開會議　　順續擇日加尋時
移民台灣過黑海　　部份宗親不敢來
離開若久無熟悉　　鑾井爲記才應該
大家圍瓦大古井　　這口古井眞神奇
雨落恰多水袂鄭　　長年涸旱[282]袂消失
要用鑾井做燈號　　穎川總號不能無
字勻[283]若同要和好　　別族即袂看咱無
頭勻錫洪植耀圻　　二勻錦添榜焿墀
三勻鐶洞格爍坦　　四勻鑾泉棻鷹墵
族譜一人分一本　　傳給下代子孫孫
見面問名知輩份　　了解祖先同條根
不覺時日念邊[284]到　　大家準時到船頭
三聲大炮一個哮　　族長舉旗帶最頭
族長舉旗做信號　　手勢卜行臨時學
若要歇睏旗打倒　　卜行舉高喊咿喔[285]
族長嘛有帶羅庚[286]　　不驚起霧月暗暝

281 池，或記爲「挃」，音：tih⁸/tinnh⁸，要。
282 涸旱，或記爲「洘旱」，音：kho²han⁷/kho²huann⁷，長年不下雨。
283 字勻，也可以寫爲「字垣」，音：ji⁷un⁵，名字的排列上所顯示的輩份。
284 念邊，或記爲「連鞭」，音：liam⁵mi¹，馬上。
285 咿喔，即「一、二」的發音。
286 羅庚，或記爲「羅經」，音：lo⁵kenn¹，羅盤。

無偏無差向東箭　　目標東螺溪口邊
四暝四日過了後　　果然行到黑水溝
囝仔驚甲嘻嘎哮[287]　查某主張卜返頭
查埔主張愛卜拼　　神主背在胛脊膀[288]
神主流失人無命　　一聲阿爹一聲娘
剛要落溝的時陣　　西北一道五彩雲
媽祖指點喊不準　　卜過黑溝倒退齒[289]
善男信女跪塊拜　　媽祖指點乎咱知
查某囝[290]仔岸乎在[291]　查埔[292]負責防翻排[293]

黑溝順利過了後　　台灣內海真平流
四暝五日門好[294]到　踏到台灣的地頭
踏上岸頂腳煞在[295]　族長趕緊算竹排
竹排無失人原在　　族長歡喜笑害害[296]
發落吃飽稍歇眍[297]　查埔鋤頭抬[298]出巡
號地有人就有分　　大家號有即照分
大突人和真有勢　　土崙掘落就咱的
別姓若是敢來假[299]　朗嘛打甲做狗爬
水頭埔心十三甲　　水尾草湖至崙腳
中間土碑做真密　　東螺溪底不曾乾
大突頂下十三庄　　草湖崙腳守西門

---

287 嘻嘎哮，或記爲「唏嚇吼」，音：hi³heh⁴hau²，大哭小叫。
288 胛脊膀，，或記爲「加脊骿」，音：kha¹ciah⁴phiann¹，人的背部。
289 倒退齒，或記爲「倒退攄」，音：to³the³lu¹，倒退著挪動。
290 查某囝仔，或記爲「查某囡仔」，音：ca¹boo²gin²a²，女孩子。
291 岸乎在，或記爲「扞予在」，音：huann⁷hoo⁷cai⁷，扶穩。
292 查埔，音：ca¹ppoo¹，男性。
293 翻排，或記爲「反排/反桸」，音：ping²pai⁵，翻船。排，竹筏。
294 門好，或記爲「拄好」，音：tu²ho²，剛好。
295 腳煞在，或記爲「跤徙在」，音：kha¹sua²cai⁷，腳步站穩。
296 笑害害，或記爲「笑咍咍」，音：chio³hai⁴hai¹，笑呵呵。
297 稍歇眍，或記爲「小歇眠」，音：sio²hioh⁴khun³，稍做休息。
298 抬，或記爲「夯」，音：gia⁵，以肩舉重物。
299 假，或記爲「扴」，音：keh⁸，阻礙。

按算有趁[300]就卜返　　無疑住落這久長
萬合陳弄塊領導　　無人參伊舉硬戈
狀況發生隨通報　　十三庄頭齊打鑼
若是聽見鑼塊哮　　每人相爭走做頭
敵人知來不知走　　朗嘛打甲屎那流
陳弄領導言眞重　　動員到塊像蜜蜂
查某抑鎚甲抑棒[301]　　大突和甲驚死人
一代過了又一代　　草湖望多[302]中秀才
帶著草湖即淘汰　　考試官長不應該
望多伊子陳建上　　台中州內稱英雄
伊對陳義眞器重　　武場放乎伊去衝
崙腳陳義做保正　　領導地方眞有能
二林分室眞好用　　時常替人塊講情
自從陳弄過身後　　草湖建上算眞賢
大突的力配有到　　二林地方半屏頭
二林陳派伊創造　　眞正一路平坡坡[303]
伊對大突特別好　　拜託代誌不曾無
自從身體無方便　　脫乎後厝大福先
大福公醫有牌匾　　伊做頭兄眞自然
大福文場岸眞好　　武場崙腳陳義哥
兄弟瓦[304]來做參考　　臨急求援不曾無
下面暫請甭紹介　　頂面報告乎你知
大突算來眞厲害　　代代攏有出人才
草湖崙腳文武崙　　專帶陳家的子孫

---

300 有趁，也可記爲「有賺」，音：u7than3，有賺錢。
301 抑鎚、抑棒，或記爲「揭槌」、「揭棒」，音：giah8thui5、giah8pang7，拿棍棒。
302 陳榜冬又名望冬，字肇修，芳苑草湖村人。
303 平坡坡，或記爲「平波波」，音：penn5pho5pho5，平坦順暢。
304 瓦，或記爲「倚」，音：ua2，靠。

二條龍脈顧眞穩　　嵒若無破配乾坤
先輩講起啞吧[305]弄　　聽著目眶就反紅
民族意識有夠重　　白白犧牲一世人
革命無成變造反　　至今無人通推翻
在天之靈嘛不願　　等待何時才改觀
明末李闖正造反　　三桂把守三海關
伊借清兵平李闖　　順治順勢入中原
國家大臣黑白變　　借兵爲著陳圓圓
無顧國家兼百姓　　爲著查某塊相爭

美女雖然得到手　　大明江山放甩丟[306]
害著皇帝吊柳樹　　這款罪過誰應收
國家大臣黑白炳[307]　　大明旗號變大清
二百外年無平靜　　專是反清卜復明
最初就是鄭國姓　　繼承伊子叫鄭經
伊孫克爽無路用　　施琅過來被打平
再來就是少林寺　　明慧法師塊主持
反清復明爲宗旨　　後來被破伊康熙
續落就是洪秀全　　不願屈服滿州番
太平天國眞有款　　內部破出就算完
反清的人是袂少　　若要介紹袂巢著
這位無講眞可惜　　範細[308]乎恁喲[309]袂著
大突這位啞巴弄　　正正就是萬合人
民族意識帶眞重　　夫人甲伊攏相同
夫人就是羅冠英　　亦是反清卜復明

---

305 啞吧，或記爲「啞口」，音：e²kau²，啞巴。
306 放甩丟，或記爲「放捒拋」，音：pang³hinn³hiu³，丟掉、拋開。
307 黑白炳，或記爲「烏白反」，音：oo¹peh⁸ping²，胡作非爲。
308 範細，或記爲「凡勢」，音：huan⁷se³，也許。
309 喲，或記爲「臆」，音：ioh⁴，猜。

彰化學

二人意志眞堅定　　願爲民族來犧牲
埔心住營四年久　　義軍從來不捌[310]輸
陳弄經驗眞豐富　　用兵破陣有程序
同治皇帝眞羨賞[311]　聽見陳弄人盡忠
能得說服來重用　　通做國家的棟樑
四月十五月暗暝　　天空歸片攏是星
冠英自己睏一醒　　行瓦陳弄身軀邊
陳弄伊亦無塊睏　　厝前後壁觀天文
連戰連勝無算穩　　這場戰爭無單純
聽見歸庄狗塊吠　　彼陣陳弄才想開
四月十八大流水　　清兵大隊會來圍
陳弄交代羅冠英　　帶兵移走東北平
臨急軍衣攏甭穿　　乎伊不知民亦兵
營地由我來對付　　會生會死我來株[312]
援兵火藥若是有　　臨陣即知眞工夫
二日火藥等無到　　陳弄吐氣甲搖頭
果然十八日過罩　　埔心營地四面包
陳弄大炮按好好　　打死小兵算袂和
大將若是有旗號　　絕對生命伊就無
陸軍提督受密告　　文察不敢豎帥旗
小兵身分瓦來見　　伊行軍禮接見伊
陳弄大將的風範　　回禮表面眞樂觀
革命最後即決斷　　單車難破士象全[313]
提督請伊坐紅轎　　八人轎夫扛塊搖
吞金自殺足可惜　　同治仙見嘛袂著

---

310 不捌，或記爲「毋捌」，音：m⁷bat⁸，不曾。
311 羨賞，音：sian⁷siong²，欣賞。
312 株，或記爲「拄」，音：tu¹，推進，此處指承擔所有責任。
313 整句是說寡難敵眾，也說「猛虎難對猴群」（bing²hoo²lan⁵tui³kau⁵kun⁵）。

大突的人足偉大　　我若無講少人知
雖然革命來失敗　　光復種子對彼來

（二）〈三代望族陳家班〉

聽見先輩塊講起　　清朝年間彼當時

媽祖過海的代誌　　實在有影眞神奇

姓陳四方請媽祖　　卜[1]來經營四方埔

伊在唐山無頭路[2]　伊是媽祖的信徒

一手燒香雙手拜　　媽祖面前訴悲哀

台灣一位[3]好所在　若好允筊[4]即應該

四方雙腳跪落地　　聖母連允有三杯[5]

四方絕對無反悔　　決心卜闖烏水溪[6]

四方烏溪闖過面　　獨有伊請一尊神

來參[7]青番帶[8]罩陣[9]　眾人不敢看伊輕

伊恬[10]番挖帶自在　唐山親同也卜來

憑靠四方伊紹介　　四方替他尋[11]所在

埔心以西十三庄　　草湖崙腳守西門

西港罟寮嘛有算　　昌南鹿草爲尙遠

全部都是大突陳　　互相照顧心得安

每人都眞打拼賺　　若求粗飽無困難

崙腳一位名多愛　　三代爲善通人知

生活普通算無醜　　無生侯生[12]足悲哀

1　卜，或記爲「欲」，音：beh⁴/bueh⁴，要。

2　頭路，工作。

3　位，音：ui⁷，地方、處所。

4　允筊，或記爲「允桮」，音：un²pue¹/in²pue¹，擲杯筊時獲得應允。

5　杯，或記爲「桮」，音：pue¹，筊。

6　烏水溪，指黑水溝。

7　參，音：cham¹，和。

8　帶，或記爲「蹛」，音：tua³，居住。

9　罩陣，或記爲「湊陣」，音：tau³tin⁷，一起、結伴。

10　恬，或記爲「踮」，音：tiam³，在。

11　尋，或記爲「揣」，音：chueh⁷，找。

12　侯生，或記爲「後生」，音：hau⁷senn¹，兒子。

西港一個歹么飼[13]　　到底不知誰卜遲[14]
明明多愛的福氣　　媒婆介紹來乎伊
抱入厝內卜號名　　聽見烏啾[15]的叫聲
就加號做烏啾子　　後來成名好名聲
長大以後漢草[16]好　　做人第一得人和[17]
地方義務伊肯做　　不良習慣半項無
崙腳一位舊庄主　　食老精神有恰輸
食甲上百歲頭有　　疑難雜證歸身軀
庄主歸庄想疼疼[18]　　責任交乎什麼人

第一就要喊能動　　意志與吾又相同[19]
隔日烏啾去探病　　彼暗甲[20]伊坐歸暝[21]
談起庄頭的代誌　　過去未來歸百年
烏啾彼陣塊講起　　不通想卜佔便宜
小可[22]代誌讓人偏[23]　　重要面子不是錢
退讓若是人卜拼　　不通打輸就打贏
庄頭共同一條命　　臨陣絕對不可驚
庄主聽著足歡喜　　隨時召開庄會議
繼承庄主的代誌　　庄主退乎烏啾伊
眾人會議做決定　　所有的人總贊成
受著人人加尊敬　　外庄的人都歡迎

13　歹么飼，或記爲「歹育飼」，音：phainn²io¹chi⁷，嬰兒或小孩子可能因爲多病、身體不好而不好養育。
14　遲，或記爲「挺」，音：tinnh⁸/tih⁸，要。
15　烏啾，烏秋鳥。
16　漢草，音：han³chau²，身材、體格。
17　得人和，音：tit⁴jin⁵ho⁵，得人擁戴。
18　想疼疼，或記爲「想迵迵」，音：sionn⁷thang³thang³，想遍了。
19　相同，或記爲「相全」，音：sio¹kang⁵，一樣。
20　甲，或記爲「佮」，音：kah⁴，與、和。
21　歸暝，或記爲「規暝」，音：kui¹me⁵/kui¹mi⁵，整夜。
22　小可，音：sio²khua²，少許、一些些。
23　偏，音：phinn¹/phenn¹，佔便宜。

以後庄主換伊做　　烏啾做人眞人和
處理代誌足公道　　大事化小小化無
崙腳北屏[24]靠沙崙　　烏啾不時出去巡
崙破要補才有穩　　緊種樹木乎發根
沙崙眾人公家管　　溢沙一年一年高
多種樹木無同款[25]　　離遠塊看眞美觀
後來草湖設苗圃　　工錢一百抽五元
名稱乎作龜理頭[26]　　做頭頭擺[27]有利路
崙腳陳義做保正　　管理地方眞有能
二林分室眞好用　　時常替人塊講情
陳義做人眞慷慨　　朋友弟兄五路來
唐山一位無識在[28]　　來加借宿[29]不離開
歸日行下甲行頂　　無輸[30]著塊踏山靈[31]
陳義對伊眞尊敬　　陳義有量好客[32]情
其實一位監州先　　伊參陳義算有緣
路過假做無方便　　卜騰[33]地理送良賢
看見陳義即[34]有量　　替算厝場庄對中
龍水正宮西南向　　虎水出口眞正常
風水尋著新庄西　　這位添丁兼發財
寅時動作若做好　　卯時自然錢就來

24　北屏，或記爲「北爿」，音：pak⁴ping⁵，北邊。
25　同款，或記爲「仝款」，音：kang⁵khuan²，一樣。
26　龜理頭，或記爲「苦力頭」，音：ku¹li²tau²或ko¹li²tau²，指的是工頭，可以得到最多利潤。
27　頭擺，第一次。
28　識在，或記爲「熟似」，音：sik⁸sai⁷，熟識。
29　借宿，或記爲「借歇」，音：cioh⁴hioh⁴。
30　無輸，或記爲「膾輸」，音：bue⁷su¹/be⁷su¹，好像。
31　踏山靈，意指不停地來回走動。
32　好客，音：honn³kheh⁴，熱情、喜歡接待客人。
33　騰，指挑選。
34　即，音：ciah⁴，如此、這麼。

陳義對伊眞尊敬　　一切由伊落進行
經過眞正有效應　　先生高明不高明
恐驚風水被破壞　　墓牌走字伊安排
先生眞正有厲害　　返去不識[35]擱再來
天光賣地提大定[36]　買主不知什麼名
伊帶住所不知影　　寅葬卯發照路行
一門風水葬正位　　五里內外的範圍
雞總袂啼狗袂吠　　空中野鳥滿天飛
陳家五代做善事　　積善之家慶有餘

這場不是講故事　　全部事實不是虛
被聘會社的委員　　收入實在足可觀
新寶漢寶伊總管　　採種利潤爲尙高
日本時代眞有勢　　平民變成大頭家
焜村出門騎紅馬　　所有工事伊總提
申請風倒大叢[37]樹　免本了工[38]變軍售
賺錢無人通追究　　勢力管甲[39]台中州
木麻的錢賺眞多　　伊設農場在頂溪
所賺的錢總買地　　領錢一回買一回
焜村當時足有勢　　包造縣內防潮堤
勢力超過伊老爸　　專種甘蔗做頭家
土地約有二百甲　　漢寶新寶到崙腳
甘蔗輪流每年插　　金庫先[40]開嘛袂礁[41]
世界大戰八年久　　日本頭贏變尾輸

35　不識，或記爲「毋捌」，音：m⁷bat⁸，不曾。
36　大定，音：tua⁷tiann⁷，買賣土地時交付的最大一筆訂金。
37　大叢，或記爲「大欉」，音：tau⁷cang⁵，植物、農作物長得高大。
38　了工，音：liau³kang¹，白費工夫。
39　甲，或記爲「佮」，音：kah⁴，到。
40　先，音：sian¹，反覆不斷、一直。
41　礁，或記爲「焦」，音：ta¹，完、盡的意思。

最初台灣伊無用　　　　後來抽去做軍伕
卜抽軍伕尋保正　　　　一保一名去驗兵
焜村頭腦眞機警　　　　每次都是派王龍
王龍體重量無夠　　　　每次都是打翻頭
伊有撇步通好透　　　　保正焜村第一賢[42]
保正焜村尙有勢　　　　一保單單[43]去二個
一名號做許木料　　　　進前[44]參伊塊冤家
別人一保去十外　　　　無夠一半留塊活
就是人賢陳焜村　　　　又是崙腳福氣大
崙腳算來足有勢　　　　抽去二個返二個
崙腳地理著塊把[45]　　　亦是風水加厝宅[46]
前線無死許木料　　　　心肝迎[47]甲擋袂條[48]
去尋焜村卜算賬　　　　一支軍刀舉條條[49]
焜村的人有勇氣　　　　伊眞冷靜回應伊
一旦汝去甲[50]無死　　　就要珍惜汝家治[51]
假使將我來殺害　　　　後果什麼汝能知
汝來聽我講看覓[52]　　　該得著台[53]汝即台
軍伕連抽十外回　　　　一回一個免恰[54]加
返來一半最有勢　　　　崙腳就要死幾個
我用生命甲伊拼　　　　一回抽兵一回驚

42　賢，或記爲「勢」，音：gau⁵，屬害。
43　單單，音：tan¹tan¹，僅僅。
44　進前，音：cin³cing⁵，之前、以前。
45　把，音：pe²，把守。
46　厝宅，音：chu³theh⁸，房屋及土地。
47　迎，或記爲「凝」，音：ging⁵，心頭鬱結。
48　擋袂條，或記爲「擋燴牢」，音：tong³be⁷tiau⁵/tong³bue⁷tiau⁵，受不了。
49　舉條條，或記爲「揭牢牢」，音：giah⁸tiau⁵tiau⁵，拿得緊緊的。
50　甲，音：kah⁴，旣然。
51　家治，或記爲「家己」，音：ka¹ti⁷，自己。
52　講看覓，音：kong³khuann³mai⁷，講看看。
53　台，或記爲「刣」，音：thai⁵，殺。
54　恰，或記爲「較」，音：khah⁴，更。

頂司查著我無命　　汝卜參我拼輸贏
青年武勢汝尚嗆[55]　頭腦亦是最精英
乎汝自己來評定　　木料就要去台生[56]
汝的反應有夠緊　　生死路門認能真
咱庄農夫撞[57]頭陣　汝想可憐不可憐
焜村卜講那[58]不講　句句講出都真通
木料聽甲愚[59]愚愚　莫怪汝是保正王
甘礁[60]我賢無路用　人講孤掌是難鳴
大石亦要石仔敬[61]　論我欠您真濟情

木料詳細聽了後　　英雄目屎雙港流
吾母生我量無夠　　自己感慨越[62]翻頭
後來焜村選議員　　初次出門就過關
接受外界的支援　　票數伊佔第二高
伊做議員期間內　　鄉裡國中塊安排
一鄉只得一所在　　使乎焜村足悲哀
鄉內南北即尼[63]遠　預定卜設芳苑庄
北部學童若卜返　　就要行甲天卜光
這對北部真重要　　想甲頭殼擋袂條
想來想去想袂曉　　到底就用什麼招
緊請陳烈來考慮　　即時緊寫陳情書
一頓分做兩頓煮　　不足個人參[64]甘薯

55　嗆，或記爲「衝」，音：ching³，很有名。
56　台生，或記爲「事先」，音：tai⁷sing¹，第一個。
57　撞，或記爲「挵」，音：long³，攻擊。
58　那，或記爲「若」，音：na²，好像。
59　愚，或記爲「戇」，音：gong⁷，笨、傻。
60　甘礁，或記爲「干焦」，音：kan¹ta¹，光事、僅僅。
61　敬，音：king³，陪襯。
62　越，或記爲「斡」，音：uat⁸，轉。
63　即尼，或記爲「即爾」，音：ciah⁴ni⁰，這麼。
64　參，或記爲「攙」，音：cham¹，加入。

經費南北分平多
彼此不分大甲細
不足勸募照土地
代表同意無問題
烜村趕緊尋代表
陳情書內有介紹
此件實在足重要
烜托無人敢加刁
經過代表的同意
烜村去尋縣長伊
特殊情形的代誌
縣長法外落實施
芳苑農會染重症
何處醫生恰高明
無對腹內來斷定
卜岸[65]起色無可能
眾人去尋陳國朝
他某[66]不准即取消
請出烜村難預料
無疑烜村建王朝
最初烜村伊不肯
叫人去請恰高明
一生不曾岸行政
伊岸農會不可能
眾人大家加好嘴[67]
汝是高農的學位
調工[68]卜尋無那對
獨有汝做食會開
明明烜村的福氣
伊不[69]眾人強支持
本來一塊鐵釘椅
伊坐了後煞變平
烜村信用有夠好
保認的人清秀哥
十八甲外總加保
別人一分伊都無
伊岸農會背債務
大小欠賑歸身軀
僧多粥少食無付
就看運氣甲工夫
採用開源甲節流
一點都無流甩丟[70]
緊向頂面來喊救
總有相當的理由
認真擴大信用部
運作半點無糊塗
信用親切兩面顧
部門年年大進步

65　岸，或記為「扞」，音：huann⁷，主持、管理。
66　某，音：bo²，老婆。
67　好嘴，或記為「好喙」，音：ho²chui³，好言好語。
68　調工，或記為「刁工」，音：tiau¹kang¹，故意。
69　不，或記為「毋」，音：m⁷，不要。
70　流甩丟，或記為「流揙擿」，音：lau⁵hinn³hiu³，流失、丟掉。。

隨時獎勵養豬戶　　也有蔬菜甲香菇
共同運銷去北部　　一趟[71]賺有萬外元
不嫌大小各項賺　　烌村實在無簡單
勤儉絕對不驚貧[72]　克服一切的困難
接著蘆筍好運氣　　是咱芳苑佔地利
一分挖有十外齒[73]　好吃薄皮兼幼利[74]
以身作則乎人塊[75]　經濟起步像塊飛
不曾遲到亦早退　　一年賞金十個月
縣轄本來尚尾等[76]　乎伊岸甲佔頭前

別鄉肥料無夠用　　芳苑逐个歸厝間
大局地方兩面顧　　農會任內設分部
農民行遠足干苦[77]　分部設在咱草湖
烌村當塊大研究　　政府命令要退休
到這農會死無救　　親像死蛇活尾溜[78]
烌村農會退休後　　聰明繼承落做頭
恐驚經驗恰無夠　　臨陣聰明嘛真賢
當時烌村加指示　　人講七桃[79]無了時
做些公益的代誌　　人生嘛才有意義
聰明參選縣議員　　烌村幫忙才過關
聰明愈做愈有款　　明明賢人能祖傳
伊做議員真打拼　　有人拜託伊隨行

---

71 一趟，或記爲「一逝」，音：cit⁸cua⁷。
72 貧，或記爲「散」，音：san³，貧窮。
73 齒，發音：khi²，公斤的英文諧音（kilogram）。
74 幼利，發音應爲：iu³gi⁷，「gi⁷」無字，細嫩的意思。
75 塊，或記爲「綴」，音：tue³，效仿。
76 尚尾等，或記爲「上尾等」，音：siong⁷bue²ting²，最後一名。
77 干苦，或記爲「艱苦」，音：kan¹khoo²，痛苦、難過、辛苦困難。
78 整句是說，蛇死了，尾巴還在動，但卻殘存不了多久。意指農會的經營有問題。
79 七桃。或記爲「迌迌」，音：chit⁴tho⁵，遊玩。

遇著朋友叫去請　　慷慨就伊尙出名
替人做事眞要緊　　有時歸暝[80]攏無睏
言行一致人相信　　眾人不敢看伊輕
頭屆議員塊學做　　時常請教伊二哥
卜應代誌要檢討　　應人代誌不通無
聰明心內有打算　　要聽二哥開秘方
二哥做人無塊軟　　要聽伊的才有長
票數一屆一屆多　　應付頂下無問題
今日此款的機會　　感謝二哥的栽培
參選議員第三屆　　聰明高票通人知
焜村有影眞厲害　　自己卜死伊能知
當屆焜村伊來死　　轟動中部四縣市
會葬朋友滿滿是　　使乎聰明喜兼悲
四縣市長總齊到　　見景傷情目屎流
二兄交陪這有夠　　論眞比我恰慷交[81]
議長亦是四縣市　　個個卜來忌拜伊
順處交陪用情義　　二兄眞正足神奇
場面隆重又簡省　　感謝大家的盛情
對阮二兄這肯定　　感覺無限的哀榮
聰明議員做三屆　　做人勤快通人知
伊的形像算無醜　　漁會請伊去坐樘
當時彰化區漁會　　業務運作成問題
理事長換聰明做　　開源節流有斬齊[82]
隨時落開信用部　　資金只有兩億元
爭取頂面的補助　　運作半點無糊塗

80　歸暝，或記爲「規暝」，音：kui^{1}me^5，整夜。
81　慷交，或記爲「曠交」，音：khong^{3}kau^1，交遊廣闊。
82　斬齊，或記爲「站節」，音：cam^{7}cat^4，節制、分寸。

伊的信用顧眞好　　有寄不曾被領無
多人卜寄少人討　　資金運作算能和
一間開過又一間　　縣轄連鎖落經營
彰化漁會尙介嗆[83]　無人不識陳聰明
變換跑道選鄉長　　當然有伊的主張
做官好額[84]伊無想　豎[85]在建設的立場
幸得同額來競選　　行政考驗第一關
過去環保受民怨　　現在鄉民免操煩
建設部分講袂盡　　總講聰明有認眞

再得對伊有自信　　聰明確實愛鄉民
三百零九鄉鎮市　　同額競選有五支
其中四位是連任　　新科只有聰明伊
聰明的人識道理　　全鄉退讓兼支持
他爹的名叫陳義　　義字不識就怪奇
三代做頭百外年　　只爲名聲無爲錢
歷代照顧老百姓　　好額貧赤[86]由在天
清朝日本到民國　　三朝地方之望族
本族外號烏啾義　　但願聽著能快樂
地方事實的代誌　　本人編成做歌詩
正有歷史的意義　　祝您大家大賺錢
小弟恬在彰化縣　　芳苑鄉內新生村
才疏學淺無哀怨　　心情不時眞樂觀
溪湖出去無外遠　　北屛黏著漢寶園
小名普通眞快問　　早年村長我塊當

---

83 尙介嗆，或記爲「上界衝」，音：siong⁷kai³ching³，最有名、最紅。
84 好額，音：ho²giah⁸，有錢、富有。
85 豎，或記爲「徛」，音：khia⁷，站。
86 貧赤，或記爲「散赤」，音：san³chiah⁴，赤貧。

自小我是樂暢子[87] 　好交朋友甲弟兄
專望列位來相疼 　姓陳再得我本名
住所小弟順序[88]報 　敬請各位朋友哥
我帶新生第二號 　有閒[89]請您來七桃

歌仔仙　陳再得　2001.02.22

---

87 樂暢子，或記爲「樂暢囝」，音：lok⁸thiong³kiann²，沒有心機、沒有過多煩惱的人。

88 順序，或記爲「順紲」，音：sun⁷sua³，順便。

89 有閒，或記爲「有閒」，u⁷ing⁵，有空。

(三)〈芳苑五大姓氏分布口訣歌〉

彰化縣下靠海邊　　福建泉州兮[1]人氏

早來將近三百年　　芳苑姓洪爲尙濟[2]

南邊頂廍和新街　　五圳三合後寮仔

三位[3]加起算勿少[4]　　永興亦閣[5]佔一節[6]

永興北邊勿外遠　　姓林王宮兮下庄

外流青年準[7]無算　　亦是鄉內兮票倉

姓黃恬佇[8]牛埔頭　　大水衝破牛肚溝

歸庄[9]兮人攏搬走　　新寶後來搬返頭[10]

草湖崙腳文武崙　　全住[11]陳家兮囝孫

兩條龍脈固眞隱　　崙若無破配乾坤

姓謝住在路上厝　　宋江眞傳好功夫

文官武將雙項有　　面對周圍二五都

1　兮，或記爲「个」，音：e⁵，的。

2　尚濟，或記爲「上濟」，音：siong⁷ce⁷，最多。

3　位，指地方。

4　勿少，或記爲「燴少」，音：bue⁷cio²/be⁷cio²，不少。

5　亦閣，或記爲「猶擱」，音：ia²koh⁴，還。

6　節，音：cat⁴，一節、一段。

7　準，音：cun²，假設。

8　恬佇，或記爲「踮佇」，音：tiam³ti⁷，在。

9　歸庄，或記爲「規庄」，音：gui¹cng¹，全村。

10　返頭，或記爲「翻頭」，音：huan¹thau⁵，回頭。

11　全住，或記爲「全蹛」，音：cuan³tua³，全部住在。

彰化學

（四）〈芳苑白馬峰普天宮〉

諸羅縣內番挖社	平埔熟番塊賺食[1]
芋仔甘藷用手挖	卜[2]食生魚落海抓
討海他用獨木舟	精通水性眞賢仇[3]
大尾抓返[4]配燒酒	小尾不要放甩丟[5]
北邊一粒鹹山崙	馬鞍藤頭孤條根
開花連片白吻吻[6]	山下時常有蛇痕
錦蛇脫殼能烤岸[7]	歸年無雨火燒山
專家長期塊觀看	有影無影免相瞞
白馬偷飲水缸水	主人看著便起追
每回追到這一位[8]	目睭酸澀展袂開[9]
恰早鹹山有人講	以後人講白馬峰
範圍靈氣眞正旺	起宮建廟攏能通
提起明朝鄭國姓	大義滅親打清兵
逼退荷蘭眞正嗆[10]	退乎他子[11]叫鄭經
鄭經他子鄭克爽	臨陣敗在伊施琅
未戰先降眞冤枉	第一怨嘆陳四方
四方鄭軍的愛將	不可勝敗論英雄
伊對主公眞尊重	順勢[12]投降辜不終[13]
投降軍隊要解散	同時趕返他南安

1　賺食，或記爲「趁食」，音：than³ciah⁸，賺錢度日。
2　卜，或記爲「欲」，音：beh⁴/bueh⁴，要。
3　賢仇，或記爲「勢泅」，音：gau⁵siu⁵，會游泳。
4　返，或記爲「轉」，音：tng²，返回。
5　放甩丟，或記爲「放捒挕」，音：pang³hinn³hiu³，丟掉、拋開。
6　白吻吻，或記爲「白文文」，音：peh⁸bun⁵bun⁵，一大片白色。
7　烤岸，或記爲「洘旱」，音：kho²han⁷/kho²huann⁷，長年不下雨。
8　位，指地方。
9　展袂開，或記爲「展𣍐開」，音：tian²beh⁰khui⁰/tian²bueh⁰khui⁰，打不開。
10　嗆，或記爲「衝」，音：ching³，很有名。
11　他子，或記爲「偌囝」，音：in'kiann²，他的孩子。
12　順勢，音：sun³se³，順著事情發展。
13　辜不終，或記爲「姑不將」，音：koo'put⁴ciong¹，不得已、無可奈何。

四方無厝卜按怎　　散隊隨時變孤單
四方軍官做袂小　　番挖附近封官地
假使若是有人買　　生活一定無問題
卜來台灣伊無本　　操¹⁴竹絞¹⁵筏做帆船
聖母庇祐即有穩　　卜過黑溝倒退崙¹⁶
卜來同時請媽祖　　伊是虔誠的信徒
店在¹⁷唐山無頭路　　過來經營四方埔
四方真正有變竅　　竹筏拆掉起草寮
簡單造作伊能曉　　伊參媽祖睡同椆¹⁸

自從媽祖來了後　　真正庇祐歸角頭
無論囝仔¹⁹亦是老　　頭燒耳熱伊總包
媽祖化單²⁰真好用　　無輸權威的醫生
引起信徒的肯定　　歸日爐單拔²¹無停
媽祖照顧老百姓　　不免吃藥看先生
歸日的人踢踢鄭²²　　四方不識²³共²⁴提錢
四方逐日²⁵做義工　　吸引真多外地人
無論症頭帶外重²⁶　　來到本地隨輕鬆
外地信徒先籌備　　就要建宮恰合宜

14　操，或記為「剉」，音：cho³，用刀斧砍。
15　絞，音：ka²，栓緊。
16　倒退崙，或記為「倒退攄」，音：to³the³lu¹，倒退著挪動。
17　店在，或記為「踮佇」，音：tiam³ti⁷，在。
18　同椆，或記為「仝椆」，音：kang⁵tiau⁵，一樣的地方。「椆」，原指畚養禽獸的柵棚，此處指住處簡陋。
19　囝仔，或記為「囡仔」，音：gin²a²，小孩子。
20　化單，或記為「化丹」，音：hua³tan¹，燒化取爐丹（香灰）治病
21　拔，或記為「撆」，音：pue²，撥、拂。
22　踢踢鄭，或記為「窒窒滇」，音：that⁴that⁴tinn⁷，塞得滿滿的。
23　不識，或記為「毋捌」，音：m⁷bat⁸，不曾。
24　共，音：kang⁷/ka⁷，向、對。此句共提錢（共人提錢），指對別人拿錢。「共人」（ka⁷lang⁵）的合音為「kang⁹」。
25　逐日，音：tak⁸jit⁸，每一天。
26　帶外重，tai³gua⁷tang⁷，染患很重的疾病。

合著四方的心意　開始尋日[27]挖地基
自從地基開了後　寄付[28]信徒相叩頭[29]
起宮[30]的錢存有夠　種種設備有出頭
後靠沙崙面看海　利取東西南北財
眾人認為好所在　大陸大批[31]直直來
北邊店面起真多　南邊發展到新街
換錢一元換九八[32]　關稅每日攏現兌
臨時變成一條港　人口約有萬外人
本島各位攏相透[33]　廈門泉州齊通航
普天媽祖得地理　番挖興盛做一時
一府二鹿三艋舺　番挖無五便是四
周圍的人專富戶　有人一個歸萬租
隙仔頂平[34]開蔗舖　後寮榨油製豆框[35]
埤腳土豆向天笨[36]　逐個門口像沙崙
後寮丁財出雙份　優秀秀才洪以倫
算諒秀才出在地　周圍計共十外人
以外姓名無詳細　以後一年一年加
番挖庄名改芳苑　當然這是有因原
算諒臨陣心袂亂　秀才口試即過關
早年望多去考教　講住草湖即無效

27　尋，或記為「揣」，音：chueh⁷，找。尋日，看日子。
28　寄付，音：kia³hu³，樂捐。
29　相叩頭，或記為「相硞頭」，音：sio¹khok⁸thau⁵，指來往往的信徒很多。
30　起宮，建廟。
31　大批，指大批的建材。
32　此句是指拿錢票或支票換錢，一塊錢可以換九角八毛。
33　相透，或記為「相週」，音：sio¹thang³，相通。
34　頂平，或記為「頂爿」，音：ting²ping⁵，上面。
35　豆框，或記為「豆箍」，音：tau⁷khoo¹，榨油剩下的豆渣所製成的豆餅，可作肥料或飼料。
36　笨，或記為「坌」，音：pun⁷，掘土填高。向天笨，往上堆高。

加在算諒想有到　緊講芳苑落相偷[37]
芳苑的名眞貴氣　京城有設翰林院
後面花園即舒適　百花齊全誰不知
考官聽著足歡喜　秀才名額准乎伊
算諒做人有福氣　庄名由來按呢生[38]
芳苑早年番仔挖　溪門塞鄭無礁窪[39]
戊戌年間水眞大　冬尾時天風飛沙
沙崙一層過一層　日本時代改沙山
再改芳苑有恰慢　台灣光復的年間
沙山庄民嫌歹聽　建議庄長改庄名
發現一塊大石片　塊這哨口南平[40]坪
這塊石片眞水[41]款　袒豎[42]面頂刻圓圓
正面二字刻芳苑　到底不知什因原
一位先輩塊講起　算諒秀才彼當時
後面花園即舒適　這是入口的石碑
眾人聽甲足歡喜　人士目睭伊看伊
庄名來用這二字　從此決定甭延遲
清朝石片沉落海　光復時陣浮起來
逢著命名的老擺[43]　有人介紹乎咱知
芳苑得著好名字　就要感謝算諒伊
一二百年的代誌　講起嘛是足怪奇
近來時代較進步　船隻愈造愈大框[44]

37 相偷，音：sio[1]thau[1]。相加在一起，指算諒以芳苑的名氣彌補草湖之不足。
38 按呢生，音：an[3]ne[1]senn[1]，這樣。
39 無礁窪，音：bo[5]ta[1]ua[5]，無可奈何之意。
40 南平，或記為「南爿」，音：lam[5]ping[5]，南邊。
41 水，或記為「媠」，音：sui[2]，漂亮。
42 袒豎，或記為「坦徛」，音：than[2]khia[7]，轉成直立。
43 老擺，指經驗豐富的長者。
44 大框，或記為「大箍」，音：tua[7]khoo[1]，原指身材肥胖，此處指船隻很大。

大船遇著小港路
海水退潮變海埔
禍不單行地頭變
藥王遇著啄鼻先[45]
這款理由是眞淺
頭若拔去葉就萎
花若無頭尾就死
樹若無根就枯枝
換到沙山的名字
飛沙走石做一時
阿啄[46]實在眞厲害
藤頭寶貝伊能知
淡化鹹水人人愛
返去不識擱再來
藤頭曬乾米斗大
刻做水兜[47]眞靈活
盤過鹹水能淡化
行船用水眞快活
番挖無港人反少
崙破飛沙甲[48]走石
美景成空即可惜
阿啄實在大不對
番挖彼時當興盛
四方去向不分明
廟內祿位人恭敬
伊無資料查無清
初來彼時眞干苦[49]
伊有經營四方埔
究竟伊嘛無娶某[50]
全心敬拜媽祖婆
到底是走亦是死
宮內祿位做神碑
明明四方的名字
使乎信眾塊懷疑
番挖信眾情義重
實在嘛眞照起工[51]
情義永遠不甘放
肯定信徒足多人
番挖早年平埔番
媽祖四方到台灣
插入族群攏袂亂
返去唐山幾仔番[52]
返去大陸塊講起
召集親戚甲厝邊

---

45 啄鼻先，音：tok^{4}phinn^{7}sian^1，指鼻樑高的外國人。

46 阿啄，一般說阿啄仔，音：a^{1}tok^{4}a^2，高鼻子的外國人。

47 水兜，或記爲「水壺」，音：cui^5-too^2，攜帶用的口小腹大的裝水容器。（日語詞彙）

48 甲，或記爲「佮」，音：kah^4，與、和。

49 干苦，或記爲「艱苦」，音：kan^{1}khoo^2，痛苦、難過、辛苦困難。

50 娶某，或記爲「焄某」，音chua^{7}boo^2，娶妻。

51 照起工，或記爲「照紀綱」，音：ciau^{3}khi^{2}kang^1，按部就班、按規矩而行。

52 幾仔番，音：kui^{2}a^{2}huan^1，好幾次。

台灣所在好景氣　　　親堂朋友伊報伊
二次伊招四季堂　　　這次移民較大椿[53]
夏房[54]東進不免講　　　三房在地做人王
幾戶姓曾無熟識　　　無人引進加治[55]來
看見秋房人者[56]歹　　　三更半暝緊疏開[57]
搬去現在路上厝　　　姓謝個個好功夫
根屬[58]惦[59]這帶袂久[60]　搬到老窯[61]袂恰輸
後來一批大突陳　　　卜插番挖無空間
然後四方替他辦　　　四方出面真簡單
距離番挖無外遠　　　埔心以西十三庄
東螺溪水不識斷　　　看卜做田亦[62]做園
其中二柱較少柱　　　做田做園他不要
他對討海較能曉　　　分布西港甲姑寮
其中二柱恰勇敢　　　遇到代誌敢承擔
一柱恰遠到鹿草　　　一柱恰近到昌南
聽見先輩塊講起　　　二次大戰彼當時
媽祖伊能擋槍子[63]　　伊對信徒足慈悲
媽祖現身穿女裝　　　可比一個小女童
炸彈槍子伊敢擋　　　表明伊帶白馬峰
將軍奉命塊運貨　　　一位女娘像塊飛

53　大椿，或記爲「大宗」，音：tua⁷cong¹，大批。
54　夏房，音：ha⁷pang⁵，移民來台洪姓四季堂的第二房。芳苑的洪姓分爲春房、秋房、冬房三大房，而夏房則在南投草屯。
55　加治，或記爲「家己」，音：ka¹ti⁷，自己。
56　者，或記爲「即」，音：ciah⁴，如此、這麼。
57　疏開，音：soo¹khai¹，原指疏散，此處指快速離開。
58　根屬，音：kin¹siok⁸/kun¹siok⁸，根本。
59　惦，或記爲「踮」，音：tiam³，在。
60　帶袂久，或記爲「蹛膾久」，音：tua³bue⁷ku²/tua³be⁷ku²，住不久。帶，住的意思。
61　老窯，指原本住的老舊房子。
62　亦，或記爲「抑」，音：a²，還是。
63　槍子，或記爲「銃子」，音：ching³ci²，子彈。

就算能得過西螺　　嘛是袂得過虎尾
不知有影亦無影　　趕緊派員去探聽
返來報告即知影　　溪底下毒不可行
土匪有下響馬丹[64]　撩落皮破筋反緊[65]
就要暫時恬這等　　三日若過就平安
將軍睡醒著塊想　　夢見番挖林默娘
若無我著不成樣　　緊叫部下罩[66]主張
姓林默娘正媽祖　　正駕給咱塊保護
保國護民兩面顧　　咱就做伊的信徒
將軍那時者歡喜　　題字做匾感謝伊
印章有刻伊名字　　您若去看就知機
媽祖奇蹟講袂了　　等待下面即介紹
人的後果難預料　　四方出世頭一條
四方八達親兄弟　　就是他母的雙生
出世母親就來死　　他爹病魔塊甲纏
八達乎人分去飼[67]　四方留在爹身邊
七歲阿爹又來死　　放乎四方變孤兒
四方去共做長工　　對手一個富戶人
頭家威形[68]有到[69]重　要求讀書攏無通
加在少爺好心性[70]　送伊一本三字經
四方有閒伊就柄[71]　中國歷史足分明
十七八歲的時陣　　想卜考官無學問

64　響馬丹，一種毒藥，灑入水中碰觸皮膚就會潰爛。
65　緊，或記爲「緪」，音：an⁵，緊。
66　罩，或記爲「湊」，音：tau³，幫忙。
67　分去飼，讓別人認養。
68　威形，或記爲「威行」，音：ui¹hing⁵，很兇、有折服人的氣勢。
69　有到，或記爲「有夠」，音：u²kau³，足夠。
70　好心性，或記爲「好心行」，音：ho²sim¹hing⁷，好心腸、好德行。
71　柄，或記爲「反」，音：ping²，翻閱書籍。

卜做生意又無本　　決意食糧去投軍
投軍最初眞順利　　鄭經白馬送乎伊
土地若是有甲意[72]　三日範圍封乎伊
誰知克爽無骨氣　　未曾相戰先倒旗
東寧王國到這止　　四方那裡袂傷悲
廟內四方立祿位　　媽祖有食伊有吃
在生和好情可貴　　二人永遠兩相隨
番挖時代是栗倉　　沙山時代變溪門
天然港路煞[73]來斷　陸地園區變拋荒[74]
沙山時代較失氣[75]　人口外流賺大錢
媽祖聖誕的日子　　全部回鄉祭拜伊
自從改名芳苑庄　　就是香味的花園
眞正地靈牽倒返　　氣候能寒嘛無霜
現在攏袂鹹水煙[76]　荒埔又再變良田
最近白馬再出現　　錦蛇若到如當前
普天舊廟範圍小　　祭拜人多成問題
地方頭兄召開會　　應遷重建在後街
聖母起駕來指示　　選購土地萬外坪
庄北後街做位置　　十七省道的路邊
廟地計共七甲外　　包括花池甲鹹山
宿車場地有到闊[77]　交通出入眞快活
建築面積四仟坪　　五層六樓總透天
捐地捐錢有登記　　廟內觀看變知機
善男信女來不斷　　普天媽祖蔭外方

72　甲意，或記爲「佮意」，音：kah⁴i³，喜歡。
73　煞，音：suah⁴，卻。
74　拋荒，音：pha¹hng¹，棄置。
75　失氣，音：sit⁴khui³，洩氣、丟臉。
76　鹹水煙，帶著鹽份的海風。
77　闊，音：khuah⁴，寬廣。

便若有拜有按算　　身體健康歲壽長
首位主委叫洪掛　　做人度量有夠大
犧牲奉獻伊樂意　　高齡不堪相[78]拖磨
現任主委是洪諒　　做事有始便有終
地方意識眞注重　　普天高照即正常
姓洪絲條副主委　　幫忙洪掛大發揮
走崇[79]就要開私費　　小些代誌無所謂
現任三位副主委　　姓洪江懷向外位
徐鴦有伊的範圍　　姓洪祥宗大發揮
捐地芳名洪麒麟　　將近八分事是眞
柳剪二分無要緊　　江懷買地來敬神
也有捐地不露現　　就是二保在旺先
兄弟公地願意獻　　樂善好施眞自然
參加發起陳清殿　　沿革撰寫建水先
以上誠心來奉獻　　萬古流芳萬萬年
芳苑鄉長陳聰明　　亦是鄉內的精英
伊對媽祖眞肯定　　欽佩效法最虔誠
芳苑鄉內的庄母　　鄉民觀念不能無
呼籲鄉民罩創造　　共同敬拜媽祖婆
小弟恬在彰化縣　　芳苑鄉內新生村
編歌我是無貫串　　介紹媽祖的因原
住所小弟順序[80]報　　敬請先輩朋友哥
我住新生第二號　　有閒[81]請您來七逃[82]
溪湖出去無外遠　　北邊粘著漢堡園

78　相，或記爲「傷」，音：sionn¹，太過。
79　走崇，或記爲「走從」，音：cau²cong⁵，奔波忙碌。
80　順序，或記爲「順紲」，音：sun⁷sua²，順便。
81　有閒，或記爲「有閑」，音：u⁷ing⁵，有空。
82　七逃，或記爲「迌迌」，音：chit⁴tho⁵，遊玩。

小名普通眞快問　　早年村長我塊當
自小我是樂暢子[83]　　好交朋友甲弟兄
專望列位來疼痛　　姓陳再得我小名

83　樂暢子，或記爲「樂暢囝」，音：lok⁸thiong³kiann²，沒有心機、沒有過多煩惱
的人。

（五）〈地方歌仔仙賜稿──保安宮〉

草湖多數大突陳	異姓專是親戚間
大使收妖最好漢	信仰大使保平安
每年五月的初四	就是王孫大使生
信徒無論老甲幼[1]	祭拜大使幾百年
後來興建保安宮	每屆委員真優良
管理制度有理想	三年一屆足正常
今年產生委員會	主任委員用拔筊[2]
大使看卜乎誰作	永錐最高拔四筊
這是大使的旨令	所有信徒總歡迎
日子同時作決定	五月初四隨時行
五月初四大使生	牲禮祭拜同一時
廟口人客滿滿是	首先爐主作司儀
爐主得福真厲害	一切細節伊攏知
新舊委員先團拜	儀式一步一步來
外界道友來觀禮	一隊總有十外個
主委領隊足好勢[3]	一桌剛好[4]坐十個
現時[5]冬頭[6]足無閒	大駕光臨保安宮
看著這款的情景	感覺無上的光榮
各位長官甲[7]民代	便若有請便有來
感謝諸位的疼愛	專是優秀的人才
南部昌南甲鹿草	北部萬華甲北投
台北基隆嘛有到	禮成用餐隨翻頭

1　老甲幼，或記爲「老佮茈」，音：lau⁷kah⁴cinn²，老與幼，指不分年齡大小。
2　拔筊，或記爲「跋桮」，音：puah⁸pue¹，擲杯筊。
3　好勢，音：ho²se³，順利。
4　剛好，或記爲「拄好」，音：tu²ho²。
5　現時，現在。
6　冬頭，音：tang¹thau⁵，年初。
7　甲，或記爲「佮」，音：kah⁴，與、和。

各界朋友眞客氣　　　天公無雨變好天
但願眾神罩[8]保庇　　祝您平安大賺錢
伊託眾人的福氣　　　爐主拔筊德福伊
肯做講話攏流利　　　伊參委員眞投機
四位副主我紹介　　　姓徐忠正一勻[9]來
伊的做人眞属害　　　廣交朋友好口才
二位介紹吳維東　　　體格高大像人王
度量有夠話能講　　　所做代誌萬事通
介紹三位陳式亨　　　金言說出事必成
深受地方人肯定　　　正是本地的菁英
四位就是陳墀鐺　　　性質大體攏相同[10]
善事愈做愈興旺　　　一向攏是爲大公[11]
以外委員二十位　　　起碼個個都入圍
地方團結和爲貴　　　犧牲奉獻敢發揮
全班人馬出大愛　　　監察政國大人才
墀圓主計大正派　　　絕對成功誰不知
再得聽人塊講起　　　隨時編成一歌詩
有聽的人有福氣　　　包您平安賺大錢

8　罩，或記爲「湊」，音：tau^3，幫忙。
9　勻，音：un^5，次序。
10　相同，或記爲「相仝」，音：sio^{1}kang^5，一樣。
11　大公，公眾。

（六）〈地方歌仔仙賜稿──福德祠〉

本祠開光來講起　　日本大正零九年
人口兩百也未鄭[1]　建在西屏[2]大路邊
後來信徒嫌恰遠　　二次東遷靠近庄
若以年歌來計算　　三十八年無恰長
二次東遷佔地理　　草湖發展做一時
後來高樓滿滿是　　包圍伯公不合宜
伯公獻景乎咱看　　有影無影免相瞞
前向東南三江口　　後印西北獨立山
頭人趕緊開會議　　厝邊頭尾伊報伊
人家聽著足歡喜　　重建計劃即實施
成立重建委員會　　解決經費大問題
也著[3]起厝兼買地　金爐涼亭做一回
主委姓王名峰勝　　慷慨出錢兼有能
收入預算超內定　　委員人士硬腳弓[4]
看見金額收不少　　隨時網路落招標
宮祠那起錢那卻[5]　速戰速決無不著[6]
結果金額也有量[7]　相剩繳入保安宮
本會解散人眞暢[8]　做事有始便有終
委員個個足歡喜　　感謝列位罩[9]支持
但願伯公來保庇　　乎咱平安大賺錢

1　鄭，或記爲「滇」，音：tinn[7]，滿。
2　西屏，或記爲「西爿」，音：sai[1]ping[5]，西邊。
3　也著，音：a[7]tioh[8]，也需要。
4　硬腳弓，或記爲「硬跤弓」，音：genn[7]kha[1]king[1]，硬撐。
5　那起錢那卻，或記爲「若起錢若抾」，音：na[2]khi[2]cinn[5]na[2]khioh[4]，一邊建廟一邊募款。
6　無不著，或記爲「無毋著」，音：bo[5]m[7]tioh[8]，沒有錯。
7　量，音：liong[7]，剩餘。
8　暢，音：thiong[3]，暢快、痛快。
9　罩，或記爲「湊」，音：tau[3]，幫忙。

（七）〈草湖中學的由來〉

草湖中學的由來	我若無講少人知
彼時驚動教育界	嗹囉[1] 芳苑好厲害
當時政府有規定	一鄉限制建一間
芳苑爲何彼呢嗆[2]	同時兩間齊完成
若卜講起話頭長	眾人聽著鼻能酸[3]
芳苑南北透[4]眞遠	新街透到漢寶園
眞正風頭兼水尾	冬天溪沙滿天飛
馬路蓋甲[5]袂得過	有溪無橋即死絕[6]

芳苑鄉內五條溝	最驚就是瘋狗流
冬尾[7]時天風眞透	二十里遠的路頭
中學卜建要尋[8]地	南北爭端出問題
歸尾[9]送落代表會	表決決在南屛[10]格
崙腳烓托做代表	逆[11]甲強強擋袂條[12]
卜返那行那[13]幹繳[14]	彼晚無食不知么[15]
烓托決輸足不願	透暝去尋陳烓村
芳苑東北伊塊管	當時烓村做議員
事情報告乎伊知	卜乎烓村做主裁

1　嗹囉，或記爲「呵咾」，音：o¹lo²，稱許、讚揚。
2　嗆，或記爲「衝」，音：ching³，很有名。
3　鼻能酸，或記爲「鼻會酸」，音：phinn⁷e⁷sng¹。
4　透，或記爲「迵」，音：thang³，通。
5　甲，或記爲「佫」，音：kah⁴，到。
6　死絕，音：si²ceh⁸。
7　冬尾，音：tang¹bue²，年終。
8　尋，或記爲「揣」，音：chueh⁷，找。
9　歸尾，到最後。
10　屛，或記爲「爿」，音：ping⁵，邊。
11　逆，音：gik⁸，被冒犯而生氣。
12　擋袂條，或記爲「擋燴牢」，音：tong³be⁷tiau⁵/tong³bue⁷tiau⁵，受不了。
13　那……那……，或記爲「若……若……」，音：na²……na²……，一邊……一邊……。
14　幹繳，或記爲「姦撟」，音：kan³kiau⁷，罵人。
15　么，或記爲「枵」，音：iau¹，肚子餓。

多凶少吉知影歹
蓋棺論定即能知
焜村聽著人眞暢[16]
讚美焜托眞死忠
既然發生即嚴重
緊請校長來參詳[17]
陳烈被請即時[18]來
咱未講出伊先知
伊的腦智眞厲害
自早伊就有安排
校長見面笑微微
決在南部無稀奇
北部南部袂同意
歸尾只好要分錢
咱有小學預定地
同款[19]都是政府的
交通路邊足好細[20]
不足募款買恰加
焜村開嘴喊決定
隨叫陳烈寫陳情
伊有作文的本領
有條有段足分明
不久陳情就寫好
拜託代表焜托哥
這件工作[21]汝去做
專是代表的功勞
焜托蓋印靠武勢
見面無人敢狡架[22]
逐个[23]對伊眞好禮
超過半數有恰加
焜村接狀足歡喜
隨時拜訪縣長伊
兩人可比親兄弟
見面不免行禮儀
世民笑容接稀客
行入客廳隨泡茶
地主十分的好禮
茶配餅乾歸大下
縣長先問焜村兄
今日若能[24]即罕行[25]
量必緊急的案件
汝著先講乎我聽

---

16 暢,音:thiong3,暢快、痛快。
17 參詳,音:cham1siong5,商量。
18 即時,音:cik4si5,立刻。
19 同款,或記爲「仝款」,音:kang5khuan2,一樣。
20 好細,或記爲「好勢」,音:ho2se3,順利。
21 工作,或記爲「工課」,音:khang1khue3。
22 狡架,或記爲「狡抁」,音:kau2keh8,喜歡唱反調。
23 逐个,音:tak8e5,每一個。
24 若能,或記爲「若會」,音:na2e7,怎麼會。
25 即罕行,音:ciah4han2kiann5,如此難得,指稀客。

無事不上三寶殿　　　鄉內兒童足可憐
路途遙遠無方便　　　南北地方仙拼仙
頂下各有十三庄　　　各方爭取做校園
爭取無著行足遠　　　學童確實難擔當
世民經驗眞豐富　　　逢著關頭展功夫
結果南北兩面有　　　和平解決袂恰輸
爲著學童的代誌　　　伊先批准即[26]報備
地方陳情足有理　　　免過三日就通知
焜村爲著眾百姓　　　這場風波即擺平[27]
福利大家看能見　　　至今整整四十年

2002.02.09　陳再得　編著

26　即，或記爲「才」，音：ciah⁴，才。
27　擺平，或記爲「排平」，音：pai⁵pinn⁵。

（八）〈麥嶼厝九天寺〉

彰化沿海六鄉鎮	生活實在足可憐
圳水不足風有剩	玄女慈悲救萬民
麥厝許家塊討海	伊來託夢乎伊知
金身蓋[1]在草堆內	叫伊趕緊卻[2]返來
透早睡醒隨[3]落海	有影無影嗎不知
針對光芒的所在	即[4]將金身請返來
許家兄弟眞趕緊	請去鹿港洗金身
玄女宛然慈善面	當做許家的家神
全家大細即歡喜	歡喜跪落敬拜伊
但願玄女罩[5]保庇	地方平安大賺錢
九天玄女掌九天	四面八方無邊緣
堅守中庸永不變	自古至今護忠賢
玄女本身有練武	母娘傳授眞工夫[6]
下凡騰雲兼駕霧	法寶揹甲歸身軀
娘娘警覺眞厲害	禍劫發生伊隨知
立在雲頭開眼界	化身一變降落來
一朝閒閒無代誌	鼻著這陣香香味
凡間信徒塊請示	趕緊下凡來救伊
慧眼觀察隨斷定	在著東螺溪頭前
許家發生眞不幸	玄女看見隨進行
許家兄弟眞要緊	父病先[7]醫袂[8]起身[9]

1　蓋，或記爲「矇」，音：kham[3]，遮掩。
2　卻，或記爲「抾」，音：khioh[4]，撿取。
3　隨，音：sui[5]，馬上。
4　即，或記爲「才」，音：ciah[4]，始、才。
5　罩，或記爲「湊」，音：tau[3]，幫忙。
6　工夫，音：kang[1]hu[1]，功夫。
7　先，音：sian[1]，反覆不斷、一直。
8　袂，或記爲「𣍐」，音：be[7]/bue[7]，不能、不會、沒有。
9　起身，音：khi[2]sin[1]，病情有起色。

懇請玄女緊出面　厝內玄女有金身
玄女隨時落處理　老二替身做乩支[10]
老大伊即看佛字　神人合作落加醫
頭味就是萬斤草　二味土香一大包
羊帶來仔[11] 捘[12]來罩　煎好燒燒灌落喉
自從湯茶飲了後　身軀發燒汗直流
凶神惡煞伊趕走　一切玄女伊總包
玄女代誌處理好　消息隨時上天曹
施主卜[13] 甲伊喲囉[14]　不知不覺煞[15] 尋[16]無

善男信女跪塊拜　厝邊頭尾攏齊來
即知玄女下凡界　十里內外攏齊知
一個傳過又一個　每日香客直直加
多數卜來醫身體　有問風水甲[17] 厝宅
下港興到[18] 至[19] 頂港　許家兄弟做義工
上山採藥攏相送　一日約有幾百人
香客一日一日多　溪底害橋成問題
玄女托夢省議會　爭取造橋免潦溪[20]
玄女託夢周天啓　天啓好人歹性地[21]
天光現場看詳細　果然婦人做狗爬
仙人托夢眞有影　天啓隨去建設廳

---

10 乩支，乩童。
11 萬斤草、土香、羊帶來，爲中藥草名。
12 捘，或記爲「搝」，音：khau¹，拔花草。
13 卜，或記爲「欲」，音：beh⁴/bueh⁴，要。
14 喲囉，或記爲「呵咾」，音：o¹lo²，稱許、讚揚。
15 煞，音：suah⁴，卻。
16 尋，或記爲「揣」，音：chueh⁷，找。
17 甲，或記爲「佮」，音：kah⁴，與、和。
18 到，或記爲「絡」，音：kah⁴，助詞，表達程度。
19 至，或記爲「到」，音：kau³，到達。
20 潦溪，或記爲「蹽溪」，音：liau⁵khe¹，涉水而過。
21 歹性地，音：phainn²sing³te⁷，性情不好，常發脾氣。

風頭水尾眞歹命
過溪無橋通好行
去到省府尋廳長
二人招來看現場
這款情景卜怎樣
廳長如何做主張
此地以前有人死
捨身救人立石碑
義人有名兼有姓
再次發生是卜哖[22]
義士橋頭造銅像
天啓嘍囉正英雄
天啓對伊眞尊重
雙腳跪落手鞠躬
廳長當場回歹勢
稱呼議員是頭家
返去隨時就設計
一定服從汝一個
天啓議員駛眞硬[23]
記者二個著身邊
完全爲著眾百姓
隔日報紙眞大篇
天啓議員住伸港
平平[24]都是海口人
加在[25]玄女來託夢
我即能得罩幫忙
最初半信甲半疑
來看現場便知機
以前眞正有人死
捨身成仁豎[26]石碑
玄女塊講眞詳細
伊是王母的徒弟
此造[27]若無緊設計
以後能死恰多個
王母靈感足屬害
能知過去甲未來
使乎天啓眞敬愛
可惜不時在金階
六十甲子伊創造
就是代代記年歌
甲子起頭有夠好
癸亥結束缺點無
頂面十位做天干
甲乙丙丁無爲難
戊己庚辛有夠讚
壬癸二字尙簡單
下面十二做地支
子丑寅卯爲四字

22　卜哖，或記爲「欲呢」，音：beh^{4}ni^1，要怎麼辦。
23　駛眞硬，態度很強硬。
24　平平，音：penn^{5}penn^5，相同、都是。
25　加在，或記爲「佳哉」，音：ka^{1}cai^3，幸好、幸虧。
26　豎，或記爲「徛」，音：khia^7，豎立、站立。
27　造，建設，指建造麥嶼厝橋。

繼續辰巳兼午未　　申酉戌亥十二時
天干十位唸六遍　　地支五遍合皆然
總無同款[28]通出現　　六十甲子六十年
青色東方甲乙木　　赤色南方丙丁火
白色西方庚辛金　　黑色北方壬癸水
黃色中央戊己土　　此是木火金水土
也是五行一條路　　以上天干的位數
為著時間恰好記　　十二生肖代表時
王母宣佈好日子　　最早到達照順序

目標銀河西岸頂　　禽獸趕緊拼做前
要聽雷神的命令　　雷響則時[29]即起行
時到雷聲隨時響　　要響以前先閃電
禽獸大家開始戰　　戰甲喊休[30]甲[31]連天
馬犬靠勢好腳手　　他店[32]水底慢慢游
羊卜吃馬的尾啾[33]　　猿山[34]落水袂曉仇[35]
鴨母落水打拼味[36]　　雞母拼甲開聲啼
獅象兩獸超大意　　鹿角袂曉革欺欺[37]
以外動物也真多　　消息不知出問題
不知王母開大會　　跟無著陣[38]有夠衰
結果水牛最臭笨　　險險[39]乎伊得冠軍

28　同款，或記為「仝款」，音：kang⁵khuan²，一樣。
29　則時，或記為「即時」，音：cik⁴si⁵，立刻。
30　喊休，或記為「喝咻」，音：huah⁴hiu¹，大聲叫喊。
31　甲，或記為「佮」，音：kah⁴，助詞，表達程度。
32　店，或記為「踮」，音：tiam³，在。
33　尾啾，或記為「尾溜」，音：bue²liu¹，尾巴。
34　猿山，猴子。
35　仇，或記為「泅」，音：siu⁵，游泳。
36　打拼味，或記為「拍拼覕」，音：phah⁴piann³bih⁴，賣力的躲藏。
37　革欺欺，或記為「激敧敧」，音：kik⁴khi¹khi¹，歪斜一邊。
38　跟無著陣，或記為「綴無著陣」，音：tue³bo⁵tioh⁸tin⁷，沒跟上大夥。
39　險險，音：hiam²hiam²，差一點。

老鼠奸巧兼好運　　　扳⁴⁰在牛角宜宜尊⁴¹
水牛卜起河岸頂　　　變乎老鼠跳做前
牛兄排在第二等　　　眾仙看甲明明明⁴²
兔子扳在虎面頂　　　猶原想卜跳做前
跳無過面⁴³煞倒柄⁴⁴　前腳久落⁴⁵寸外深
老虎變做第三位　　　兔子第四無食虧
龍的身軀不離水　　　爪扳岸頂排五位
蛇店後面著塊趕　　　抗議龍兄無上岸
龍兄越頭⁴⁶塊加看　　蛇煞驚加流涼汗⁴⁷
老鼠實在真袂曉　　　排在第一也敢驕
蛇兄無腳無算數　　　蛇哥強卜擋袂條⁴⁸
蛇哥彼陣真受氣⁴⁹　　我有蛇蘭⁵⁰捌仟二
後來有空無塊僻⁵¹　　吞食落腹無身屍
蛇兄無腳第六等　　　排在馬哥的頭前
羊哥亦是真萬幸　　　嘴咬馬尾算精英
馬哥用腳卜加踢　　　水底先⁵²踢袂食力⁵³
馬哥第七羊第八　　　罵伊袂輸⁵⁴塊做賊
猿山仇水無研究　　　仇水不比塊爬樹

40　扳，音：pan¹，用手用力拉住。
41　宜宜尊，或記爲「瘫瘫顛」，音：gih⁸gih⁸cun³，打顫發抖的樣子。
42　明明明，非常清楚之意。
43　無過面，不順利、沒有通過的意思。
44　倒柄，或記爲「倒反」，音：to³ping²，相反。
45　久落，或記爲「跍落」，音：khu⁵loh⁰，蹲下去。
46　越頭，或記爲「斡頭」，音：uat⁸thau⁵，轉頭。
47　流涼汗，或記爲「流清汗」，音：lau⁵chin⁵kuann⁷，冒冷汗。
48　擋袂條，或記爲「擋燴牢」，音：tong³be⁷tiau⁵/tong³bue⁷tiau⁵，受不了。
49　受氣，音：siu⁷khi³，生氣。
50　蛇蘭，或記爲「蛇鱗」，音：cua⁵lan⁵，覆蓋在蛇身上成軟甲的透明片狀保護層。
51　僻，或記爲「覕」，音：bih⁴，藏匿。
52　先，音：sian¹，反覆不斷、一直。
53　食力，音：ciah⁸lat⁴，嚴重。
54　袂輸，或記爲「燴輸」，音：bue⁷su¹/be⁵su¹，好像。

互相競爭無朋友　準無入選萬事休
雞的性質不比鴨　爬上岸頂能巔腳[55]
狗哥拼輸卜加咬　伊塊性交那有差
他出雞角甲雞母　上岸兩隻差不多
因爲雞母愛講話　後來逐个[56]講雞婆
豬哥台生[57]上岸頂　是著狗哥的頭前
因爲狗哥恰惡性[58]　強強卜參伊競爭
狗哥後腳未踏地　眞正卜參豬哥花
伊塊放尿三腳馬[59]　強詞奪理做問題

豬哥彼時大受氣　不要理會狗哥伊
反正我是排十二　倒塊睏甲頭欺欺
計共十二的生相[60]　主官準備卜收場
烏啾[61]抗議卜怎樣　想甲無法通主張
論眞烏啾排一等　伊無落地不可能
因爲烏啾無定性　後來愈想又愈癮[62]
藍葉[63]伊排無著等　恥笑烏啾塊神經
腳無落地什路用　自作自受不免癮
烏啾聽著險吐血　見到藍葉直直追
苦袂一隻做一嘴　飛高飛下一直圍
藍葉看破緊飛走　身軀打甲血那流
走入山內僻塊哭　足久足久即翻頭
烏啾相打即屬害　攔乎雞婆喊應該

---

55 巔腳，或記爲「蹁跤」，音：liam¹kha¹，墊起腳尖而行。
56 逐个，音：tak⁸e⁵，每一個。
57 台生，或記爲「事先」，音：tai⁷sing¹，第一個。
58 惡性，兇惡。
59 三腳馬，形容公狗小便的樣子。
60 生相，生肖。
61 烏啾，烏秋鳥。
62 癮，或記爲「凝」，音：ging⁵，心頭鬱結。
63 藍葉，或記爲「鶆鴞」，音：lai⁷hioh⁸，老鷹。

彰化學

絕對甲汝絕後代　　若有雞子伊就來

雞婆為著愛講話　　伊參藍葉椾咬椾[64]

等待心肝想反悔　　茱瓜損狗去一格

老鼠一時恰多話　　講蛇無腳惹問題

無論開空僻土底　　吞食落腹尚介椾

狗哥一時有想詐　　講是放尿豎三腳

無疑嘴邊加治[65]打　　子孫永遠豎三腳

十二生相到這止　　地支就是一紀年

欲知您是多年紀　　看您相什[66]便知機

王母娘娘智慧好　　伊將甲子做年歌

六十甲子親手做　　九天玄女近伊學

九天玄女掌九天　　參咱地方結善緣

許家兄弟福不淺　　依靠玄女親像仙

他對玄女真深信　　效法玄女的精神

替人做事真要緊　　大小服務足認真

自從大橋造好勢　　基本信徒年年加

一般對人真好禮　　客至如賓先奉茶

一切義務做甲到　　從來不識[67]收紅包

患者若是欠青草　　上山落嶺共罩垃

若是中年問頭路　　玄女絕對袂糊塗

對咱大家真照顧　　咱是虔誠的信徒

若是婚姻袂門好[68]　　娘娘能做媒人婆

兩方匹配真公道　　真真有影不是無

講到當今的世境　　萬項事業真競爭

---

64 椾，應記為「衰」，倒椾之意。

65 加治，或記為「家己」，音ka¹ti⁷，自己。

66 相什，音：sionn³siah⁸，生肖屬什麼。

67 不識，或記為「毋捌」，音：m⁷bat⁸，不曾。

68 門好，或記為「扗好」，音：tu²ho²，剛好、安排好。

貪花好色無路用　　來到聖地心就清

若是兒童卜考試　　最好不通看電視

來求娘娘罩保庇　　全無重纏⁶⁹甲半絲

許家兄弟情義重　　致蔭加治蔭別人

親像大船駛入港　　只是小小卜出帆

許家祖先做善事　　至善之家慶有餘

本局地理天所賜　　子孫代代賢⁷⁰讀書

本寺坐東面向西　　水神虎水流入來

出口龍水流落海　　地方添丁大發財

小弟店在彰化縣　　芳苑鄉內新生村

經濟好歹無哀怨　　心情不時真樂觀

溪湖出去無外遠　　北屏粘著漢寶園

小名普通真快問　　早年村長我塊當

住所小弟順續⁷¹報　　敬請列位朋友哥

我帶⁷²新生第二號　　有閒⁷³請您來七逃⁷⁴

自小我是樂暢子⁷⁵　　好交朋友甲弟兄

專望諸位來相疼　　姓陳再得我小名

歌仔仙　陳再得　作　2002.02.26

69　重纏，或記為「重耽」，音：ting⁵tann⁵，差錯。
70　賢，或記為「勢」，音：gau⁵，厲害。
71　順續，或記為「順紲」，音：sun⁷sua³，順便。
72　帶，或記為「蹛」，音：tua³，居住。
73　有閒，或記為「有閑」，音：u⁷ing⁵，有空。
74　七逃，或記為「迌迌」，音：chit⁴tho⁵，遊玩。
75　樂暢子，或記為「樂暢囝」，音：lok⁸thiong³kiann²，沒有心機、沒有過多煩惱的人。

彰化學

（九）〈溪門環保好變醜，濁水溪神訴悲哀〉

姓陳再得就是我	我編明山眠夢歌
姓許明山宗教化	靠近神明尚快活
明山塊開佛俱店	每日固定塊坐禪
自小伊就有善念	做人眞正有尊嚴
濁水溪神來托夢	拜託明山做義工
伊有滿腹的苦疼[1]	希望明山加[2]幫忙
伊是奉旨做溪神	負責溪母一身輕
二千外年無要緊	最近實在足可憐
敬請諸君要相信	這條大溪眞有神
有信無信無要緊	爭端不通超認眞
我講當然有道理	聽完大家便知機
當作無影也趣味	有影愈聽愈暢脾[3]
台灣溪門即尼多[4]	只有西螺濁水溪
別條清水看到底	一條濁水有問題
此條溪水眞神秘	中央山脈到海邊
大約兩百外公里	一年四季流未離[5]
伊是台灣河川母	別條能清伊能濁
九彎十曲地理好	南北土地差不多
頂段也算是可以	下段最驚挖土機
溪底牽電設機器	實在乎我苦傷悲
地方廢物踢踢鄭[6]	貨車載來倒溪邊

1　苦疼，音：khoo²thang³，委屈、痛苦。
2　加，或記爲「共」，音：ka⁷，給。
3　暢脾，音：thiong³pi⁵，開心、開懷。
4　即尼多，或記爲「即爾濟」，音：ciah⁴ni⁰ce⁷，這麼多。即尼，這麼。
5　流未離，或記爲「流燴離」，音：lau⁵bue⁷li⁷，流不停。
6　踢踢鄭，或記爲「窒窒滇」，音：that⁴that⁴tinn⁷，塞得滿滿的。

一日到晚專⁷臭味　　實在有影真嬰纏⁸
溪神講話真客氣　　叫我就要幫忙伊
要求條條都有理　　力不從心是卜尼⁹
明山非是不幫忙　　汝來尋¹⁰我無採工¹¹
我無氣力喊不動　　對手攏是兄弟人
溪神對我真好意　　叫我不通再推辭
伊在背後罩¹²保庇　　千言萬語幫忙伊
二人約束做決定　　明山決定卜¹³進行
來替溪神做反應　　大家喊出來表明

使乎明山難相信　　伊在夢中見溪神
答應代誌真要緊　　開車出門卜求真
來到地利路一半　　源頭靠近合歡山
二林明山走去看　　三千外米能出泉
源頭空嘴¹⁴無外大　　下底湧出濁水沙
自古至今流袂煞¹⁵　　看著心頭足快活
濁水出口噴真緊　　明山看甲卜入神
若無去看難相信　　一目了然事是真
一日濁水出即多　　水利灌溉無問題
彰化雲林變好地　　就是依靠這條溪
明山看著真趣味　　足足看有三小時
食¹⁶到今日六十四　　不曾¹⁷看著即神奇

7　專，或記爲「全」，音：cuan⁵，都是。
8　嬰纏，或記爲「纓纏」，音：inn¹tinn⁵，糾纏不清。
9　卜尼，或記爲「欲呢」，音：beh⁴ni¹，要怎麼辦。
10　尋，或記爲「揣」，音：chueh⁷，找。
11　無採工，或記爲「無彩工」，音：bo⁵chai²kang¹，白費力氣。
12　罩，或記爲「湊」，音：tau³，幫忙。
13　卜，或記爲「欲」，音：beh⁴/bueh⁴，要。
14　空嘴，或記爲「空喙」，音：khang¹chui³，受傷或手術後的傷口。此指出水口。
15　流袂煞，或記爲「流膾煞」，音：lau⁵bue⁷suah⁴，流不停。
16　食，音：ciah⁸，吃。引申爲生長、活到。
17　不曾，或記爲「毋捌」，音：m⁷bat⁸。

此處景觀有夠水[18]　　看著心頭即時[19]開

此趟[20]辛苦無白費　　超過價值的範圍

明山詳細看了後　　卜返那行那[21]越頭

無情的我今卜走　　可愛濁水照常流

彼時卜返合歡山　　印像深刻好留戀

落[22]到翠峰無同款[23]　　比較氣溫有恰高

論起頂面合歡山　　南屛[24]就是五港泉

天氣變化無塊看　　隨時落雪冷甲[25]寒

落來翠峰半晡[26]後　　合歡落雪歸山頭

加在[27]是我趕緊走　　險乎大雪四面包

風雲變色起烏寒[28]　　自己一個眞孤單

趕緊尋找[29]二一線[30]　　乎我落到清境山

清境農場退輔會　　夜宿已經無問題

卜食物件[31]有塊買　　五花十色有夠多

當晚清境宿一暝　　清早起來足好天

日頭卜出扁變圓　　照著大地萬項青

清境過了到霧社　　專是曹族塊賺食[32]

性質掘強眞歹惹　　他與日本刺鵝鵝[33]

18　水，或記爲「媠」，音：sui²，漂亮。

19　即時，音：cik⁴si⁵，立刻。

20　趟，或記爲「逝」，音：cua⁷。

21　那……那……，或記爲「若……若……」，音：na²……na²……，一邊……一邊……。

22　落，此指從合歡山下山往翠峰。

23　同款，或記爲「全款」，音：kang⁵khuan²，一樣。

24　屛，或記爲「爿」，音：ping⁵，邊。

25　甲，或記爲「佮」，音：kah⁴，與、和。

26　半晡，puann³poo¹，半天。

27　加在，或記爲「佳哉」，音：ka¹cai³，幸好、幸虧。

28　烏寒，音：oo¹kuann⁵，天色陰暗、氣溫低寒。

29　尋找，或記爲「走揣」，音：cau²chue⁷，到處尋找。

30　二一線，指台21線。

31　物件，音：mih⁸kiann⁷，東西。

32　賺食，或記爲「趁食」，音：than³ciah⁸，賺錢度日。

33　刺鵝鵝，或記爲「刺夯夯」，音：chi³gia⁵gia⁵，張牙舞爪，好勇鬥狠。

當時霧社反日本　　山頭聯合招義軍
兩方對陣拼一睏[34]　勝負一時煞難分
日本變用機關槍　　統治殖民眞絕情
聽著槍聲腳尾冷[35]　酋長戰死極太平
酋長雖然來戰死　　族群湖邊立石碑
紀念酋長的義氣　　英勇事蹟傳千年
霧社出西到埔里　　想起紹興酒香味
埔里的人有福氣　　白水眞正賣有錢
早年能得設酒廠　　就是水質甜又清

日本專家來鑑定　　重量有夠即[36]進行
外地來到埔里社　　有入無出好賺食
忠厚的人眞好額[37]　現金買賣不免賒[38]
埔里出名紅甘蔗　　品質優良眞好食
無風無搖豎豎豎[39]　埔里的人足好額
現在出名是水筍[40]　全島排名得冠軍
依靠能高的大圳　　歡喜豐收四季春
埔里下南到地利　　名符其實佔天時
觀看此地有靈氣　　不知地空[41]在那裡
明明地利有地理　　爲何走去到魚池
港伯那即無福氣　　若無總統就是伊
七十九年黨題名　　客氣不敢呼出聲
莫非伊無總統命　　若用票選百面贏

34　一睏，音：cit⁸khun³，一陣子。
35　腳尾冷，或記爲「跤尾冷」，音：kha¹bue²ling²，因受驚嚇而腿軟。
36　即，或記爲「才」，音：ciah⁴，才。
37　好額，音：ho²giah⁸，有錢、富有。
38　賒，音：sia¹，賒欠、不付現、掛帳。
39　豎豎豎，或記爲「徛徛徛」，音：khia⁷khia⁷khia⁷，非常直。
40　水筍，即筊白筍。
41　地空，音：te⁷khang¹，地洞。

彰化學

頭社地理算袂醜　　水神東面流過西
厝場後山靠真在　　港伯福氣到不知
登輝委員有恰少　　舉手表決即能著
港伯實在足可惜　　真正頭殼摸塊燒[42]
然後候選不競選　　勢力壓倒通台灣
登輝驚甲窮[43]卜亂　　來請鴻文即過關
登輝落南[44]請鴻文　　臨時勸退林家軍
明明登輝有福份　　若無那能即單純
變化那能這尼緊　　無潑符水先退神
港伯見到鴻文面　　喊退就退什原因
宣戰臨時喊停止　　使乎眾人真懷疑
千載難逢的代誌　　寶得到手即不池[45]
他是愛國兼忠黨　　顧全大局算無愚[46]
以後有話無塊講　　港伯愈想愈無通
林家算來嘛無醜　　源朗縣長通人知
兄弟二人做四屆　　地靈人傑出人才
地利上游攏同款　　親像世外的桃源
人說山高皇帝遠　　並無世事通爭端
東面就是五里亭　　丹大溪水水真清
二條在此來合併　　濁水溪頭在北屏
就向北面到武界　　再上就是奧萬大
明山已經來兩擺[47]　　走過翠峰看就知
地利下游到頂坎　　陳有蘭溪向東南

---

42 頭殼摸塊燒，或記為「頭殼鏌塊燒」，音：thau⁵khak⁴mooh⁴teh⁴sio¹，一個頭兩個大。
43 窮，或記為「強」，音：kiong⁷，快要。
44 落南，音：loh⁸lam⁵，南下。
45 池，或記為「挂」，音：tinnh⁸/tih⁸，要。
46 愚，或記為「戇」，音：gong⁷，愚笨。
47 擺，音：pai²，次數。

郡坑信義有車站　和社東埔水眞甘

東埔無到人不願　千年古道的景觀

若是卜過東台灣　必須通過八通關

頂坎過西到水里　早年號做水裡坑

行口[48] 山產滿滿是　外來買賣要過暝[49]

當時山產足興盛　客棧約有歸十間

上下客棧分三等　嘛有查某塊抓龍[50]

水里鬧熱有條件　鐵道行到外車埕

地方的人足打拼　水裡芎蕉尚出名

芎蕉曬干[51]裝歸袋　擴[52] 恬厝內月門月[53]

絕對不驚貨比貨　生蕉香味兼薄皮

菜店酒家滿滿是　專是高等的藝妓

若是銷費開袂起　後壁巷仔恰便宜

下游就是集集鎮　被人感覺足成眞

擱落下湳改濁水　再改名間有原因

續落[54] 就是二八水　二條溪水合做堆

林內夾在南畔位　經過二條再分開

二條分做東西螺　戊戌年間即死絕[55]

東螺沖走無塊尋　厝蓋水流像塊飛

日本起山才兩年　七月十二起歹天

十三大雨日連暝　屍體流落到海邊

驚天動地的大水　台灣總督來指揮

48　行口，音：hang⁵khau²，大盤商集聚之處。

49　過暝，音：kue³me⁵，過夜。

50　抓龍，或記爲「掠龍」，音：liah⁸ling⁵，按摩。

51　曬干，或記爲「曝干」，音：phak⁸kuann¹，將食物曬乾以便久存。

52　擴，或記爲「囥」，音：khng³，存放。

53　月門月，或記爲「月拄月」，音：gueh⁸tu²gueh⁸，一個月又一個月。

54　續落，或記爲「紲落」，音：sua³loh⁰，接著。

55　死絕，音：si²ceh⁸。

築堤就要超水位
東西螺溪合做堆
卜築溪頭開[56]國庫
溪底無水變溪埔
移民一人來一路
耕作溪底不免租
政府開錢有長地
即時改名濁水溪
溪門不敢做超小
溪尾獻大[57]不敢縊[58]
溪尾南北透[59]眞遠
潭滋透到新吉庄
冬尾[60]溪沙飛不斷
政府乎人去做園
中段水里到溪口
溪底臭水不時流
環保威信做無夠
官員反驚流氓頭
外地廢棄的物件
載來溪底烏白丟
地方的人眞頭痛
若無取締能猿行[61]
溪水流落大圳底
灌溉作物成問題
農民五穀總要賣
便[62]食的人便是衰
假使作物有毒氣
食後傷肝兼傷脾
雖然不是隨時死
年久月深難得醫
君子愛財取有道
傷天害理不通學
善惡到頭終有報
只是早慢不是無
溪底採沙有夠多
資本當然卜收回
妨礙公務不通做
道德損失有問題
遵守道德眞要緊
考慮國家與人民
工作進行要謹愼
大溪眞正有溪神

56　開，音：khai1，支出、花錢。
57　獻大，或記爲「現大」，音：hian3tua7，向外展。
58　縊，或記爲「狹」，音：eh8，狹窄。
59　透，或記爲「週」，音：thang3，通。
60　冬尾，音：tang1bue2，年終。
61　猿行，或記爲「猴行」，音：kau5kiann5，一般會使用「著猴行」來形容像猴子受到驚慌一樣四散奔走或像猴子一樣不正常行走，用「做猴行」來形容一個人不循一般程序、不走正途；這裡的猴行應該是指「著猴行」，表示知道事情糟糕了而緊張。
62　便，音：pian7，凡是、只要。

溪畔專種檳榔樹	落雨造成土石流
流落溪底死無救	親像死蛇活尾溜[63]
頂面沙土若流了[64]	落雨水分吸袂條[65]
自然生態真重要	就先固本[66]即治療
明山詳細尋了後	只有吐悴[67]甲搖頭
按怎進行即有效	想著目屎強卜流
最初當作取屎夢[68]	時間了去十數工[69]
溪頭溪尾走透透	伊講逐項[70]都相同[71]
伊講逐項都有影	一半歡喜一半驚
講伊濁水的溪神	並無表明什麼名
光緒年間乙未年	日本起山真好天
七月十四水清起	水清三日又三暝
五十年後彼一工	水清猶原是相同
七月十四清三工	昭和二十即投降
台灣若卜換旗號	三工溪底水不羅[72]
就是溪神塊相報	真正有神不是無
善男信女甲敬拜	乎咱添丁大發財
法寶裝在咱厝內	福運自然伊就來
小弟恬[73]在彰化縣	芳苑鄉內新生村
家庭貧赤[74]無哀怨	心情不時真樂觀

---

63 整句是說，蛇死了，尾巴還在動，但卻殘存不了多久。意指土石流已經造成嚴重破壞，無可挽回。

64 了，音：liau^2，完、結束。

65 吸袂條，或記為「吸膾牢」，音：khip^{4}be^{7}tiau^5／khip^{4}bue^{7}tiau^5，吸收不了。

66 固本，或記為「顧本」，音：koo^{3}pun^2，此指維護原本環境。

67 吐悴，或記為「吐氣」，音：thoo^{2}khui^3，嘆息。

68 取屎夢，或記為「瘧屎夢」，音：chuah^{4}jio^{7}bang^7，醒來後不當一回事的夢。

69 工，音：kang^1，天。

70 逐項，音：tak^{8}hang^7，每一個項目。此指每一個夢境。

71 相同，或記為「相仝」，音：sio^{1}kang^5。

72 羅，或記為「濁」，音：lo^5，不清澈。

73 恬，或記為「踮」，音：tiam^3，在。

74 貧赤，或記為「散赤」，音：san^{3}chiah^4，赤貧。

住所小弟順序[75]報　　　敬請諸位朋友哥
我住新生第二號　　　　有閒[76]請您來七桃[77]
溪湖出去無外遠　　　　北邊粘著漢寶園
小名普通真快問　　　　早年村長我塊當
自小我是樂暢子[78]　　　好交朋友甲弟兄
專望各界來相疼　　　　姓陳再得我小名

　　　　　　　　歌仔仙　陳再得　寫於　2001.02.10.

75　順序，或記爲「順絏」，音：sun⁷sua³，順便。
76　有閒，或記爲「有閑」，音：u⁷ing⁵，有空。
77　七桃，或記爲「迌迌」，音：chit⁴tho⁵，遊玩。
78　樂暢子，或記爲「樂暢囝」，音：lok⁸thiong³kiann²，沒有心機、沒有過多煩惱
　　的人。

第二篇　社會時事新聞

（一）〈二林奇案：盧章打死石阿房〉

二林發生大代誌	貪財害命兼滅屍
做法真正有神祕	辦案困難足離奇
奇案若是卜[1]講起	就對事變彼當時
日本東條[2]足無理	戰爭起事就是伊
東條陸軍總司令	伊的個性真橫行
高峰會議做決定	主張中國打台先[3]
日本陸軍最有勢	近衛首相不敢架[4]
枉費裕仁做皇帝	專聽東條伊一個
東條分析有理由	目前中國分四州
介石[5]手段足夭壽	學良[6]被禁無自由
中國國家雖然大	失和一片像散沙
論真性命恰薄紙	預定三月卜亡華
時間昭和十二年	北京上空變暗天
七月初七的日子	盧溝橋頂日連暝

1　卜，或記為「欲」，音：beh⁴/bueh⁴，想要。
2　東條，東條英機（1884-1948），第二次世界大戰時，任日本的大將和第四十任内閣總理大臣。
3　台先，或記為「事先」，音：tai⁷sing¹，第一個。
4　架，或記為「扴」，音：keh⁸/ke⁵，阻礙、意見相違。
5　介石，蔣介石。
6　學良，張學良。

開始戰爭無外久[7]　　　強迫志願做軍佚
放出相當的待遇　　　　比較做官無恰輸
體格就要上甲等　　　　物色地方的菁英
抽到前線免舉槍　　　　專做後勤在後平[8]
月俸多少看等位　　　　真正乎咱無食虧
厝內閣有安家費　　　　門口國旗足光輝
一面白旗寫四字　　　　剛好一邊豎一支
出征之家真神氣　　　　大官小官敬拜伊
碑北庄頭近北勢　　　　一位農民叫盧枝
厝場環境足舒適　　　　盧章伊爹就是伊
盧章出世好家境　　　　父母一向真受盛[9]
放乎盧章鳥白柄[10]　　　盧枝後來變無能
人若慷慨錢就了[11]　　　家庭經濟擋抹條[12]
歸棄盧章塊岸數[13]　　　出入攏能[14]講候鰲[15]
錢有人氣特別好　　　　二林地方做大哥
有來刑事箸塊[16]做　　　出面講情不識[17]無
邱柱有來阮結拜　　　　二林地方通人知
原來環境好變醜　　　　真正有來變無來
乎人看輕無要緊　　　　受著刺激才精神[18]
至好朋友抹[19]自信　　　錢無自然人看輕

7　無外久，本字應記爲「無若久」，音：bo⁵ gua⁷ ku²，沒有多久。
8　後平，或記爲「後爿」，音：au⁷ ping⁵，後面。
9　受盛，或記爲「受倖」，音：siu⁷ sing⁷，受到寵溺。
10　柄，或記爲「變」，音：pinn³，弄。
11　了，音：liau²，損失。
12　擋抹條，或記爲「擋未牢」，音tong³ be⁷ tiau⁵/tong³ bue⁷ tiau⁵，無法承受。
13　岸數，或記爲「扞數」，音：huann⁷ siau³，管理帳目。
14　能，應做「會」。
15　講候鰲，或記爲「講嘐潲」，音：kong² hau¹ siau⁵，說大話。
16　箸塊，或記爲「佇咧」，音：ti⁷ leh⁴，在。
17　不識，或記爲「毋捌」，音：m⁷ bat⁴，不曾。
18　精神，音：cing¹ sin⁵，醒過來。
19　抹，或記爲「膾」，音：be⁷/bue⁷，沒。

逢著這款的情景　　　甘願志願卜做兵
盧章自己做決定　　　來去海外忘舊情
盧章志願第一批　　　引起地方做話題
一生工作不識做　　　一日食飽塊遊街
出征日子已經到　　　大家集合到車頭
學生送別塊等候　　　見境傷情目屎流
盧章出征到前線　　　幸運交著指揮官
人塊工作伊塊看　　　歸日無流半滴汗
全隊盧章最有勢　　　絕對無人敢絞架[20]
逐[21]個對伊真好禮　　　無輸伊塊做頭家
別隊一個喊能動　　　聽講頂港的客人
假使意志若有同　　　互相能得相幫忙
兩人本來無悉識[22]　　　盧章央人[23]請伊來
當下飲酒隨結拜　　　住所姓名報乎知
小弟恬[24]在碑北庄　　　距離二林無外遠
一日二林挨挨返[25]　　　就到日晚即入門
母親早年就來死　　　阮爹的名叫盧枝
碑北庄頭近北勢　　　盧章是我的名字
彼時阿房才講起　　　伊頂無兄下無弟
母親早年就來死　　　媽神阮爹的名字
我帶[26]中壢興南里　　　番地[27]興南二佰四
姓石在地塊立起[28]　　　若問無人不識伊

20　絞架，或記爲「狡扴」，音：kau²keh⁸，喜歡唱反調。
21　逐，音：tak⁸，每。
22　悉識，或記爲「熟似」，音：sik⁸sai⁷，認識。
23　央人，音：iong¹lang⁵，拜託人。
24　恬，或記爲「踮」，音：tiam³/tam³，在。
25　挨挨返，或記爲「挨挨轉」，音：ai¹ai¹tng²/e¹e¹tng²/ue¹ue¹tng²，依次回去。
26　帶，或記爲「蹛」，音：tua³，居住。
27　番地，地址。
28　立起，或記爲「徛起」，音：khia⁷khi²，立足。

彰化學

住所姓名報了後　　雙腳跪落土腳兜[29]
絕對二人好到老　　向天連叩三個頭
清香一人舉三支　　呼請帝君做主持
無求同年同日生　　但願同月同日死
海外二人大勢嗆　　只是得意續[30]忘形
二人同做歹心幸　　無道黑白不分明
若是遇著查某水　　二人無著強圖追
輪姦殺人無所畏　　一日食飽惹事非
忽然軍方下命令　　台灣新兵換舊兵
二月十五有決定　　歡喜服役已完成
二人同齊爬上船　　為何心肝亂昏昏
雄雄一陣加軟筍[31]　　就是背後有冤魂
大船行到高雄港　　爬上碼頭足多人
船上無食甲半項　　腹肚夭[32]甲空空空
二人行入麵店內　　四碗湯麵排歸排
湯麵塊食閣抹醜[33]　　按算四碗卜總開[34]
後頭二碗無氣味　　盧章無食不納錢
老闆彼時足受氣　　無錢也敢娶細姨
您娶二個的查某　　阮做生意無糊塗
一個瘦瘦恰大漢　　一個矮矮恰大框[35]
海外乎咱甲強姦　　陰魂不散跟真緊[36]

_____

29　土腳，或記為「塗跤」，音：thoo⁵kha¹，地上。兜，音tau¹，附近、左右，此處為韻腳。
30　續，或記為「煞」，音：suah⁴，卻。
31　加軟筍，或記為「加（交）懍損」，音：ka¹lun²sun²，打冷顫。
32　夭，或記為「枵」，音：iau¹，餓。
33　抹醜，或記為「𣷮穤」，音：be⁷bai²/bue⁷bai²，不錯。
34　總開，音：cong²khai¹，全部付錢。
35　大框，或記為「大箍」，音：tua⁷khoo¹，胖。
36　緊，或記為「絚」，音：an⁵，緊。

到這是卜按怎辦　就叫紅頭[37]做中間[38]
二人坐車卜緊返　火車坐到田中央
阿房路頭[39]有恰遠　中壢強卜到桃園
盧章暫時小宿睏[40]　就要盤車[41]坐五分
二林碑北有恰近　走返到厝嘟[42]黃昏
盧家燒金甲放炮　親戚朋友來伊兜
鐵馬下[43]甲歸門口　盧枝歡喜目屎流
當時志願第一名　父親先擋都抹聽
算講公媽還有聖　一場算來咱賭贏
阿房恰遠台先到　他某愛珠人真賢[44]
豬腳麵線塊等候　順勢[45]燒金甲放炮
親戚朋友踢踢鄭[46]　愛珠誠意請紅圓
出征海外圓變扁　光榮回家扁變圓
日本時代設經濟　若卜食物靠產地
銷費[47]地頭足好價　其中政府塊取締
生意若是做能順　加倍以上的利純[48]
破空灌水甲夾棍　賺錢專靠好歹運
盧章意向想卜拼　寫批去乎阿房兄
尪某二人來乎請　盧章險路想卜行
盧章寫批寄掛號　去乎頂港阿房哥

37　紅頭，民間的紅頭法師。
38　做中間，作中間人協調紛爭。
39　路頭，音：loo⁷thau⁵，路途。
40　宿睏，或記為「歇睏」，音：hioh⁴khun³，休息。
41　盤車，音：puann⁵chia¹，轉車。
42　嘟，或記為「拄」，音：tu²，剛好。
43　下，音：he⁷，放。
44　賢，或記為「勢」，音：gau⁵，能幹。
45　順勢，音：sun⁷se³，順著事情發展。
46　踢踢鄭，或記為「窒窒滇」，音：that⁴that⁴tinn⁷，塞滿滿。
47　銷費，即消費。
48　利純，音：li⁷sun⁵，利潤。

專請阿兄甲阿嫂 二人一定來七桃[49]
阿房接批足歡喜 緊甲愛珠伊通知
下港[50]盧章阮小弟 請咱兩人去尋[51]伊
愛珠講話眞實在 趕緊表明乎君知
出外我是恰無愛 不如回批請伊來
阿房回批乎小弟 海外初初返來時
感謝賢弟的誠意 若卜拜訪等後期
盧章單獨去頂港 去尋拜兄石阿房
無本生意做抹動 現時生意眞好空[52]
去到中壢興南里 地方無人不識伊
阿房見面足歡喜 請入內面見妻兒
阿嫂舉止眞端正 談吐流利五官明
小弟不才無路用 專望嫂嫂罩[53]牽成
愛珠隨時會歹勢 無出迎接汝一個
實在有影眞失禮 阿叔[54]趕緊來奉茶
愛珠實在眞厲害 好人歹人看能知
伊對阿房暗交待 阿叔的人恰貪財
愛珠表面塊講起 汝著陪伴阿叔伊
我入內底做料理 通乎阿叔做止飢
入去內底無外久 炒煎燉煮逐項有
桌面菜色眞豐富 比較餐廳無恰輸
頭道就是米粉炒 二道高麗燉豬腳
三道就是當歸鴉 四道紅蝦炒搭搭[55]

---

49 七桃，或記爲「佚陶」（一般習慣寫爲「迌迌」），音：chit⁴tho⁵，遊玩。
50 下港，音：e⁷kang²，指台灣南部。
51 尋，或記爲「揣」，音：chue⁷，找。
52 好空，音：ho²khang¹，好處。
53 罩，或記爲「湊」，音：tau³，幫忙。
54 阿叔，指小叔盧章。
55 搭搭，或記爲「焦焦」，音：ta¹ta¹，乾。

五道紅蟳假毛蟹　　六道就是麻油雞
七道就是鴉腳蹄　　八道蚵仔炒茭花
九道就是烏魚卵　　十道紅圓煮甜湯
小等[56]阿叔若卜返　　帶手[57]麻薯返家門
盧章不知按怎想　　抹輪[58]賣藥使跟場[59]
背錢南下會怎樣　　就看前世燒誰香
二人坐車到田中　　盤車兄弟塊參詳
大哥對我眞有量　　日後就知我死忠
二人行入旅館內　　下女即時走出來
盧章那時塊紹介　　大哥姓石頂港來
房間就要恰清靜　　乎阮兩人睏同間
小費阮能送汝用　　對阮服務要盡情
金塗旅社有夠闊　　去帶[60]別位無恰絕
睡到半暝才變卦　　卜返厝裏恰快活
二林庄皮[61]卜出口　　盧章拔出大柴頭[62]
阿房問卜創什麼　　盧章應伊卜摃狗
阿房大意無準備　　伊行最前頭欹欹[63]
盧章加打認爲死　　返舉鋤頭通滅屍
等待盧章走了後　　爬過三行甘蔗溝
恨無氣力趕緊走　　一時感歎目屎流
盧章料準阿房死　　翻頭那煞無身屍
身屍尋無著費氣　　聽見阿房箸塊吱

56　小等，音：sio²tan²，等一下。
57　帶手，音tua³chiu²，拜訪親友隨手所帶的小禮物。也叫「伴手」phuann⁷chiu²，「等路」tan²loo⁷，「順風」sun⁷hong¹。
58　抹輪，或記爲「未輪」，音：be⁷su¹/bue⁷su¹，好像。
59　跟場，或記爲「綴場」，音：tue³tiunn⁵，跟著滿場跑，糾纏不走。
60　帶，或記爲「蹛」，音tua³，住。
61　庄皮，村莊裡較外圍的區域。
62　柴頭，音：cha⁵thau⁵，木頭。
63　欹欹，或記爲「敧敧」，音：khi¹khi¹，歪一邊。

看見盧章伊尋到　汝是返去舉鋤頭
阿房彼時跪塊哭　小弟做法敢有賢
錢項若是有困境　我有一萬的手型[64]
乎汝小弟提去用　帶念[65]海外一段情
盧章貪心煞軟手　按算卜放伊干休
明明有人加扭[66]手　打甲頭殼掰做州[67]
盧章挖土真打拼　挖深蓋[68]厚恰不驚
將土抹平恰有影　卜返順勢倒退行
蓋完黑雲續密佈　狂風大作落大雨
連片大水淹過路　當然嘛是無鬆土
為著一框[69]金手指　金錶一個值幾圓
現金四千四百四　就加打死兼滅屍
也閣想卜倒頭倒[70]　假意去找阿房哥
走去頂港尋阿嫂　阮兄有返亦是無
兄弟二人同齊去　汝是講實亦是虛
世間那有這款事　除非性命被收除
旅館參我帶一晚　生意無做去台南
汝看我敢能喃慘[71]　尋無我敢抹不甘
昨晚返來托我夢　與汝塊講無相同
使我不信即歹空[72]　結拜兄弟打死人
愛珠愈講愈歹意　二人先講抹投機

---

64 手型，或記爲「手行」，音：chiu2hing7，穿戴在身上可以用來換錢的物品。
65 帶念，音：tai3liam7，顧及到。
66 扭，音：giu2/khiu2，拉。
67 掰做州，或記爲「赽做周」，音：pit4co3ciu1，裂開成好幾部分。
68 蓋，音：kham3，蓋住。
69 框，或記爲「箍」，音：khoo1，環狀物的數量詞。
70 倒頭倒，音：to3thau2to2，倒過來躺，引伸有故佈疑陣、混淆視聽的意思。
71 喃慘，或記爲「濫摻」，音：lam7sam2，不照規矩來，講話、做事不負責任。
72 歹空，音：phainn2khang1，不好的事情、無利可圖的事。

彰化學

小等敢煞走抹離[73]　　卜走二人無相辭
愛珠隨後落下港　　　卜尋盧章伊討人
講您地頭無喃慘　　　當時無講卜台南
土豆生意二林做　　　爲何有來無返回
拜託一點汝解說　　　盧章彼時攏無話
旅社老闆洪金塗　　　伊做代書兼房租
旅社方面下女顧　　　代書是伊的本圖[74]
卜宿旅社要登記　　　愛珠拜訪下女伊
本月最近的日子　　　有無阿房的名字
下女趕緊查大簿　　　阿房盧章宿共晡[75]
其中盧章帶查某　　　以後不曾[76]閣來租
查某租厝在碑頭　　　伊參盧章有深交
某月某日大家走　　　從來不曾再翻頭
本籍住在大稻埕　　　盧章是伊的客兄[77]
藝名變換無一定　　　姓曾玉雲伊本名
愛珠隨時去報案　　　幾點理由眞簡單
姓洪有來伊主辦　　　對付對方無困難
第一二人落下港　　　二林旅社帶同房
半暝改變卜弄港[78]　　就是盧章塊想空[79]
伊招阿房做生意　　　阿房身軀眞多錢
身軀無錢無代誌　　　絕對我無嫌疑伊
阿房去向無交代　　　伊去頂港招伊來

73　走抹離，或記爲「走艙離」，音：cau²be⁷li⁷，脱逃不了或閃躲不及。
74　本圖，或記爲「本途」，音：pun²too⁵，本業。
75　共晡，或記爲「仝晡」，音：kang⁷poo¹，同一個下午。
76　不曾，或記爲「毋捌」，音：m⁷bat⁴。
77　客兄，音：kheh⁴hiann¹，外面的男人。
78　弄港，或記爲「閬港」，音：lang³kang²，腳底抹油、溜之大吉，此處指盧章半夜離開房間。
79　想空，音：siunn⁷khang¹，想壞主意。

二林阿房無識在[80]　　身軀多錢無人知
盧章招阮做生意　　　叫阮先生出本錢
生意無做人無去　　　這點值得阮嫌疑
盧章想卜倒頭倒　　　伊去頂港尋兄哥
去向交待抹清楚　　　伊講有返阮講無
再講旅社帶一晚　　　天光阿房去台南
前後矛盾足喃慘　　　講話先講抹對同[81]
我塊講話眞實在　　　旅社調查就能知
官廳爲民塊除害　　　替阮調查才應該
主辦刑警洪有來　　　聽著報案足悲哀
一來二去爲尪婿　　　談吐流俐正高才
彼陣刑事眞要緊　　　趕到旅社查原因
愛珠講話有相信　　　半暝離開事是眞
有來隨時下命令　　　卜召盧章問口徑[82]
愛珠告汝害人命　　　照實承認罪恰輕
兄嫂告我眞好笑　　　尋兄應該要相招
被人害死機會少　　　早晚嘛是尋能著
盧章膽頭有夠在　　　應話逐句假不知
眞有英雄的氣概　　　莫怪地方的人才
邱柱自動來討保　　　是我結拜的大哥
相信歹事伊無做　　　保外候傳免驚無
平平結拜的兄弟　　　有來人情做乎伊
邱柱彼陣足歡喜　　　代誌不可無張池[83]
有來隨時上北部　　　去尋圓環派出所

80　識在，或記爲「熟似」，音：sik⁸sai⁷，認識。
81　對同，音：tui³tang⁵，相同、符合。
82　口徑，或記爲「口供」，音：khau²king¹，自白。
83　張池，或記爲「張持」，音：tiunn¹ti⁵，小心警戒。

不知玉雲都[84]一戶　　熟識當然恰好摸
趕緊去尋曾玉雲　　汝帶二林什時陣
帶甲何時即宿睏　　照實講話恰單純
我食頭路帶旅館　　二林旅社三十番
款待人客心抹亂　　到底汝查什因原
汝參盧章有熟識　　交情抹醜通人知
經過甲我講大概　　調查案件才會來
四月初一上尾擺[85]　　睏甲半暝才分開
伊參阿房是結拜　　他去都位我不知
汝掛那隻金手錶　　量必敢是二十石[86]
這框價錢敢抹少　　就要多少買能著
二林盧章好人客　　講卜娶我做賢妻
手錶爲定見面禮　　欠錢叫我即去提
盧章最近打死人　　死者身軀腹[87]空空
伊從手錶提來送　　共謀二人罪相同
玉雲驚著半小死[88]　　他爹富戶叫盧枝
那有這款的代誌　　我攏婉然不知機
刑事自我來紹介　　職章汝看就能知
手錶扣留我所在　　後日若召汝就來
有來了解即時返　　二林分室再開堂
隨時盧章召來問　　不認鐵片燒腳瘡
台中檢察下命令　　不認就要使重刑
邱柱的人眞機警　　二次不敢再講情
桃園的力趕到位　　盧章先脫嘛抹開

84　都，或記爲「陀」，音：to^2/toh^4，哪。
85　上尾擺，音：siong^{7}bue^{2}pai^2，最後一次。
86　二十石，指安裝在手錶機芯中寶石數量，20 Jewels。石，音cioh^8。
87　腹，或記爲「剝」，音：pak^4，拔。
88　半小死，音：puann^{3}sio^{2}si^2，接近半死。

二次重刑先灌水　灌甲身軀隴齊肥
三次開堂召證人　服務小姐也年輕
照實講話無要緊　僞證判罪嘛抹輕
盧石二林睏罩陣[89]　後來玉雲開一間
睡甲半暝真趕緊　退房不知什原因
三人行出到店口　盧章招卜去他兜
玉雲小姐加池走[90]　二人上北無越頭[91]
卜問金塗的日子　去問下女便知機
簿冊一律有登記　大概時間成半暝
證物手錶最關鍵　愛珠回答眞自然
這款手錶抹生銹　我買送厷定良緣
愛珠閣再問一擺　這粒手錶對都來
玉雲回答眞自在　就是盧章向伊開
證人證物尚要緊　汝害阿房事是眞
汝若抑閣不承認　要上樓頂再重刑
灌水不認用夾棍　閣續落去[92]換灌餿[93]
重刑就要有節準　如果刑死著處分
再來用針錐指甲　不認用手鄭難拋[94]
頭頂卦框用鎚打　所有刑具用甲礁[95]
所有刑具用了了　盧章不招就不招
實在有影好叫數[96]　刑人顛倒擋抹條
盧章愈刑愈勇氣　全無膽寒甲半絲

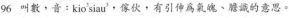

89　睏罩陣，或記爲「睏湊陣」，音：khun³tau³tin⁷，睡在一起。
90　加池，或記爲「家己」，音：ka¹ti⁷/ka¹ki⁷，自己。
91　越頭，或記爲「斡頭」，音：uat⁸thau⁵，轉頭、回頭。
92　續落去，或記爲「紲落去」，音：sua³loh³khi³/sua³lue³khi³，接下去。
93　灌餿，或記爲「灌潘」，音：kuan³phun¹，灌食餿水。
94　鄭難拋，或記爲「捏膦脬」，音：tenn⁷lan⁷pha¹，捏男性生殖器。
95　礁，或記爲「焦」，音：ta¹，乾；「用甲礁」，用盡。
96　叫數，音：kio³siau³，傢伙，有引伸爲氣魄、膽識的意思。

做兵勳章有寫字　　　一生政府保護伊
有來刑事做到老　　　不曾刑人無倒頭
也抹哀叫也抹哭　　　刑甲一隻像潑猴
分室主任塊打算　　　到這就要使陰堂[97]
五個刑事輪流問　　　眞正一暝問甲光
新來刑事林文成　　　假做犯人關同間
假做忠厚眞鎮靜　　　卜探盧章的實情
一個靜靜不講話　　　盧章問伊什問題
歹命二人關做伙　　　敢是做賊偷掠雞

阮爹自早帶鹿港　　　塊甲辜榮[98]做長工
我的家庭是成散[99]　　貪財害命打死人
辜榮贊成我承認　　　坦白承認罪恰輕
可是弄我不相信　　　未得結案足可憐
辜榮甲這有悉識　　　特別對我有安排
看我燒酒若卜愛　　　叫人去提隨時來
受著兄哥的置蔭[100]　　燒酒叫人提來飲
歸棄飲酒醉乎死　　　嘛是恰贏死無飲
二人飲甲抹震動[101]　　歸暝睏甲眞輕鬆
這場親像塊眠夢　　　環境完全無相同
文成燒酒甲灌醉　　　盧章醉甲嘴開開
陰魂不散足多位　　　頭毛毧毧[102]四面圍
一位阿房親小弟　　　裝做阿房卜尋伊
阿房被伊來害死　　　手骨冰甲冷支支

97　使陰堂，音：sai²im¹tng⁵，指模仿冥間審案來誘使罪犯認罪。
98　辜榮，指鹿港富商辜顯榮。
99　成散，或記爲「誠散」，音ciann⁵san³，很貧窮
100　置蔭，或記爲「致蔭」，音：ti³im³，福澤庇蔭。
101　震動，或記爲「振動」，音：tin²tang⁷，移動。
102　毧毧，或記爲「聳聳」，音：chang³chang³，毛髮蓬亂或豎起。

五殿閻王在面頂[103]　　黑白無常豎兩屏[104]
文判配合有應挺[105]　　戲服燈光全部新
聘請戲班來佈置　　畫面假鬼攏靠伊
官廳的錢開能起　　場面婉然像陰司
陰陰森森眞少人　　只有幾個長頭鬃
盧章歸身抖疼疼[106]　　一個親像石阿房
文成伊是眞賢假　　假作驚甲做狗爬
伊報盧章看詳細　　伊是打死第二個
原來就是閻王殿　　牛頭馬面在兩邊
閻王隨時就出現　　到這就要拖屎連[107]
閻王坐在尙面頂　　黑白無常在兩邊
文判隨時下命令　　塊叫凶犯林文成
文成彼時眞趕緊　　緊招盧章照實認
盧章點頭有答應　　爬到閻王面頭前
文成一句嘛無講　　只聽文判讀卷宗
頭尾半句無冤枉　　發落由在閻羅王
閻王讚美有勇氣　　文成暫時立一邊
吾能從輕落處理　　腳模手印甭[108]延遲
頭個文成審好勢　　再來卜審第二個
盧章心內想好細[109]　　到這不要閣絞架
閻王將頭卜問起　　阿房結拜好兄弟
二人同生甲同死　　兄死汝嘛要陪伊

---

103 面頂，音：bin⁷ting²，上面。
104 屏，或記爲「爿」，音：ping⁵，邊。
105 應挺，或記爲「應庭」（音：in³thing⁵/in³ting⁵/in³thing³，「應」一般唸「ing³」），靈驗的意思，這裡指扮演得如同陰司眞正降臨，活靈活現。
106 抖疼疼，或記爲「掣疼疼」，音chuah⁴thang²thang³，在此形容因恐懼或寒冷不停地發抖。
107 拖屎連，音：thua¹sai²lian⁵，屁滾尿流。
108 甭，音：bang³，不要。
109 好細，或記爲「好勢」，音：ho²se³，妥當。

盧章應伊不免問	好漢做事敢擔當
腳模手印我願頓[110]	身屍埋在甘蔗園
一切工作總做好	眾鬼大家塊道賀
使乎盧章想攏無	彼時電火[111]即點亮
盧章隨知已失算	了解刑事使陰堂
腳模手印以經頓	再翻口經無恰長
局長隨時寫報告	案件到這一段落
命案盧章自己做	以外別人攏總無
無論報社雜誌界	發報包括與電台

破案手腕足厲害	台灣全島通人知
天光就是卜驗屍	盧章押來報位置
民眾歸山滿滿是	大家箸塊等法醫
觀眾人山甲人海	專看新聞即能知
海外兩人同結拜	總講就是為錢財
盧章就要戴草帽	腳鐐手銬牽塊梭[112]
埋屍位置叫伊報	若是錯誤能尋無
身屍埋在二林頂	剛好碑北的南邊
連片甘蔗會社種	碑北路東第三行
台中法醫來到位	壯丁閒人總喊開
後面警察一大隊	分室主任塊指揮
分室主任名犬塚	辦事能力有夠強
警界稱乎伊大將	主任確實驚盧章
第一盧章打抹疼	灌水灌油攏不驚
做兵立功真有影	若加打死就猴行[113]

---

110 頓，音：tng³，蓋章。
111 電火，音：tian⁷hue²，電燈。
112 梭，或記為「趖」，音：so⁵，慢步而行。
113 猴行，音：kau⁵kiann⁵，一般會使用「著猴行」來形容像猴子受到驚慌一樣四散
　　奔走或像猴子一樣不正常行走，用「做猴行」來形容一個人不循一般程序、不
　　走正途；這裡的猴行應該是指「著猴行」，表示知道事情糟糕了而緊張。

阿房家屬總來到　將此現場四面包
以外閒人總喊走　愛珠目屎雙港流
指罵盧章無人性　枉費二人同做兵
結拜兄弟什路用　汝對阿房那無情
汝卜招阮做生意　叫阮先出大本錢
弄阮尫某無意義　甲阮打死兼滅屍
無想當時去頂港　被阮招待那多工[114]
對汝感情下那重　像汝這款敢是人
看汝欠錢要外多　借用絕對無問題
為何汝來虧心做　阮死汝嘛要作陪
愛珠那罵又那哭　目尾血水什什流[115]
盧章甲阮食即夠　只有吐氣甲搖頭
看著這款的情境　在場的人齊同情
引起公訓[116]什路用　大家都下判死刑
法醫檢查以完畢　緊買棺材來收屍
屍體葬在北平里　卜檢骨頭等後期
死者引魂去頂港　那行那叫石阿房
愛珠愈想愈苦疼　當時我就講不通
到這怨歎無路用　枉費我是高才生
北一女中讀一等　逐張獎狀明明明
阮尫忠厚來下港　被汝田龜變猴弄[117]
心情愈想愈沉重　得一神主了一人
盧章違法烏白做　攏無辯解的餘地
等伊心肝想反悔　茱瓜摃狗去一節
法醫檢屍檢完備　案件隨時送頂司

---

114 工，音：kang[1]，天。
115 什什流，或記為「潘潘流」，音：chap[8]chap[8]lau[5]，流不停。
116 公訓，或記為「公憤」，音：kong[1]hun[3]，群眾的憤慨。
117 變猴弄，音：pinn[3]kau[5]lang[7]，耍猴戲、變花樣。

上司照字落讀字　　判決死刑無延遲
處決死刑坐電椅　　通知家屬去收屍
經費就要開家治　　盧家悽慘做一時
盧章屍體返來到　　碑北歸庄亂操操
陰魂先趕都不走　　狗螺吹甲卜直喉[118]
司公[119]那做鬼那多　　厝前後壁塊徘徊
專聽女鬼箸塊吶　　到這盧家塊落衰
中春目尾甲偷看　　專是青年查某官
頭毛一律攏打散　　看著心內能起寒

阿房冤魂無厲害　　這陣唐山跟過來
就要參伊來和解　　若用法術不應該
伊參主人塊參詳　　代誌遇著孤不終[120]
金紙卜燒無限量　　叫伊甭閣尋盧章
中春全權落處理　　卜出金錢尋盧枝
就要用軟甭用硬　　與鬼嘛要按呢生[121]
盧章一時想無到　　毀滅面子歸房頭
全家的人總搬走　　碑北一個都無留
二林奇案到這止　　好戲原來抹拖棚
萬項就要照天理　　小人嘛無佔便宜
小弟惦在彰化縣　　芳苑鄉內新生村
家庭貧赤[122]無哀怨　　心情不時真樂觀
住所小弟順序[123]報　　敬請諸位朋友哥
我住新生第二號　　有閒[124]請您來七桃

---

118 喉，或記爲「吼」，音：hau²，哭號。
119 司公，音：sai¹kong¹，道士。
120 孤不終，或記爲「姑不將」，音：koo¹put⁴ciong¹，無可奈何。
121 按呢生，音：an³ne¹senn¹/an³ne¹sinn¹，這樣做。
122 貧赤，或記爲「散赤」，音：san³chiah⁴，赤貧。
123 順序，或記爲「順紲」，音：sun⁷sua³，順便。
124 有閒，或記爲「有閑」，u⁷ing⁵，有空。

溪湖出去無外遠　　北邊粘著漢寶園
小名普通眞快問　　早年村長我塊當
自小我是樂暢子[125]　好交朋友甲弟兄
專望列位來相疼　　姓陳再得我小名

歌仔仙　陳再得　寫於　2001.06.25

---

125 樂暢子，或記爲「樂暢囝」，音：lok^{8}thiong^{3}kiann^2，沒有心機、沒有過多煩惱
　的人。

（二）〈農會之歌〉

農會媽賞[1] 咧代理　　諸讚[2] 出來欲競技
媽賞現知佔地利　　無想諸讚佔天時
講起兩爿[3] 攏有勢　　歸尾[4] 毋知屬誰的
諸讚配合洪家弟　　媽賞昆仲合一家
十七代表全登記　　手挽夯起[5] 壓手枝[6]
鄉內一帶火離離[7]　　毋知欲生什代誌
代表欲選前一暝　　發生庄內綁掠人
拍著謝尾尙青慘　　歸庄的人尙毋甘[8]

諸讚看著共欲[9]哭　　目屎含著毋甘流
對方加[10]我吃這到[11]　　只有吐氣加搖頭
謝尾伊講毋要緊　　最後一暝卡認眞
算起來咱卡贏面　　對方嘛毋通看輕
選起三二對二九　　媽賞聽到面全憂
選舉販仔眞夭壽　　甘[12]是歸台背去丟
禍不單行眞有影[13]　　咧睡聽著人叫聲
爬起開門才知影　　兩個少年押咧行
押去法院輪流問　　眞正一暝問到光
問完閣無放伊返　　到底禁見在何方

1　媽賞，指芳苑鄉農會代理總幹事林媽賞。
2　諸讚，指芳苑鄉長陳諸讚。
3　爿，音：ping⁵，邊。
4　歸尾，到最後。
5　夯起，或記爲「揭起」，音：giah8khi²，舉起。
6　壓手枝，或記爲「遏手枝」，音：at⁴chiu²ki1，較量。
7　火離離，氣氛不好，一片亂糟糟。
8　毋甘，捨不得。
9　共欲，或記爲「強欲」，音：kiong⁵beh⁴，快要。
10　加，或記爲「共」，音：ka⁷，把。
11　吃這到，或記爲「食即夠」，音：ciah8ciah⁴kau³，欺負到底。
12　甘，或記爲「敢」，音：kam²，難道，疑問詞。
13　有影，音：u⁷iann²，眞的。

厝內的人剝野野[14]　　親像鼎頂的狗蟻[15]
諸讚有影眞歹惹　　彼暝規庄攏典食[16]
歸庄咧罵陳諸讚　　鄉長還有一年間
兩項攏欲眞散漫　　欲岸[17]農會甘簡單
農會是頭爛尾爛　　從管頭爛到心肝
這人內心拍勿散　　看你是欲怎拖磨
理事選起五比四　　諸讚這爿加一支
選舉親像咧行棋　　行錯一步就無醫
媽賞觀前無看後　　才乎諸讚後干抄
迫[18]加尾仔馬後砲　　將軍抓起就無頭
諸讚認爲眞有勢　　農會整本[19]做頭家
麗容伊嘛有夠格　　乎伊害甲做狗爬
貪著續壇[20]省紅包　　才著目屎雙港流
媽賞做前伊做後　　繩仔一人縛一頭
政治趙[21]愛有肚量　　毋想地方咱尚勇
對方咱嘛愛尊重　　才不會兩敗俱傷

---

14 剝，或記爲「跁」，音：peh[4]，爬、起身；此處形容一顆心非常焦急。
15 鼎頂的狗蟻，熱鍋上的螞蟻。
16 典食，或記爲「踮遮」，音：tiam[3]cia1，在這裡。
17 岸，或記爲「扞」，音：huann[7]，本義是扶，這裡指經營掌管。
18 迫，音：pik[4]，逼迫。
19 整本，音：cing[2]pun[2]，籌錢的意思。
20 續壇，或記爲「紲攤」，音：sua[3]thuann[1]，繼續下一場聚會。
21 趙，或記爲「就」，音：to[7]/tio[7]/ciu[7]。

（三）〈台灣集集大地動〉

一九九九世紀尾　地球不斷著塊[1]轉
台灣本來抹[2]歹過　逢著地動[3]大死絕
台灣集集大地動　地牛翻身害死人
這場親像作惡夢　九月廿一彼一天
九月二十半暝後　地動中心著[4]南投
台灣全島搖透透　為何若能[5]倒高樓
災區中部四縣市　彰化縣內恰輕微
雲林苗栗小代誌　台北倒厝足怪奇

敢是天災兼人禍　業者真無差不多
偷工減料黑白做　厝腳[6]生命即能[7]無
南投山內屬天災　中寮街路倒歸排
道路橋樑攏齊歹[8]　交通斷絕最悲哀
內山仁愛兼信義　交通暫用直昇機
卜去載茱甲載米　倒返就要載身屍
地牛身軀翻震動　九九山峰總齊崩
無論山空扒裂縫　不知蓋死外多人
半暝點外人睏定[9]　卜動地牛哮[10]一聲
眾人大家卜逃命　同時失電真猿行[11]
這次地動七級三　儀器測量無重纏[12]

1　著塊，或記爲「佇咧」，音：ti⁷leh⁴，在。
2　抹，或記爲「燴」，音：be⁷/bue⁷，不會。
3　地動，音：te⁷tang⁷，地震。
4　著，或記爲「佇」，音ti⁷，在。
5　若能，或記爲「哪會」，音：na²e⁷，怎麼會。
6　厝腳，或記爲「厝跤」，音：chu³kha¹，住在房子裡的人。
7　即能，或記爲「才會」，音：ciah⁴e⁷，才會。
8　齊歹，音：ce⁵phainn²，一起壞掉。
9　睏定，音：khun³tiann⁷，躺好準備睡覺。
10　哮，或記爲「吼」，音：hau²，叫。
11　猿行，或記爲「猴行」，音kau⁵kiann⁵，驚慌四散。
12　重纏，或記爲「重耽」，音：ting⁵tann⁵，差錯。

彰化學

無死驚甲嘛破膽　親像恰早搖烏籃[13]
未搖進前頓[14]三下　逐個驚甲做狗爬
漳州的人叫娘奶[15]　泉州攏講阿娘鞋[16]
幸運的人走有離[17]　無死趕緊載去醫
爬上櫳頂[18]無代誌　落下蓋甲無身屍
閻王註定三更死　絕不留人過五更
來年同日共[19]做祀[20]　死去同日又共時
這次地動死孓算　無死走去帶[21]校園
街路的人哎哎返[22]　校園一暝坐甲光
天災地動真不幸　二千外人來往生
家破人亡的絕景　台灣同胞獻真情
地動發生半暝後　證嚴清早到南投
災民見面跪塊哭　證嚴目屎嘛塊流
證嚴逐個共安慰　代誌逢著要想開
目前無電甲[23]無水　緊想辦法來解圍
法師隨時下命令　可比韓信塊操兵
全國慈濟總反應　救災分部落[24]進行
婦女分配做護理　災民輕傷無去醫
慈濟對人真趣味　全縣分配來實施

---

13 烏籃，或記爲「窩籃」，音：o¹na⁵，搖籃，早期搖籃設計就像鳥窩一樣，所以這樣稱呼。
14 頓，音：tng³，跌坐，亦有用力敲或放的意思。
15 娘奶，或記爲「娘嬭」，音：niu⁵le²，母親。
16 阿娘鞋，或記爲「阿娘喂」，音：a¹nia⁵ue⁵，驚呼得叫媽媽。
17 離，音：li⁷，完全。
18 櫳頂，或記爲「懸頂」，音：kuan⁵ting²，上面。
19 共，或記爲「仝」，音：kang⁵，一起、同。
20 祀，或記爲「忌」，音：ki⁷，死亡的日期；做忌，於忌日祭拜死者。
21 帶，或記爲「蹛」，音：tua³，居住。
22 哎哎返，或記爲「挨挨轉」，音：ai¹ai¹tng²/e¹e¹tng²/ue¹ue¹tng²，肩靠肩依次回去。
23 甲，或記爲「佮」，音：kap⁴/kah⁴，和。
24 落，音：loh⁸/lue³，下去。

無論身軀有外傷　　　亦是肚內無正常
慈濟治療有注重　　　個個技術眞優良
慈濟老闆專[25]是董[26]　爲著愛心做義工
證嚴法師喊能動　　　慈濟團隊全好人
慈濟聞名全世界　　　世界各國去救災
全是自動發大愛　　　聽著慈濟通人知[27]
做人第一超人氣　　　能得部隊借軍機
越過山脈來巡視　　　台灣獨有證嚴伊
證嚴法師無黨派　　　到處苦難伊隨知

知影山前有災害　　　無等天光就緊來
宗教領袖無塊比[28]　伊是宗教的明星
伊無爲名甲爲利　　　專著地球塊佈施
男人分配落起厝　　　隊員個個有工夫
技師設計每項有　　　比較別人無恰輸
一樣看卜起幾戶　　　就要設計兼畫圖
水電土水分兩路　　　土木做好即來組
建屋台先[29]尋場所　農場的地不免租
就要申請經濟部　　　核准即起[30]甭糊塗
土地手續若完整　　　興建工作隨進行
志工每日有到用　　　一日建好十外間
闊度一律有規定　　　十二坪大做一間
內底設備眞完整　　　亦有廁所甲浴間
一棟一棟若建好　　　證嚴隨時來發落[31]

25　專，或記爲「全」，音：cuan^5，全部。
26　董，音：tang^2，開店、開公司做老闆的。
27　通人知，音：thong^{1}lang^{5}cai^1，所有的人都知道。
28　無塊比，或記爲「無地比」，沒有更好的了。
29　台先，或記爲「事先」，音tai^{7}sing^1，首先。
30　起，音：khi^2，蓋房子。
31　發落，音：huat^{8}loh^8，處理。

災民進前有申報　　早慢每人免驚無
房屋所建眞多位　　專著災區的範圍
就兼有電甲有水　　若是無路臨時開
建築足足有到[32]用　　計共二仟四百間
戶口板仔[33]並頭[34]釘　　大家不免仕帳篷
證嚴上人了不起　　腳踏實地救危機
除非國際紅十字　　再來其次就是伊
紅十字會國際性　　瑞典杜南發起人
至今世界人認定　　萬古流芳眞光榮
總統七點亦到位　　看見身屍疊歸堆[35]
伊向長榮借貨櫃　　指派專人落指揮
登輝坐在飛機頂　　飛在上空看災情
發現土地能鵝應[36]　　山頭那[37]飛扒做平
坐在上空斟酌看　　連片變成臭頭山[38]
這款情形卜按怎　　眞正強卜[39]起畏寒[40]
歸支山頭移要位[41]　　土石積高變歸堆
山坑頭段能把水[42]　　日後絕對有是非
名竹大橋大損害　　斷做三節通人知
不但車輪未得駛　　交通斷絕最悲哀
草嶺走山走尙多　　兩面蓋掉清水溪

---

32 到，或記爲「夠」，音：kau³，足夠。
33 板仔，或記爲「枋仔」，音：pang¹a²，木板。
34 並頭，或記爲「憑頭」，音：pin⁷thau⁵，按前面。
35 歸堆，或記爲「規堆」，音：kui¹tui¹，一整堆。
36 鵝應，或記爲「夯瘫」，音：gia⁵ing³，本指蚯蚓等生物鑽土時隆起的膨鬆土堆，這裡指地震後地形高低起伏，產生很大的變化。
37 那，或記爲「若」，音：na²，一邊。
38 臭頭山，感染頭癬後頭髮會東缺一塊、西缺一塊，所以用來形容山在崩塌後出現很多林地缺損。就像臭頭一樣。
39 強卜，或記爲「強欲」，音：kiong⁵beh⁴，快要。
40 起畏寒，音：khi²ui³kuann⁵，發冷，引伸有害怕的意思。
41 要位，或記爲「徙位」，音：sua²ui⁷，移位。
42 把水，音：pe²cui²，指山頭會蓄積過多的水量。

注定地方卜狼狽　　　進退兩難成問題
石岡屬於台中縣　　　豐原地方的水源
水壩破害水來斷　　　平面相差三丈高
橫貫公路八號線　　　東勢入去至青山
沿路損害卜按怎　　　看著強卜流冷汗
南投十三鄉鎮市　　　草屯國姓至埔里
內山仁愛甲信義　　　看著實在苦傷悲
竹山鹿谷甲魚池　　　名間集集甲水里
以上攏總有代誌　　　中寮街路攏齊平

中縣廿一鄉鎮市　　　一半歡喜一半悲
西面多數無代誌　　　東邊劫數難得移[43]
總統詳細看了後　　　只有吐氣甲搖頭
自我少年看甲老　　　不曾地動者呢[44]齊[45]
隨時組織委員會　　　針對救災的問題
主委交乎連戰做　　　一切由伊去斬懵[46]
連戰同時下命令　　　陸軍部隊召工兵
無卜相刃[47]免舉槍　　　救人隨時落進行
派著這些少年兵　　　逢著這款的情形
軍中就要聽命令　　　眞正強卜起神經[48]
在家未曾做粗重　　　做兵逢著扛死人
暝時塊睏煞眠夢　　　心頭不時抹輕鬆
暝時塊睏抹平靜　　　幻像浮在目睛[49]前

---

43 劫數難得移，指在劫難逃的意思。
44 者呢，或記爲「即爾」，音：ciah⁴ni⁷，這麼。
45 齊，音：ce⁵，指全省幾乎都受到地震影響，不是只有單一地區。
46 斬懵，或記爲「站節」，音：cam⁷cat⁴，節制、分寸。
47 相刃，疑爲「相刣」，音sio¹thai⁵，打仗。
48 起神經，音：khi²sin⁵king¹，發瘋。
49 目睛，或記爲「目珠」、「目睭」，音：bak⁸ciu¹，眼睛。

生活真正歹適應　心肝脈鼓[50]頓抹停
台灣地動真厲害　外國的人隨時知
對咱台灣算抹醜　有人順勢[51]牽狗來
卜來順勢兼牽狗　家司[52]背著腳倉頭[53]
靈犬能嗅香也臭　鼻[54]有活人便點頭
有人大樓蓋無死　仰望[55]外面來救伊
若被靈犬鼻著味　趕緊配合挖土機
操作機械大注意　專照專家的指示
救有順事[56]算福氣　著傷趕緊載去醫
挖土的人要注意　出手若是有身屍
自然怪手能停止　您講怪奇無怪奇
身屍一人留一款　多數攏是無齊全
看著心肝真正亂　平時血壓能舉高[57]
歸暝無眠心抹定　著請紅頭來收驚
大神小神總齊請　甚至就要朝五營[58]
救人協會義務性　為著救人箭[59]最前
有時自己來不幸　生命白白來犧牲
捨身救人真偉大　造成家庭的悲哀
奉勸機關社會界　援助家庭即應該
有人大人攏總死　囝仔無死變孤兒
煞乎別人養[60]去飼　實在有影真傷悲

---

50 脈鼓，音：meh⁸koo²，脈搏。
51 順勢，音：sun⁷se³，順著事情發展。
52 家司，或記為「家私」，音：ke¹si¹，工具。
53 腳倉頭，或記為「尻川頭」，音：kha¹chng¹thau⁵，屁股上。
54 鼻，音：phinn⁷，聞。
55 仰望，或記為「向望」，音：ng³bang⁷，期待。
56 順事，或記為「順序」，音：sun⁷su⁷，順利。
57 舉高，或記為「夯懸」，音：gia⁵kuan⁵。血壓舉高，即血壓升高。
58 朝五營，指的應該是調請五營兵將來此坐鎮。
59 箭，或記為「爭」，音：cinn¹，爭。
60 養，音：iong²，養育的意思。

台灣眞有同胞愛　　出現眞多料理師
伊有載米甲載菜　　台灣五路自動來
伊嘛載鼎[61]甲載灶　　師傅水腳[62]伊總包
看見喪家若塊哭　　同時著要[63]了白包
伊著聊工[64]再配本[65]　　義工卜做抹卿分[66]
做善之家有福分　　後代能出好子孫
有人供應礦泉水　　毛毯衫褲疊歸堆
最初集中做一位　　必要隨時即分開
地動過了心抹定　　巫婆自動共收驚

拳頭師傅免人請　　保護災民腳會行
外國記者歸大陣　　感覺台灣即溫馨
個個動作眞趕緊　　記事卜返用傳眞
記事每日隨時報　　這款風氣世界無
現實國家恰不好　　感情就來台灣學
連戰一生官僚派　　賑災先賑都抹來
時間拖久尙介[67]害　　不受歡迎最悲哀
萬丈高樓平地起　　當然就要打地基
下樓損害有代誌　　頂樓全好足怪奇
連戰做人是抹醜　　相差有錢抹曉[68]開
這款機會眞無采[69]　　等待何日君再來
這款淺淺的道理　　不免著塊費心機
上下看法要一致　　全額補助最公平

61　鼎，音：tiann²，鍋子。
62　水腳，或記爲「水跤」，音：cui²kha¹，廚師。師傅、水腳皆爲廚師之意。
63　著要，或記爲「就愛」，音：to⁷ai³，就需要。
64　聊工，或記爲「了工」，音：liau²kang¹，付出勞力。
65　配本，音：phue³pun²，音：額外付出金錢。
66　卿分，或記爲「窮分」，音：khing⁵hun¹，計較。
67　尙介，或記爲「上界」，音：siong⁷kai³，最。
68　抹曉，或記爲「𣍐曉」，音：be⁷hiau²/bue⁷hiau²，不會、不懂。
69　無采，或記爲「無彩」，音：bo⁵chai²，可惜。

登輝用伊做主委　　機會乎伊去發揮
抹曉通[70]用眞枉費　　做人實在眞古錐
人情卜做開國庫　　這是登輝的計謀
抹曉運作無法度　　誤了終生的前途
人講樂極便生悲　　災區以前佔有利
颱風無伊的代誌　　這次地動輪到伊
現在輪到新政府　　緊出一道安心符
這款代誌甭閣有　　但願發明新功夫
眞正專款要專用　　存在國庫無公平
糾紛重新再鑑定　　要對私人做台先
災害介紹到這止　　若要詳細等下期
這有歷史的意義　　內容組成做歌詩
小弟惦[71]在彰化縣　　芳苑鄉內新生村
小弟做人眞平凡　　平生經過眞樂觀
住所小弟順序[72]報　　敬請長輩甲兄哥
我住新生第二號　　有閒[73]請您來七桃[74]
溪湖以西無外遠　　北邊黏著漢寶園
小名普通眞快問　　早年村長我塊當
自小我是樂暢子[75]　　好交朋友甲弟兄
專望列位來疼痛[76]　　姓陳再得我小名

70　通，音：thang¹，可以。
71　惦，或記爲「踮」，音：tiam³，在。
72　順序，或記爲「順紲」，音：sun⁷sua³，順便。
73　有閒，或記爲「有閑」，u⁷ing⁵，有空。
74　七桃，或記爲「佚陶」（一般習慣寫爲「迌」），音：chit⁴tho⁵，遊玩。
75　樂暢子，或記爲「樂暢囝」，音：lok⁸thiong³kiann²，沒有心機、沒有過多煩惱的人。
76　疼痛，或記爲「痛疼」，音：thiann³tang³，疼愛、憐惜。

第三篇　中華歷史與台灣地理知識

（一）〈戲說中華五千年，縮短一本作歌詩〉

中華建國來算起	就對[1]始祖伊伏羲
鑽木取火眞神奇	神農試藥做名醫
五穀原始是野生	神農慧眼去別認
能[2]食物件[3]提[4]來種	一年二季好收成
古早的人無穿褲	只用青葉遮下路[5]
飼蠶放絲是螺祖	人穿衫褲伊開路
值得古今人尊敬	指南針是伊發明
飛機行船眞好用	就是皇帝來造成
歷史無字通記載	經過久年就不知
倉頡造字眞厲害	音韻字平分的[6]來
公孫軒轅行仁義	炎黃子孫奠國基
唐堯勤政得民意	王位禪讓虞舜伊
大舜用象塊耕田	伊是有孝感動天
夏禹治水大貢獻	大舜請伊來受禪
疏通河道爲根本	嗣後帝位傳子孫
夏啓仁義像大舜	相傳夏桀變昏君

1　對，音：tui³/ui³，從。
2　能，或記爲「會」，音：e⁷，會。
3　物件，音：mih⁸kiann⁷，東西。
4　提，音：theh⁸，拿。
5　下路，音：e⁷loo⁷，指身體腰部以下的部分。
6　的，或記爲「會」，音：e⁷，能夠。

夏朝國運變無氣　商湯一粒帝王星
能得照顧老百姓　傳乎子孫四百年
傳至紂王即[7]瘋狂　自稱伊卜做天公
行香題詩話亂講　導致妲己敗紂王
武王注[8]該有福氣　文王拖車八百二
子牙測驗眞神秘　一步天位算一年
幽王烽火戲諸侯　此款做法足不著[9]
爲著卜[10]乎愛妃笑　烽火臺上放火燒
放火一遍過一遍　諸侯不信足可憐
那時平王大表現　打退敵人即東遷
西周君主有實權　東周諸侯起爭端
中央無能通好管　每王都要爭霸權
東周齊晉秦楚宋　東周稱霸齊桓公
採用樂毅尙[11]套棟[12]　行軍破陣萬事通
自不量力宋襄公　一味想卜做霸王
不聽目夷[13]的阻擋　導致霸主無成功
第一信用晉文公　六十二歲做霸王
尊王攘夷眞套棟　周室功勞第一功
一鳴驚人楚莊王　原本無想爭頭鋒[14]
屈守三年攏[15]無動　一飛沖天做霸王
知人善用秦穆公　愛民如子量寬宏
賞罰分明無冤枉　天下歸順做霸王

7　即，音：ciah⁴，才。
8　注，或記爲「註」，音：cu³，註定好。
9　不著，或記爲「毋著」，音：m⁷tioh⁸，不對。
10　卜，或記爲「欲」，音beh⁴/bueh⁴，想要。
11　尙，或記爲「上」，音：siong⁷，最。
12　套棟，或記爲「妥當」，音：tho³tong³，可靠。
13　目夷，宋襄公同父異母的兄弟，又稱「子魚」，宋襄公在位時擔任司馬輔政。
14　爭頭鋒，音：cenn¹thau⁵hong¹，強出頭搶當第一。
15　攏，或記爲「攏」，音：long²，都。

吳越相爭若說起	就要先講伍子胥
父兄楚王加[16]害死	逃亡吳國求生機
吳越本來有恩怨	加在[17]子胥過昭關
楚國無破足不願	借刀殺人求雙全
孫子兵法十三篇	真正有貨賣無錢[18]
扶吳滅楚即成器[19]	流傳世間萬萬年
吳國雄師壓楚境	楚國宗廟被踏平
楚王走甲無蹤影	吳王鳴金即收兵
春秋時代五霸強	戰國時代出七雄
周室愈來愈嚴重	中央無力姑不終
孫臏龐涓師兄弟	龐涓不時用心機
加害孫臏若緊[20]死	天下賢人就是伊
王禪老祖[21]真厲害	日後龐涓若亂來
伊對孫臏有交代	臨急錦囊看就知
龐涓算是運氣好	返去魏國做大哥
孫臏無官通好做	守在齊國算不和[22]
龐涓彼時下毒計	要害孫臏伊一個
咱是同門師兄弟	有物[23]通食要公家
孫臏接信足歡喜	感謝龐涓有情義
牽成[24]乎我若成器	日後我能感謝伊
孫臏靠勢入朝內	由在龐涓去安排
兩支腳骨被傷害	關在地牢無人知

16 加，或記為「共」，音：ka[7]，把。
17 加在，或記為「佳哉」，音：ka[1]cai[3]，還好。
18 有貨賣無錢，指還不受人重視，空有內涵沒人知道。
19 成器，音：sing[5]khi[3]，成就偉大功業。
20 緊，音：kin[2]，快。
21 王禪老祖，即孫臏與龐涓的師傅「鬼谷子」。
22 算不和，或記為「算𣍐和」，音：sng[3]be[7]ho[5]/sng[3]bue[7]ho[5]，划不來。
23 物，音：mih[8]，東西。
24 牽成，音：khan[1]sing[5]，栽培。

拆開錦囊即知影　　孫臏彼時大著驚
就要假瘋即有命　　若無絕對能猿行[25]
龐涓認為無路用　　放出獄牢去逃生
偏偏有人通接應　　蒼天不負苦心人
孫臏逃到齊國地　　生命已經無問題
齊王請伊去掛帥　　眞正冤家路頭隘[26]
孫臏龐涓來對陣　　同門兄弟變仇人
龐涓卜追伊孫臏　　中箭來死無可憐
齊國彼時大勢嗿　　弱國五國招[27]聯盟
總聽樂毅的命令　　齊國走甲卜開卿[28]
連敗七十外個城　　齊王按算要賣命
田單用腦參[29]伊拼　　加在最後無輸贏
最後伊用反間計　　尚驚元帥換別個
樂毅條件講好勢　　按算江山卜公家
彼時別國已經走　　只剩燕國打對頭
樂毅元帥換了後　　田單隨時打翻頭[30]
田單用出火牛陣　　暗時[31]不知鬼也[32]神
放出城門走眞緊　　兵卒踏死足可憐
人有福氣恰[33]要緊　　一朝天子一朝臣
遠交近攻有自信　　王翦老將親像神

---

25 猿行，或記爲「猴行」，音kau⁵kiann⁵，驚慌四散。
26 路頭隘，或記爲「路頭狹」，音：loo⁷thau⁵eh⁸，路很窄，整句話是狹路相逢的意思。
27 招，音：cio¹，邀請。
28 開卿，或記爲「開弓」，音khui¹khing¹，腳開開伸不直的樣子，指奔走到無力而軟腳。
29 參，音：cham¹，和。
30 翻頭，音：huan¹thau⁵，回頭。
31 暗時，音：am³si⁵，晚上。
32 也，或記爲「抑」，音：ah⁸/ah⁴，還是。
33 恰，或記爲「較」，音：khah⁴，比較。

出手先打韓趙魏　　這算近攻恰最堆[34]
一國無輸[35]做一嘴[36]　　觀看王翦展神威
自從楚國平了後　　非是近攻卜遠交
燕王看破想卜走　　即被王賁拉翻頭
彼時齊王即知苦　　中著秦王的計謀
想卜走避無法度　　只好投降無別途
春秋戰國五百年　　霸主眾人塊相爭
做頭就要有福氣　　秦王一粒帝王星
併吞六國伊總管　　修築長城擋北番

長生不老伊的願　　指派徐福過台灣
徐福要取不死草　　童男童女卜逗摳[37]
蓬萊過海隨時到　　為何一去無回頭
指派趙高做宰相　　隨時建造阿房宮
欺壓百姓真嚴重　　同時建造兵馬俑
全無考慮老百姓　　百姓責罵秦皇伊
五十一歲伊就死　　坐位只有十七年
交代扶蘇卜接棒　　趙高伊用不著[38]人
胡亥無能管不動　　子嬰江山換別人
而後就是楚漢爭　　到底誰人恰高明
項羽比較恰硬性　　劉邦顯得恰柔情
注定項羽無福氣　　韓信先去投靠伊
項羽先看不甲意[39]　　安排身邊舉[40]家司[41]

34　最堆，或記為「做堆」，音：co³tui¹，集中在一起。
35　無輸，或記為「燴輸」，音：be⁷su¹/bue⁷su¹，好像。
36　做一嘴，或記為「做一喙」，音：co³cit⁸chui³，一口吃掉。
37　逗摳，或記為「湊摳」，音：tau³khau¹，幫忙拔不死草。
38　不著，或記為「毋著」，音：m⁷tioh⁸，不對。
39　甲意，或記為「佮意」，音：kah⁴i³，喜歡。
40　舉，或記為「揭」，音：giah⁸，拿。
41　家司，或記為「家私」、「傢伙」，音：ke¹si¹，工具。

韓信一個大將格　　天下尋[42]無第二個
英雄無論出身下　　工人嘛能做頭家
伊是一個小流氓　　經過鑽人的腳縫[43]
二個無人一個重　　採用這款無采工[44]
良藥苦口利於病　　忠言逆耳益於行
范增主張要重用　　不用就要刃[45]台先[46]
先講項羽不聽嘴　　不用不殺放離開
大龍小溪塊游水　　游落海洋大發揮
范增腦智真厲害　　能算過去甲未來
韓信無用足無采　　歸尾[47]項羽換乎刃
韓信卜哭無目屎　　姑不而終[48]要離開
真珠看做貓鼠屎[49]　　真正愈想愈悲哀
韓信走去尋張良　　隨時介紹入漢中
劉邦猶原無重要　　看破跑馬[50]回家鄉
蕭何月下追韓信　　指責劉邦看人輕
築壇拜將真要緊　　韓信操兵親像神
兵隊操去有夠好　　兵仔無人敢脫逃
趕緊叫人修棧道　　項羽先看都看無
伊對陳倉出外面　　項羽懷疑伊是神
看破來走恰要緊　　到底不知什原因
年關兵仔想卜返　　張良吹簫心能酸

42　尋，或記爲「揣」，音：chue⁷，找。
43　腳縫，或記爲「跤縫」，音：kha¹phang⁷，指跨下，這裡是在描述韓信「跨下之辱」。
44　無采工，或記爲「無彩工」，音：bo⁵chai²kang¹，白費力氣。
45　刃，或記爲「剸」，音：thai⁵，宰殺。
46　台先，或記爲「事先」，音：tai⁷sing¹，第一個。
47　歸尾，或記爲「規尾」，音：kui¹bue²/kui¹be²，到最後。
48　姑不而終，或記爲「姑不而將」，音：koo¹put⁴ji⁵ciong¹，無可奈何。
49　貓鼠屎，或記爲「鳥鼠屎」，音：niau²chi²sai²，老鼠屎，指完全沒用的小東西。
50　跑馬，音：phau²be²/phau²ma²，騎馬馳騁。

楚兵彼暝走歹算	留無一半到天光
韓信設繳⁵¹兜⁵²漢兵	逐個⁵³芟⁵⁴甲眞無閒
教人相偷眞歹幸	好手無到人眞迎⁵⁵
韓信卜死哭三聲	繳仔就乎愚的贏
項羽無死我有命	伊死我著隨伊行
當年乎看無到⁵⁶重	講我一個無成人⁵⁷
十面埋伏留一縫	迫伊自刎在烏江
獵若打了⁵⁸狗無用	武將最驚是太平
恨我自己無機警	即著⁵⁹死在長樂宮

人講以靜來制動	人講以柔來克剛
劉邦靜靜格⁶⁰不講	打倒項羽做漢王
伊殺功臣若有影	留在江湖做臭名
變無武力參人拼	獻出美女廷⁶¹親晟⁶²
一代過了又一代	王莽篡漢通人知
國號新朝名不醜	貴族劉秀嗆起來
光武中興建東漢	治理朝廷心得安
傳至獻帝眞含慢⁶³	卜岸⁶⁴國政足困難
北魏曹操佔天時	東吳孫權佔地利
人和屬誰大代誌	就是關張扶劉備

---

51 繳，或記爲「筊」，音：kiau²，賭局。
52 兜，或記爲「挽」，音：tau¹，拉攏留下。
53 逐個，音：tak⁸e⁵，每一個。
54 芟，或記爲「跋」，音：puah⁸，賭博。
55 迎，或記爲「凝」，音：ging⁵，心頭鬱結。整句意思爲：手氣好卻沒贏，讓人
　很生氣。
56 無到，或記爲「無夠」，音：bo⁵kau³，不夠。
57 無成人，音：m⁷ciann⁵lang⁵，不像人，鄙夷之詞。
58 了，音：liau²，結束。
59 著，或記爲「就」，音：to⁷。
60 格，或記爲「激」，音：kik⁴，假裝。
61 廷，或記爲「定」，音：tiann⁷，訂定。
62 親晟，或記爲「親情」，音：chin¹ciann⁵，親戚。
63 含慢，或記爲「頇顢」，音：han¹ban⁷，形容人愚笨、沒有才幹。
64 岸，或記爲「扞」，音：huann⁷，本義是扶，這裡指經營掌管。

三國鼎立齊有勢　　不知歸尾屬誰的
中間一隻正黑馬　　統一全國做頭家
黑馬何人不重要　　三國七神先介紹
自己特色咱能曉[65]　　別人特色無在調[66]
第一神算是孔明　　代誌無到知台先
空城計策伊敢用　　城內只有三個兵
第二神威是關公　　面相參人不相同
嚴肅見面話不講　　過關斬將萬事通
第三神醫是華陀　　伊最出名是外科
寶鑑他某[67]準[68]糞圾[69]　　只留閹豬以外無
第四神箭是黃忠　　百發百中準度強
孔明激伊老無用　　最後出陣即著傷
第五神將趙子龍　　一生出陣無著傷
長板坡上救阿斗　　打出重圍算英雄
第六神術左史慈　　畫龍取肝展[70]功夫
此款步數[71]無人有　　比較神仙無恰輸
第七神卜是管洛　　鐵口直斷無反覆
看是有禍也有福　　遊山玩水真快樂
關公按怎能做神　　真多不知什原因
五常[72]具全即立聖　　玉帝調伊上天庭
放走曹操得到仁　　敗將哀求不忍心
孔明有立軍令狀　　想講時到時擔當[73]

65　能曉，或記爲「會曉」，音：e⁷hiau²，知道。
66　在調，或記爲「才調」，音：cai⁵tiau⁷，本事。
67　某，音：boo²，老婆。
68　準，音：cun²，當作。
69　糞圾，或記爲「糞埽」，音：pun³so³，垃圾。
70　展，音：tian²，展現。
71　步數，音：poo⁷soo³，招式。
72　五常，指「仁、義、禮、智、信」。
73　時到時擔當，等問題眞的出現了再想辦法解決，類似「船到橋頭自然直」。

千里尋兄得到義
土山相約照實施
知影大哥的住址
千里尋兄眞堅持
參嫂同房得到禮
一間房間住三個
眠床讓乎二嫂眠
外面看冊半倒梯[74]
水淹七軍得到智
斷定七月雨水期
趕緊造筏佔有利
水到擒拿于禁伊
單刀赴會得到信
明知這場眞歹面[75]
有帶周倉無要緊
未談荊州先脫身
以上五常介紹了
來講司馬建晉朝
三國歸晉難預料
我講大家就明瞭
雖然三國歸一統
傳至二代人反愚[76]
國家政事黑白創[77]
導致八位的反王
八位相爭一塊地
敢嫁不驚尫多個
這場眞正馬吞馬
歸尾江山別人的
晉朝在位百五年
南北兩朝即出生
南朝宋齊梁陳姓
北朝魏國塊相爭
楊堅結束南北朝
煬帝運河多開銷
倒行逆施歹了了
結果全部歸唐朝
講起唐朝李世民
得力宰相用魏徵
武將好漢歸大陣
軍師穆公伊姓秦
高宗道行有恰淺
伊來寵愛武則天
江山風雲隨時變
武氏坐位十八年
李旦復國會鳳嬌
打倒武氏復唐朝
周朝旗號加折斷
武氏宗族不敢驕

---

74 半倒梯，或記爲「半倒躺」，音：$puann^3to^2the^1$，沒有完全躺下，只是稍微側躺著。

75 歹面，音：$phainn^2bin^7$，局勢險惡，不容易處理。

76 反愚，或記爲「反憨」，音：$huan^2$，變笨。

77 黑白創，或記爲「烏白創」，音：$oo^1peh^8chong^3$，胡亂做。

玄宗無飲乾礁醉[78]　　帝王權限超範圍
看見媳婦貴妃美　　選入後宮做愛妃
世間花美便有刺　　伊認祿山做子兒
二人偷來甲[79]晚去[80]　　後來外地豎反旗
全國人民齊反應　　處死貴妃即平靜
肅宗即時下命令　　子儀出頭隨[81]太平
自從子儀死了後　　逐個相爭卜做頭
敢講要做就有效　　較有規模是黃巢
誰坐帝位隴無穩　　黃巢打輸黑衣軍
皇帝要有皇帝運　　無到十年見閻君[82]
哀宗坐位朝代尾　　五代十國即死絕
此劫先脫都不過　　萬里江山放風飛
五代十國箸塊[83]拼　　歸尾全部無人贏
不扶一位七歲子　　部下擁護匡胤兄
卜做皇帝人人愛　　若有福氣自然來
陳橋兵變者[84]厲害　　黃袍加身假不知
匡胤皇帝足無款[85]　　忍心杯酒釋兵權
恐驚日後能內亂　　不驚無力擋北番[86]
重文輕武看時陣[87]　　此款政策害子孫
無通錠錠[88]彼好運　　好歹總是要照輪

78　乾礁醉，或記為「乾焦醉」，音：kan¹ta¹cui³，酒不醉人人自醉；「無飲乾礁
　　醉」有未飲先醉的意思，因為「醉翁之意不在酒」。
79　甲，或記為「佮」，音：kap⁴/kah⁴，和。
80　晚去，或記為「暗去」，音：am³khi³，偷來暗去指私底下偷偷摸摸的來往。
81　隨，音：sui⁵，馬上。
82　閻君，音：giam⁵kun¹，指閻羅王。
83　箸塊，或記為「佇咧」，音：ti⁷leh⁴，在。
84　者，或記為「即」，音：ciah⁴，這麼。
85　無款，音：bo⁵khuan²，不像話。
86　北番，音：pak⁴huan¹，北方想入侵宋朝的外族。
87　時陣，音：si⁵cun⁷，時候。
88　錠錠，或記為「定定」，音：tiann⁷tiann⁷，常常。

高宗秦檜做宰相
武將岳飛韓世忠
兩人應該要重用
也有義士文天祥
後來天祥人肯定
叫伊投降不可能
人生自古誰不死
留得丹心照汗青
欽徽二帝被擄走
岳飛想卜討翻頭
秦檜聖旨隨時到
岳飛心肝亂操操
若是不接來逆旨
將功補罪無代誌
背後母親刺四字
精忠報國是卜呢
今日環境迫這款
忠孝兩字難齊全
想甲心肝有夠亂
明知奸臣塊弄權
金牌連接十二道
強迫岳飛至朝歌
罪名乎做[89]莫須有
天下的人想隴無
南宋到此氣數盡
朝內即出大奸臣
朝內倒閣無要緊
害死忠臣足可憫
蒙古草原為尚[90]大
專飼馬羊塊生活
代代無厝通好[91]住
蒙古包仔用馬拖
出生一位鐵木眞
驚天動地親像[92]神
征西北伐打一咎[93]
各國甘願來稱臣
他的勢力咱甭[94]管
伊乎必烈下中原
金宋二國隴同款
向伊投降來求全
自從元朝來統治
連年逢到歹時機[95]
颱風大水滿滿是
尋無糧食通止饑
元朝百姓分四等
蒙歐排在尚頭前

89 乎做，或記爲「號做」，音：ho^{7}co^3/ho^{7}cue^3，叫做。
90 尚，或記爲「上」，音：siong^7，最。
91 通好，音：thang^{1}ho^2，可以。
92 親像，音：chin^{1}chiunn^7，好像。
93 一咎，或記爲「一輾」，音：cit^{8}lin^3，一圈。
94 甭，音：bang^3，不要。
95 歹時機，音：phainn^{2}si^{5}ki^1，不好的時局。

彰化學

中原的人排後面　　江南的人大不平
當時一位郭子興　　亦有一位張士誠
姓陳有諒算尚嗆　　三隻義軍塊競爭
三雄鼎立總[96]有勢　　歸尾天下屬誰的
闖山一隻正黑馬　　畢竟臭頭做頭家
姓朱元璋有福分　　伊的軍師劉伯溫
有諒歡喜舉四梅[97]　　無疑元璋同花順
誰做皇帝無要緊　　尚慘洪武殺忠臣
徐達加在走得緊　　若無軍師難脫身
所有勇將刣了了[98]　　元璋建國號明朝
獵若全部打了了　　獵狗無死嘛要夭[99]
自從洪武至崇禎　　真正有權變無能
忠主愛國您不用　　偏偏對伊刣台先
來講忠勇袁崇煥　　把守天下第一關
聽信謠言伊造反　　處死忠臣斷來源
努爾哈赤伊打死　　為何您卜亂猜疑
害來害去害自己　　可比右手斷一支
崇禎到這塊衰尾[100]　　內亂外患即死絕
親像風寒熱不退　　江山真正半天飛
承疇第一驚查某　　明明忠臣變叛徒
敢[101]講莊妃有撇步[102]　　甘願卜做亡國奴
三桂無人像這款　　為了美人獻三關

---

96 總，音：cong²，全部。
97 四梅，音：su³mui⁵，指撲克牌遊戲中拿到四支數字一樣的牌，只比同花順（Straight Flush）小。
98 刣了了，或記為「剖了了」，音：thai⁵liau²liau²，殺光。
99 夭，或記為「枵」，音：iau¹，餓。
100 衰尾，音：sue¹bue²，倒楣。
101 敢，音：kam²，難道，疑問詞。
102 撇步，音：phiat⁴poo⁷，高明的技巧。

伊借清兵平李闖[103]　　順治順勢入中原
大清帝國是順治　　　攝政專靠皇叔伊
莊妃重任擔能起[104]　　武力方面靠八旗
順治愛著董小宛　　　年歲比伊有恰高
當時漢女不入宮　　　變通辦法即周全
歡喜小宛生龍兒　　　改變太子卜換伊
白事無顧[105]煞[106]來死　　順治愈想愈怪奇
自己冷靜想詳細　　　後宮確實有問題
甘願無愛做皇帝　　　看破世情即出家

康熙也能做字典　　　文武兩全親像仙
伊有良好的表現　　　不得安心過晚年
三十五個的子兒　　　各黨各派塊相爭
遺詔傳位第十四　　　綁在宮殿中織圍[107]
雍正第一賢[108]想空　　伊請道友[109]加幫忙
改好有動若無動　　　飛簷走壁展輕功
了後遺詔卜公開　　　文武百官隨齊來
大家相爭開眼界　　　看了眾人開聲唉
眾人料想第十四　　　爲何那能者怪奇
十字加一變于四　　　大家只是塊懷疑
于四正正是雍正　　　若伊做手[110]有可能
查無證據什路用[111]　　皇帝註該伊做成

---

103 李闖，指明末起義的闖王李自成。
104 擔能起，或記爲「擔會起」，音：tann¹e⁷khi²，可以承擔。
105 白事無顧，或記爲「白事無故」，音：peh⁸su¹bo⁵koo³，平白無故。
106 煞，音：suah⁴，卻。
107 中織圍，或記爲「中脊圍」，音：tiong¹cit⁴ui⁵，指大殿中樑的上空。
108 賢，或記爲「勢」，音：gau⁵，賢能。
109 道友，音：to⁷iu²，原指一起修行的朋友，這裡應該指一起計畫的同伴。
110 做手，音：co³chiu²，動手腳。
111 什路用，或記爲「啥路用」，音：sann²loo⁷iong⁷/siann²loo⁷iong⁷，有什麼用處。

後來伊生查某子[112]　　不得傳位無心晟[113]
嬰兒品評恰有影　　　偷龍換鳳伊不驚
江南陳家眞冤枉　　　好天犯著捲螺風[114]
生鳳變龍龍變鳳　　　看破全家要逃亡
乾隆坐位一甲子　　　出遊到處有題詞
皇家軟拳學有起　　　不驚惡霸加伊纏
乾隆政治岸眞好　　　致蔭[115] 嘉慶通[116] 七桃[117]
聽見朋友甲伊報　　　想吃台灣七耳蚵
清宮食譜有記載　　　七耳蚵仔的由來
當前仙女下凡界　　　七個姊妹公家栽[118]
姊妹一人栽一耳　　　栽著福海港溝邊
海水慢退又早鄭[119]　蚵仔即能[120]者呢[121]甜
織女帶隊落來[122]種　　男女食著有感情
食若能著眞萬幸　　　產地芳苑至王功
道光坐位大勢亂　　　太平天國洪秀全
革命無成變造反　　　部分宗親過台灣
則徐惹出大代誌　　　火燒鴉片了多錢
南京條約打眞硬　　　強租香港歸[123]百年
內亂了後變外患　　　英法聯軍打中原
北京條約要賠款　　　咸豐皇帝足操煩

---

112 查某子，或記爲「查某囝」，音：ca¹boo²kiann²，女兒。
113 心晟，或記爲「心情」，音：sim¹ciann⁵，情緒。
114 捲螺風，音：kng²le⁵hong¹，龍捲風。
115 致蔭，音：ti³im³，福澤庇蔭。
116 通，音：thang¹，可以。
117 七桃。或記爲「迌迌」，音：chit⁴tho⁵，遊玩。
118 栽，音：cai¹，養殖。
119 鄭，或記爲「滇」，音：tinn⁷，滿。
120 即能，或記爲「才會」，音：ciah⁴e⁷，才會。
121 者呢，或記爲「即爾」，音：ciah⁴ni⁷，這麼。
122 落來，音：loh⁸lai⁵，下來。
123 歸，音：kui²，幾。

彰化學

咸豐尙驚大代誌　帝位趕緊讓同治
同治做事驚慈禧　中國腐敗做一時[124]
看人塊食喉就鄭　日本參人塊相爭
甲午戰爭的代誌　馬關條約割乎伊
台灣割乎日本管　對咱歹甲[125]像生番
統治方式無同款　第一可憐住台灣
彼時巡撫唐景崧　想著心肝眞悲傷
台灣發生即嚴重　緊請逢甲來參詳[126]
逢甲被請準時來　咱未講出伊先知
伊的腦智眞厲害　七歲就中文秀才
五路齊到開會議　推擁逢甲落主持
台灣獨立爲宗旨　緊豎台灣民主旗
擁護景崧做總統　三軍永福去擔當
外交逢甲話能講　組織健全算無妨
會議到這做決定　逢甲大陸借清兵
可惜鴻章攏不肯　西后更加不贊成
台灣人口二百萬　抵擋日本足困難
通知義軍緊解散　總統只做十七工
大清帝國敗即緊　不知爲著什原因
要論能了又不盡　光緒皇帝尙可憐
就對慈禧來講起　老皇駕崩彼當時
東宮死去眞無味　所有權限歸在伊
講起太監李蓮英　核仔[127]只加[128]閣一平[129]

---

124 做一時，音：co³cit⁸si⁵，全部一起。
125 甲，音：kah⁴，得。
126 參詳，音：cham¹siong⁵，商量。
127 核仔，音：hut⁸a²，男性生殖器，睪丸。
128 加，或記爲「共」，音：ka⁷，把。
129 一平，或記爲「一爿」，音：cit⁸ping⁵，一邊。

暝時兩人睏逗陣[130]　　日時表面稱君臣
朝內官員分兩派　　理念不同合不來
守舊政策是老派　　新派感覺足悲哀
新派主張要維新　　能得強國救萬民
老派全部不相挺　　反卜相害足可憐
驚乎新派恰有勢　　蓮英奏上甲奏下
慈禧下令抓皇帝　　忠良好官殺六個
戊戌政變無成功　　注定清朝要滅亡
眞正有話無塊講　　慈禧即時[131]立新王
慈禧新王立宣統　　三歲乎伊做國王
用意何在隴免講　　大大小小想能通
太后伊用義和團　　一日食飽惹事端
外國使館每口亂　　導致八國犯中原
中國地理尙好地　　國運當然有興衰
愈輪最後愈多地　　此與地理有關係
早年蒙古甲咱管　　人人稱呼蒙古番
這段時間不時[132]亂　　歸尾蒙古黏中原
女眞入主來統治　　武力專靠是八旗
管甲現在做爲止　　滿清變做無身屍
八國聯軍算尙穩　　打贏大家公家分
自然種種能不順　　中國絕對抹斷根
日本看咱無路用　　三月亡華講台先
半年攻打至重慶　　歸尾嘛是無可能
小弟店[133]在彰化縣　　芳苑鄉內新生村
編歌我是無貫串　　句讀做去無周全

---

130 逗陣，或記爲「湊陣」，音：tau³tin⁷，在一起。
131 即時，音：cik⁴si⁵，馬上。
132 不時，音：put⁴si⁵，常常。
133 店，或記爲「踮」，音：tiam³，在。

住所小弟順序[134]報　　　敬請諸位老兄哥
我住新生第二號　　　　　有閒請您來七桃
溪湖出去無外遠　　　　　北邊粘著漢寶園
小名普通眞快問　　　　　早年村長我塊當
自小我是樂暢子[135]　　　好交朋友甲弟兄
專望列位來相疼　　　　　姓陳再得我小名
四五千年的代誌　　　　　縮短一本做歌詩
這有歷史的意義　　　　　聽完大家便知機

---

134 順序，或記爲「順紲」，音：sun⁷sua³，順便。
135 樂暢子，或記爲「樂暢囝」，音：lok⁸thiong³kiann²，沒有心機、沒有過多煩惱
　　的人。

（二）〈台灣光復半世紀，收集資料編歌詩〉

小弟恬[1] 在彰化縣	芳苑鄉內新生村
再得做人眞平凡	教育程度並無高
台灣光復半世紀	收集資料編歌詩
這有歷史的意義	聽完大家便知機
講起台灣光復後	聽著目屎就麥[2] 流
台灣糧食吃不到[3]	日本戰爭開[4] 過頭
光復百姓眞歡喜	緊豎青天白日旗
歡喜祖國來統治	行政長官派陳儀
公會堂內大拼掃[5]	十月廿五總移交
安藤總督已經走	台灣陳儀塊[6] 做頭
制度簿冊做好好	只是糧食有恰無[7]
陳儀不曉[8] 通返倒[9]	百姓即著飢寒餓
當年糧食大勢欠	無米專食甘藷簽[10]
無錢通買不是儉	部分的人攏攪[11] 鹽
甘簽通食算抹歹	無錢通買對都[12] 來
姑不得已[13] 食山茱	受苦不敢乎[14] 人知

1 恬，或記爲「踮」，音：tiam³，在。
2 麥，或記爲「欲」，音beh⁴，要。
3 不到，或記爲「無夠」，音：bo⁵kau³，不夠。
4 開，音：khai¹，花費。
5 拼掃，或記爲「摒掃」，音：piann³sau³，打掃。
6 塊，或記爲「咧」，音tih⁴/teh⁴/leh⁴/lih⁴，在。
7 有恰無，或記爲「有較無」，音：u⁷khah⁴bo⁵，比較。
8 不曉，或記爲「𣍐曉」，音：be⁷hiau²/bue⁷hiau²，不會、不懂。
9 返倒，或記爲「反倒」，音：huan²to²，反覆、變化；一般用「反起反落」或「反起反倒」。
10 甘藷簽，或記爲「番薯簽」，音：han¹ci⁵chiam¹，刨成絲狀的蕃薯。
11 攪，或記爲「撓」，音：la⁷，攪拌。
12 都，或記爲「陀」，音：to²/toh⁴，哪裡。
13 姑不得已，音：koo¹put⁴tik⁴i²，不得不這樣。
14 乎，或記爲「予」，音：hoo⁷，讓。

無油不絲[15] 打歹胃　　囝仔[16] 全部不古錐[17]
北肚[18] 大大那[19] 水櫃　胸坎無肉像樓梯
胃腸打歹屎集[20] 放　　囝仔眞敖[21] 生文蟲[22]
放出一條撓撓動[23]　　哀爸叫母喊救人
狗仔歹甲眞厲害　　　囝仔放屎伊隨知
相爭麥食囝仔屎　　　驚甲大聲小聲唉
老人歹甲無元氣　　　無肉無禿[24] 像殭屍
平均歲壽[25] 五十四　染病無錢通好醫
五十一歲無歹壽[26]　四十五歲老倒縮[27]

專家學者塊研究　　　營養不良爲理由
產婦遇著塊病子[28]　看著物件逐項驚
爲著麥救雙條命　　　受苦不敢說出聲
營養不良無乳水　　　乳頭咬甲強麥[29] 陶[30]
就學噴吹[31] 倒吞氣　乳頭親像針塊威[32]
囝仔食無趒[33] 愛哭　大人目屎那那流
母親義務做甲到　　　望麥子兒能出頭

---

15 無油不絲，指飯菜裡面一點油都沒有，即一般說的「無油絲」。
16 囝仔，或記爲「囡仔」，音：gin²a²，小孩。
17 古錐，音：koo²cui¹，可愛。
18 北肚，或記爲「腹肚」，音：pak⁴too²，肚子。
19 那，或記爲「若」，音：na²，好像。
20 集，或記爲「急」，音：kip⁴，很快。
21 敖，或記爲「勢」，音：gau⁵，能幹。
22 文蟲，或記爲「蜿蟲」，音：bin⁷thang⁵/bun⁷thang⁵，生長於腸子中的蛔蟲。
23 撓撓動，或記爲「蟯蟯動」，音：ngiauh⁸ngiauh⁸tang⁷，像蟲一樣動不停。
24 無肉無禿，或記爲「無肉無突」，音：bo⁵bah⁴bo⁵thut⁸，身上幾乎沒長肉，瘦得可以。
25 歲壽，音：hue³siu⁷，壽命。
26 歹壽，音：iau¹siu⁷，短命。
27 老倒縮，或記爲「老倒勾」，音：lau⁷to²kiu¹，因年老而骨骼縮小、身高變矮。
28 病子，或記爲「病囝」，音：penn⁷kiann²，懷孕害喜。
29 強麥，或記爲「強欲」，音：kiong⁵beh⁴，快要。
30 陶，或記爲「透」，音：tho³/thau³，穿過。
31 噴吹，或記爲「歕吹」，音：pun⁵chue¹，即「歕鼓吹」，吹嗩吶。
32 威，或記爲「搣」，音：ui¹，鑽刺。
33 趒，或記爲「就」，音：to⁷/tio⁷/ciu⁷。

彰化學

彼時無衫通好穿　　布袋剪開做兩平[34]
破衫破裘穿內面　　布袋做衫穿外平
兩人相蛤[35]三領[36]褲　麥洗一人穿一晡[37]
有人穿甲十八補　　攏嘛穿甲破糊糊
彼時無柴通好燒　　墓頂挽[38]草嘛不驚
爲著生活固[39]生命　閣恰干苦[40]嘛著行
眞正柴空米糧盡　　生活實在足可憐
陳儀無要甲無緊　　省長抹曉顧省民
陳儀做頭掌行政　　爲何自己一支兵
警察勤務亂開槍　　二八事件即發生
打死閒人亂開槍　　在場的人起不平
外省頭先圍外省　　甘藷芋仔分兩平
見面大家開始戰　　戰甲喊休[41]甲連天
長槍短棍巢[42]出現　哀爸叫母足可憐
一日台灣打透透　　雞籠[43]燒打[44]到阿猴[45]
陳儀看破緊閃走　　當然嘛麥避風頭
事件經過一禮拜　　台灣優秀的人才
建議政策要修改　　來向陳儀訴悲哀
陳儀每項攏應好　　其實心內藏利刀
遂的[46]點油做記號　以後生命攏總無

---

34 平，或記爲「爿」，音：ping⁵，半邊。
35 蛤，或記爲「敆」，音：kap⁴，湊合、搭配。
36 領，音：nia²，衣服、褲子的計算單位。
37 一晡，音：cit⁸poo¹，一個下午。
38 挽，音：ban²，採摘。
39 固，或記爲「顧」，音：koo³，照料。
40 干苦，或記爲「艱苦」，音：kan¹khoo²，辛苦。
41 喊休，或記爲「喝咻」，音：huah⁴hiu¹，大聲喊叫。
42 巢，或記爲「齊」，音：ciau⁵，全部、都。
43 雞籠，即今基隆。
44 燒打，或記爲「相拍」，音：sio¹phah⁴，打架。
45 阿猴，即今「屏東」。
46 遂的，或記爲「隨個」，音：sui⁵e⁵，按順序、一個個。

陳誠做人講義氣　　接到報告即懷疑
究竟誰人恰無理　　來去調查便知機
十日陳誠伊來到　　查無台灣有返頭[47]
恐驚陳儀麥逃走　　台北市區四面包
調查陳儀思想犯　　伊恬台灣惹事端
報告內容寫造反　　麥討大隊攻台灣
陳誠充分有準備　　打乎陳儀伊無疑
急急進入台北市　　陳誠本身掠陳儀
交乎頂司[48]去定罪　　彼時陳儀頭黎黎[49]
等待心肝想反悔　　荣瓜摃狗去一格[50]
只恨陳儀無人性　　專殺台灣的菁英
自己不著要認定　　不通只怪我陳誠
台灣本是中國人　　專是福建甲廣東
想起當年真苦痛　　西后未戰先投降
即趙受苦五十年　　光復可比見到天
乎你陳儀來亂柄[51]　　陳誠無睏想歸暝
天光陳誠下決意　　平均地權麥實施
甘願來乎好額[52]氣　　解救貧人出頭天
推動耕者有其田　　前後無到三百天
佃農經濟大改變　　貧困祖傳不該然[53]
農業帶動工業化　　台灣能得即快活
陳誠功勞爲尚大　　捨身爲民伊敢拖[54]

---

47 返頭，或記爲「翻頭」，音：huan¹thau⁵，回頭。
48 頂司，音：ting²si¹，頂頭上司。
49 頭黎黎，或記爲「頭犁犁」，音：thau⁵le⁵le⁵，低頭。
50 去一格，音：khi³cit⁸keh⁴，斷了一截。
51 柄，或記爲「反」，音：ping²，操弄。
52 好額，音：ho²giah⁸，富有，這裡指有錢人。
53 不該然，音：put⁴kai¹jian⁵，不應該是這個樣子。
54 拖，音：thua¹，「拖磨」的意思，此處指爲人民操勞奉獻。

物件突漲眞干苦　白米一斗拾萬元
當年六月對十五　舊幣四萬換一元
伊想麥做西螺橋　眞正頭殼摸著燒[55]
台灣原料有到[56]少　美國運到即出標
原料的錢先借用　橋費收入即攤還
無本即趙安尼[57]丙[58]　伊對台灣獻眞情
伊將身體落做本　自己一個打空拳[59]
日來無食暝無眠　身軀瘦甲像猴根[60]
一日無食半碗飯　專攪火油[61]無配湯
最後中氣煞來斷　也是名聲恰久長
陳誠無人加支援　重要代誌總過關
了結自己的心願　眞正陳誠愛台灣
陳誠之子陳履安　不乎政府塊爲難
他爹代誌自己辦　骨骸提去佛光山
若將蓋棺來論定　伊是好人眞分明
美國若拜華盛頓　台灣就要拜陳誠
風雲變色地變亂　蔣公被逼來台灣
來到隨時請美援　專靠美齡的淵源
蔣公伊某宋美齡　伊是國際女菁英
伊與蔣公來逗陣　正是蓮花配龜神[62]
不但人才生得美　英語會講食會開
開羅會議有五位　伊參蔣公永相隨

---

55 摸著燒，或記爲「咧燒」，音：mooh⁴leh⁴sio¹，情勢緊急，令人著急煩惱。
56 有到，或記爲「有夠」，音：u⁷kau³，這麼、很。
57 安尼，或記爲「按呢」，音：an³ne¹，這樣。
58 丙，或記爲「變」，音：pinn³，弄。
59 打空拳，指自己一個人唱獨腳戲。
60 猴根，音：kau⁵kin¹/kau⁵kun¹，指身體瘦得像猴子一樣。
61 火油，音：hue²iu⁵，指花生油。
62 蓮花配龜神，傳說蔣中正是龜神轉世，娶了蓮花般的宋美齡。

最初中國輸日本　　　主張國際招聯軍
伊講英語有夠準　　　即用英語翻中文
國際外交眞厲害　　　講話恰贏塊相刃[63]
台灣的人要了解　　　無伊台灣討抹來
蔣公五星的上將　　　不可成敗論英雄
國際的人皆尊重　　　近廟欺神無天良
世界將官者呢多　　　五星上將尋幾個
台灣海峽伊塊把[64]　　阿共不敢過來提
伊做遼東總司令　　　伊參美軍有交情

台灣關係法制訂　　　無伊該法制麥成
台灣能得受保護　　　又閣不免納國租
人民即免那甘苦[65]　　發展經濟有前途
台灣退出聯合國　　　阿共對咱足刻薄
大兄敢[66]著即爾惡　　莫怪小弟不屈服
講起民國六十年　　　眞正台灣小變天
蔣公驚甲起破病[67]　　榮民總院住四年
伊是天神來出世　　　任務完成麥歸天
四月初五的日子　　　升天時刻對子時
風雨交加落大雨　　　雷公爍那[68]陳[69]歸晡
無論金門亦馬祖　　　也是台灣甲澎湖
所管島嶼落透透　　　台灣內山出溪流
一代偉人已經走　　　家淦升起塊做頭
家淦扶正做總統　　　伊參經國有溝通

63　相刃，或記為「相刣」，音：sio¹thai⁵，互相砍殺。
64　把，音：pa²，看守。
65　甘苦，或記為「艱苦」，音：kan¹khoo²，辛苦。
66　敢，音：kam²，難道，疑問詞。
67　破病，音：phua³penn⁷，生病。
68　雷公爍那，或記為「雷公爍爁」，音：lui⁵kong¹sih⁴na³，指打雷閃電。
69　陳，或記為「霆」，音：tan⁵，打雷。

也是經國塊做王
出門路邊隨便吃
無本預算外國賒
十大建設總實施
無本外國去借錢
日後有錢即麥還
十大建設總完成
國內工業是恰無
稅金通收算也和
百姓能得住工廠
專是阿國的主張
解決失業的問題
政府稅金通收回
最後病魔加嬰纏[71]
遇到眞病無藥醫
聲帶打破先無聲
尿酸帶動腳抹行
疑難雜症歸身軀
鬥甲歸尾也是輸
照耀別人就是伊
經國做人大慈悲
逐個相爭麥做頭
阿輝有福免人賢
想甲心肝亂花花
黨部提名成問題

絕對不敢亂亂創
行政院長太子爺
巡視經過並頭[70]寫
經國彼時下決意
這對台灣眞有利
無本外國借來用
外國的人敢肯定
經濟建設總做好
伊對外國引來做
政府稅金通好收
年終獎金通好賞
工廠一年一年多
百姓有工通好做
爲著政府兼百姓
人講眞藥醫假病
爲國爲民生死拼
神經衰弱心抹定
敗腎引起目周霧[72]
伊與病魔鬥眞久
蠟燭點火燒自己
犧牲奉獻取仁義
自從阿國駕崩後
加在任期亦未到
阿輝有意麥閣做
阿輝本人無班底

70　並頭，或記爲「憑頭」，音：pin⁷thau⁵，按前面。
71　嬰纏，或記爲「縈纏」，音：inn¹tinn⁵，糾纏不清。
72　霧，音：bu⁷，模糊。

阿輝彼時下決意　　到這就要展絕機
絕對不通假細字[73]　時候若過就無醫
李煥轉來做宰相　　這是李煥致命傷
李煥不知人眞暢[74]　讚美登輝眞天良
楚瑜職務副變正　　自己歡喜想到驚
阿輝對我即疼痛　　並無親堂[75]亦親戚
楚瑜彼時眞歡喜　　心內暗暗感謝伊
日後叫我做代誌　　赴湯蹈火都無辭
後來港伯麥提名　　使乎楚瑜眞趙驚[76]
票選登輝穩無命　　舉手表決穩當贏
港伯彼時塊建議　　提名競選恰公平
楚瑜應伊相[77]費氣[78]　依照慣例足堅持
港伯結合非主流　　一擺[79]甭放伊干休
阿輝選舉無研究　　不免乎伊塊倡秋[80]
港伯候選無競選　　眞正風動[81]全台灣
鴻文恐驚起內亂　　伊去台北加周全
鴻文早年做議長　　站在中間的立場
二人攏是好朋友　　自動出來加收場
這場最初有較亂　　後來加在能過關
調換伯村趕李煥　　目的是麥剝兵權
郝麥趕李眞好細　　平平一個換一個

---

73 假細字，或記爲「假細膩」，音：ke²se³ji⁷，客套、假裝很客氣。
74 暢，音：thiong³，高興。
75 親堂，音：chin¹tong⁵，同宗的親戚。
76 趙驚，或記爲「著驚」，音：tioh⁸kiann¹，受到驚嚇。
77 相，或記爲「傷」，音：siunn¹，太、很。
78 費氣，音：hui³khi³，麻煩。
79 一擺，或記爲「這擺」，音：cit⁴pai²，這一次。
80 倡秋，或記爲「聳鬚」，音：chang³chiu¹，囂張。
81 風動，或記爲「轟動」，音：hong¹tong⁷，震撼。

李煥抓賊哭無爸　　歸去[82]放乎死囝梯[83]
伯村彼時真歡喜　　軍隊代誌由在[84]伊
阿輝真好做代誌　　舊將無留甲半絲
阿輝調換即好細　　當時無人敢較架
卜腳換高高換卜　　換來換去攏伊的
伯村顏面假福相　　院長是伊致命傷
伊對總統無尊重　　專甲建寧塊參詳
計畫六年大國建　　二人抹輪親像仙
增質歸公若實現　　農民煞趒拖屎連
伊看登輝無目弟[85]　　桌上捏柑[86]真好提
每日塊亂內閣制　　抹輪江山是伊的
阿輝調伊做資政　　伯村九怪[87]不接令
遇到阿扁敢甲柄　　伯村有權變無能
非主流派大失利　　每人怨恨楚瑜伊
外省咬牙甲切齒　　苦無五馬加分屍
後來主席換楚瑜　　真正乎伊學工夫
全省人面若是有　　甲人競選即麥輸
主席伊即做二年　　省長有人麥相爭
伯雄勢力嘛真硬　　爭取提名高高纏[88]
登輝真正麥相挺　　親身去找吳鴻麟
顧全大局恰要緊　　人情包在我本身
鴻麟事先先應好　　講伊先想想攏無

82　歸去，或記爲「規氣」，音：kui¹khi³，乾脆。
83　死囝梯，或記爲「死囝（仔）黎」，音：si²gin²（a²）the¹，原指漂浮在水面的動作，引伸有丟下不管的意思。
84　由在，音：iu⁵cai⁷，隨便、任憑。
85　看無目弟，或記爲「看無目地」，音：khuann³bo⁵bak⁸te⁷，沒有看在眼裡，瞧不起之意。
86　桌上捏柑，或記爲「桌頂拈柑」，音：toh⁴ting²ni¹kam¹，指非常容易。
87　九怪，或記爲「狡怪」，音：kau²kuai³，狡猾難纏。
88　高高纏，或記爲「膏膏纏」，音：ko¹ko¹tinn⁵，糾纏不肯離去。

伯雄比伊早出道　漢緣[89]二人差不多
登輝彼陣即講起　總統提名那[90]當時
楚瑜有情兼有義　這回我麥答謝伊
鴻麟聽趙真感動　伯雄代誌算無妨
返來我即來加講　相信老人講會通
伯雄做人真有孝[91]　未講目屎代先[92]流
總統禮數用即到　只有吐舌甲搖頭
讓乎楚瑜參人拼　對手宜蘭定南兄
楚瑜一介外省子　登輝相挺即能贏

然後總統麥民選　登輝考驗頭一關
伊為總統做模範　結果票數伊尚高
目前台灣選皇帝　可比工人選頭家
麥選大家認詳細　四組乎咱選二個
一號就是陳履安　慈悲治國真困難
明心見性人品讚　想麥過關心不安
二號就是李登輝　未曾登記先入圍
在任做去真美悸[93]　對內對外打能開
三號就是彭明敏　一生坎坷足可憐
若講好人有人信　經驗缺乏事是真
四號就是阿港伯　助手嘛想做頭家
司法岸去無好細　恐驚總統無伊的
以上四組介紹了　免講大家能明瞭
當選嘛趙看腳帳[94]　兼有福氣即能條[95]

89　漢緣，音：han³ian⁵，即人緣。
90　那，或記爲「彼」，音：hit⁴，那個。
91　有孝，音：iu²hau³，孝順。
92　代先，或記爲「事先」，音：tai⁷sing¹，第一個。
93　美悸，或記爲「媠氣」，音：sui²khui³，事情做得圓融、漂亮。
94　腳帳，或記爲「跤數」，音：kha¹siau³，角色，含有輕視的意思。
95　條，或記爲「牢」，音：tiau⁵，錄取。

登輝這組有福氣　　　連那風颱都驚伊
伊應天時得民意　　　現在戽斗的天年
不信大家斟酌看　　　專是戽斗做大官
孝子忠臣結做伴　　　岸好岸歹免相瞞
實在岸去有到好　　　麥食麥穿免驚無
輕巧有利甲治[96]做　　粗重薄利靠外勞
結果阿輝大勝利　　　伊麥出名做一時
佔之百分五十四　　　國際的人肯定伊
伊是民選的總統　　　一半以上皆認同
引起世界眞轟動　　　台灣民主即成功
登輝提出兩國論　　　這款代誌眞單純
一點點嘛無過分　　　平平中華的子孫
兩岸原本親兄弟　　　相差出生無同時
論眞民國早出世　　　共和恰慢三八年
大陸領土恰大塊　　　發展空間無問題
台灣相對有恰細　　　千分之三的土地
打派二字咱甭用　　　七步吟詩同根生
臨急自然能照應　　　兩面攏有同胞情
兩岸重要顧經濟　　　兄弟不通起究家[97]
外國看咱無目弟　　　面子總是相蛤[98]的
早年有工無塊趁[99]　一日三頓當當緊[100]
現在有心麥震動　　　食飯實在眞簡單
早年無衫通好穿　　　布袋做衫穿外平
現在粗穿有夠省　　　除非美衫隨流行

---

96 甲治，或記爲「家己」，音：ka¹ti⁷/ka¹ki⁷，自己。
97 究家，或記爲「冤家」，音：uan¹ke¹，吵架。
98 相蛤，或記爲「相敆」，音：sio¹kap⁴，互相配合。
99 趁，或記爲「賺」，音：than³，賺錢。
100 當當緊，或記爲「當當絚」，音：tong¹tong¹an⁵，上發條越上越緊的樣子，這裡指每餐都得考慮錢要怎麼用才好，手頭很緊。

早年無塊通好住　　　眞多草厝箬塊龜
現在專是樓仔厝　　　比較員外無恰輸
早年無車通好駛　　　一村鐵馬無幾台
現在不但烏都醜[101]　　轎車麥買尙大台
早年便所[102]竹腳有　　風颱那來眞歹株[103]
現在材料眞豐富　　　放屎順勢[104]洗身軀
早年通信用寫批[105]　最緊三日即覆回
現在每戶有電話　　　大哥大是踢倒街[106]
早年尙界驚破病　　　貧人無錢看先生

現在健保納幾年　　　重症能得通住院
早年兒童無讀書　　　歸陣割草拾甘藷
現在讀甲做博士　　　至少能得通教書
早年煮食差尙大　　　專爲無柴塊拖磨
現在廚房電器化　　　論眞實在足快活
早年交通足干苦　　　大路無石通好鋪
現在到處柏油路　　　出門直接到城都
台灣光復五十年　　　生活由苦變成甜
岸頭[107]的人無亂柄　　圓人能扁扁會圓

歌仔仙　陳再得　1999.09.01

---

101 烏都醜，或暫記爲「摩托車」，音：oo⁰too⁰bai⁰，機車，外來語。
102 便所，音：pian⁷soo²，廁所。
103 株，或記爲「抾」，音：tu¹，推進；廁所在房子外，風大時門會比較難推開。
104 順勢，或記爲「順紲」，音：sun⁷sua³，順便。
105 批，音：phue¹，信。
106 踢倒街，或記爲「窒倒街」，音：that⁴to²ke¹，原意是塞滿街，引伸有眾多、普遍、氾濫。
107 岸頭，或記爲「扞頭」，音：huann⁷thau⁵，帶頭管理的人。

（三）〈美麗的寶島〉

彰化縣

彰化二六鄉鎮市	八卦山脈至海邊
五百八十七村里	縣內山少地真平
全島彰化尚好地	專靠頂下二條溪
浮圳水壩總有做	水利灌溉無問題
彰化早年結布市[1]	鹿港出名賢[2]做詩
織布製藥靠和美	芳苑王功蚵七耳
佛祖坐在八卦頂	慈航普渡最有靈
坐東向西看全境	慧眼如電觀眾生

雲林縣

雲林有縣無庄頭[3]	東面隔界[4]清水溝
南側草嶺至海口	所出人物嘛真賢
美國總統艾森豪	卜找四湖萬居[5]哥
學友兩人特別好	蔣家不敢看伊無
論起西螺廖文毅	一人三博[6]無幾個
相差依去無著勢[7]	險險就要被抄家
西螺七坎二五庄	無輸大陸精武門

---

1 結布市，音：kat⁴poo³chi⁷，出現了布的買賣交易市場。
2 賢，或記為「勢」，音：音：gau⁵，能幹、擅長。
3 有縣無庄頭，作者應該是想強調有「雲林縣」而沒有「雲林市」。
4 隔界，音：keh⁴kai³，相鄰的邊界。
5 李萬居，曾留學法國巴黎大學，協組台灣同盟會，辦「公論報」，擔任多屆省議員，致力於政治民主與言論自由的爭取。
6 三博，音：sann¹phok⁴，三個博士；台獨運動提倡者廖文毅（廖溫義）有俄亥俄州立大學工程博士學位，此處「一人三博」，應該是「一門三博」，因為廖文毅本人只擁有一個博士學位，而他的大哥廖溫仁是京都帝國大學醫學博士，二哥廖溫魁（廖文奎）是芝加哥大學政治社會學博士，一家共有三個博士。
7 無著勢，音：bo⁵tioh⁸se³，此處指非主流、不得勢的立場與派別。

個個功夫有上算[8]　　　　阿善師傅敢擔當

嘉義縣市

嘉義標誌阿里山　　　　兩千公尺不勝寒
火車撞壁[9]眞希罕[10]　　　神木參千外[11]年間
早年德祿做太保　　　　保護嘉慶去七桃[12]
竹山蕭碧[13]來惹禍　　　李勇[14]生命即著無
李勇死在平埔頂　　　　地方出錢來建宮
半暝時常能顯聖　　　　傳授武術眞玄靈

現在縣會太保市　　　　就是紀念德祿伊
葬在故鄉番婆里　　　　墓地甲外足舒適
現在縣內布袋港　　　　伊與馬公有通航
載貨雖然無外重　　　　載客載著足多人
嘉義清朝諸羅縣　　　　以北通[15]管北台灣
客家比較恰好管　　　　最驚就是管漳泉[16]
聞名一位好所在　　　　市區專塊做木材
一位材販叫孫海　　　　獨資造橋通人知
曾文水頭築水庫　　　　鄉鎮所在是大埔
直接引道烏山頭　　　　一遍美景像珊瑚

8　上算，音：ciunn[7]sng[3]，達到標準、合格的意思。
9　指阿里山小火車在二萬坪車站與沼平車站之間，因爲爬坡需要，而採用高山火
　　車特有的「Z字型」前進方式。
10　希罕，音：hi[1]han[2]，感覺希有罕見。
11　參千外，指三千多。
12　七桃，或記爲「佚陶」（一般習慣寫爲「迌迌」），音：chit[4]tho[5]，遊玩。
13　蕭碧，傳說是嘉慶皇帝遊台灣至竹山時所遇見的盜匪。
14　李勇，傳說爲嘉慶君抵擋盜匪而護駕身亡的護衛，當地現在還存有「李勇
　　廟」。
15　通，音：thang[1]，可以。
16　漳泉，指分別自漳州與泉州來的移民；因爲歷來有多次漳泉械鬥發生，所以不
　　好管理。

台南市

明朝鄭和做太監　　　領兵登陸到台南
明末崇禎眞悽慘　　　即來敗在伊荷蘭
洋人台南建赤崁　　　一座親像尼姑庵
遇到國聖眞勇敢　　　迫離台灣足不甘
成功荷蘭已平定　　　兒子鄭經來繼承
台南地方當興盛　　　建立王國號東寧
後來他孫鄭克塽　　　續來敗在伊施琅
從此改成台南府　　　安平廈門便三通

台南縣

南縣三一鄉鎮市　　　早年多數種甘薯[17]
山線骨力[18] 兼果子[19]　　　海線討海開魚池
當年甘蔗正興盛　　　製糖會社足多間
糖價若好相爭種　　　蔗農叫做鉤阿屏[20]
南縣菱角種尚多　　　獨有白河種蓮花
海口方面種番洗[21]　　　砂質地頭種西瓜
縣府所在叫新營　　　乎人感覺眞好聽
當時駐軍塊奢拼[22]　　　後來營地變庄名

南投縣

周圍無海南投縣　　　欲透[23] 後山八通關

17　甘薯，或記爲「番薯」，音：han¹ci⁵，地瓜。
18　骨力，音：kut⁴lat⁸，勤勞。
19　兼果子，音：kiam¹kue²ci²，同時一邊種植水果。
20　鉤阿屏，或記爲「鉤仔爿」，音：kau¹a²ping⁵，蔗農將種的甘蔗拿到會社去秤重
　　賣錢，會社用來秤重的大型機具（大鐵鉤）被稱爲「鉤仔爿」。
21　番洗，或記爲「番黍」，音：huan¹se²/huan¹sue²，即高粱。此句「海口」應爲
　　「台西」的舊地名，台西地區出產高粱，當地稱之爲「番黍」。
22　奢拼，或記爲「捭拚」，音：chia¹piann³，兩方人馬拼鬥較勁。
23　透，音：thau³，通往、通過。

濁水烏水流不斷　　玉山參仟外米高
水里集集設車站　　八景之一日月潭
地質專家塊評鑑　　埔里水質爲尙甘
選擇埔里做酒廠　　愈久愈香做紹興
干[24]底特別做浮印　　卜乎客戶去辨認
能高山脈有靈氣　　靈脈延伸到魚池
港伯[25]祖墓向[26]走字[27]　　若無總統就是伊

高雄市

高雄定位國際港　　能得接觸外國人
陸路全島總相透　　海路澎湖有通航
陸海空運眞利便　　有錢做事親像仙
工業區域一大遍　　石油每日繼續煉
高雄古名是打狗　　天然湖水兼山頭
萬壽山尾做港口　　西面把水[28]叫旗後
國際機場在小港　　高速路尾打洞空[29]
旗後媽祖靈氣重　　每日香客萬外人

高雄縣

高雄縣份靠三山　　三山鎮市尙多人
鳳山靠近高雄港　　旗山眞多芎蕉叢[30]
美濃專門做雨傘　　茄碇也有曬魚干
永安七股靠海岸　　桃源東面是玉山

---

24 干，或記爲「矸」，音：kan¹，酒瓶。
25 港伯，指曾擔任司法院院長並參選過總統的林洋港（阿港伯）。
26 向，音：hiong³，方位。
27 走字，音：cau²ji⁷，位置偏差，此處指錯過了正確的風水穴位。
28 把水，音：pa²cui²，控制、看管水路。
29 洞空，或記爲「磅空」，音：pong⁷khang¹，隧道。
30 芎蕉叢，或記爲「芎蕉欉」，音：kin¹cio¹cang⁵/king¹cio¹cang⁵，香蕉樹。

頂港星雲來創辦　　大樹山上佛光山
佛祖救苦甲救難　　庇佑國泰兼民安
大埤湖位在鳥松　　高屏溪水無外清
高市高縣公家用　　圓山飯店眞文明

屏東縣

屏東雖是南屏份　　多天無風四季春
東港每年烏魚群　　茄苳蔥頭像砂崙
市心周圍八鄉鎭　　好地種做[31]加認眞
果子逐年出抹盡　　改良品種年年新
近來一遍[32]種蓮霧　　香甜好食烏珍珠[33]
萬巒豬腳出名久　　里港豬腳嘛無輸
林邊飼鰻養鰻栽[34]　　要看跳舞去霧台
高樹雷公上界歹　　屏東附近出人才

台東縣

台東就駛九號線　　來去知本洗溫泉
先到大武東海岸　　海水湧[35]來親像山
卜過綠島甲蘭嶼　　就坐小型的飛機
氣候若歹驚失事　　好天來去食海魚
台東古名叫東灣　　山明水秀眞美觀
第一甭去柚阿灣　　第二不通去太原
英雄失勢志原在　　傳廣[36]算命有掛牌

31　種做，或記爲「種作」，音：cing³coh⁴，種植、栽種農作物。
32　一遍，或記爲「一片」，音：cit⁸phian³，一整片。
33　烏珍珠，或記爲「烏眞珠」，音：oo¹cin¹cu¹，一種蓮霧品種的外號（黑珍珠），盛產於屏東林邊。
34　鰻栽，音：mua⁵cai¹，鰻魚苗。
35　湧，音：ing²，海浪拍打過來。
36　傳廣，指亞洲鐵人楊傳廣，是馬蘭部落阿美族人，曾代表國家參加奧運十項全

彰化學

姓名不雅替人改　　　問名好歹伊隨知

花蓮縣

花蓮早年花蓮廳　　　蘇花公路眞歹行
發生一條大事件　　　日本大隊打新城
住民守在高山頂　　　日本先打都抹勝
十八年後足不幸　　　曠旱[37]免打自然平
原住民族住尙多　　　九號路線歸條街
立委當選有通做　　　爭取權益無問題
遊到花蓮看跳舞　　　順續[38]溫泉洗身軀
山珍海味各項有　　　比較別位無恰輸

宜蘭縣

蘭陽溪水水流東　　　地盆[39]交椅[40]足相同
頭城南澳兩條港　　　貫通水性討海人
外科羅東聖母院　　　專聘權威的先生
人換牛骨免相箭[41]　　成名全國數十年
溪南一條冬山河　　　比較歐洲差不多
環境品質特別好　　　歡迎遊客來七桃
西北依著九號線　　　來到礁溪洗溫泉
若有鴨母通作伴　　　不免蓋被嘛抹寒

能項目，奪得銀牌。退休後在家鄉蓋廟，自行擔任廟公與神明乩身。
37　曠旱，或記為「亢旱」，音：khong³han⁷，久旱不雨；或說成「洘旱」，音：kho³huann⁷。
38　順續，或記為「順紲」，音：sun⁷sua³，順便。
39　地盆，音：te⁷phun⁵，指蘭陽盆地。
40　交椅，音：kau¹i²，有扶手跟靠背的椅子；整句話的意思是指蘭陽盆地的地形跟交椅的樣貌相似。
41　相箭，或記為「相爭」，音：sio¹cinn¹，相互爭奪。

台北縣市、基隆

一府二鹿三艋舺	眞正半點嘛無假
行口開甲密密密	帆船駛到水岸腳
台北古蹟算抹少	若卜介紹抹齊著[42]
這位無講足可惜	聞名全島仙公廟
台北縣份上介美	台北市區四面圍
台北盆地三面水	集中關渡歸歸歸
大屯觀音有印挺[43]	在這溢口[44]把水神
台北縣市能寸進	本局地理的原因
外圍三面隴臨海	利取東西南北財
基隆港口通世界	外匯美鈔每日來
基隆港口有仙洞	內底無火暗摸摸
長年香客有到旺	有求必應萬事通
爬上公園看夜景	港都火目特別清
紅燈綠燈爍[45]無停	娛樂場所歸百間
東面八斗大漁港	十花五色無相同
魚類約有歸百項	要煎要煮由在人[46]
張富住在三角湧[47]	交陪[48]朋友廖添丁
劫富助貧即立聖	死在八里做神明
九份採金當[49]興盛	株式會社足多間
姓顏鶴年排一等	五大家族足成名

42　齊著，音：ciau⁵tioh⁸，齊全、周到的意思。
43　印挺，或記爲「應庭」（音：in³thing⁵/in³ting⁵/in³thing³，「應」一般唸「ing³」），靈驗的意思。
44　溢口，或記爲「隘口」，音：ai³khau²/ik⁴khau²，防守的關口。
45　爍，音：sih⁴，閃耀。
46　由在人，音：iu⁵cai⁷lang⁵，任憑他人決定。
47　三角湧，音：sann¹kak¹ing²，三峽舊地名。
48　交陪，音：kau¹pue⁵，交際往來。
49　當，音：tng¹，正值、正逢。

台北盆地漳泉拼　　　必爭之地大稻埕
種族融合談條件　　　漳泉兩方結親晟[50]
劍潭上北到草嶺　　　舉頭觀看台北城
正月櫻花若開定　　　遊客一日數萬名

桃園縣

中正機場在大園　　　龜山監獄在北方
中壢東南無外遠　　　六福村內動物園
石門水庫入八景　　　鄉鎮所在是復興
在著大溪山仔頂　　　山頭青翠水又清
縣內樟腦出眞多　　　帆船直接到大溪
唐山廈門過來買　　　庄頭臨時變市街
桃園十三鄉鎮市　　　靠近高速公路邊
南崁貨櫃踢踢鄭[51]　　長榮航空大賺錢

苗栗縣

苗栗河洛[52]佔海線　　客家多數佔內山
卓蘭果子種一半　　　梅仔一切隴曬干[53]
大湖養蠶塊放絲　　　用來製被足值錢
睡去到光做一醒[54]　　一領[55]蓋著歸十年
銅鑼一座九華山　　　每日香客萬外人
信徒無論好額貧　　　隴食點心求平安

50　結親晟，或記爲「結親情」，音：kiat⁴chin¹ciann⁵，締結婚約，成爲親戚關係。
51　踢踢鄭，或記爲「窒窒滇」，音：that⁴that⁴tinn⁷，塞得滿滿的。
52　河洛，音：ho⁵lok⁸，指閩南人。原字作「貉獠」，音：hoh⁸lo²，是中原人士對福建、廣東一帶住民帶有鄙視的稱呼；後改爲「河洛」，取「來自黃河、洛水的中原移民」之意。
53　曬干，或記爲「曝干」，音：phak⁸kuann¹，將食物曬成乾。
54　這句話是「一覺到天亮」的意思。
55　一領，音：cit⁸nia²，一件（蠶絲被）。

三義西湖文化村　　　鐵路車站伊尚高
雕刻第一無人管　　　金紙銷售通台灣

新竹縣市

新竹人物出眞多　　　地理出在頭前溪
南寮漁港嘛抹細[56]　　縣市經費無問題
想起清朝劉銘傳　　　要來台灣打通關
鐵路想卜打縱貫　　　畢竟造到新竹縣
新竹地理眞生水　　　兩座大學建做堆
全國大學前三位　　　電機電腦大發揮

新竹園區現代化　　　技術人員歸大拖[57]
集團功勞爲尙大　　　台灣即有這快活
新竹園區新竹市　　　電腦出名是宏碁
世界排著第三四　　　現代行業最合時
姓施振榮貧赤[58]子　　成功出在伊阿娘
配合振榮眞打拼　　　白手成家好名聲
論起台灣積體電　　　張董忠謀親像仙
經營事業有轉變　　　附合[59]時代大賺錢
關西野生動物園　　　屬於縣內的北方
一日遊客唉唉返[60]　　大日[61]遊甲天卜光

56　細，音：se³，小。
57　歸大拖，或記爲「規大拖」，音：kui¹tua⁷thua¹，一大堆。
58　貧赤，或記爲「散赤」，音：san³chiah⁴，貧窮。
59　附合，或記爲「符合」，音：hu⁵hap⁸，相合、吻合。
60　唉唉返，或記爲「挨挨轉」，音：ai¹ai¹tng²/e⁵e⁵tng²/ue⁵ue⁵tng²，肩靠肩依次回去。
61　大日，音：tua⁷jit⁸，好日子。

台中縣市

中縣二一鄉鎮市	大甲大安與大里
清水豐原與東勢	梧棲沙鹿太平市
中縣出名梧棲港	延續東面清泉崗
經過大雅至水湳	水湳機場飛民航
中縣分爲山海線	隔界就是大度山
海線清水出英雄	山線霧峰出武官
達見[62]屬於台中縣	發電供應中台灣
高壓電線若中斷	后里騎馬走三關
鐵砧山頂看劍井	歷史三佰四十年
雨落恰多水抹鄭[63]	長期曠旱抹消失
去遊台中的公園	涼亭起[64]在水中央
假日遊客唉唉返	露水鴛鴦天卜光
亞哥花園在大坑	卜看水舞著納錢[65]
山頭花木滿滿是	晚時遊客到三更
講起大里林爽文	反抗京城乾隆君
即有兩年的福運	倒旗兵散葫蘆屯[66]

澎湖縣

元朝澎湖設檢司	人民百姓大勢移
台灣所在好景氣	厝邊頭尾伊報伊
初來澎湖塊討海	無用大船絞竹牌[67]
恬在媽宮的所在	利取東西南北財
隨時興建媽祖宮	供奉湄州林默娘

---

62 達見，位於谷關的大甲溪上游水力發電工程。
63 鄭，或記爲「滇」，音：tinn[7]，滿。
64 起，音：khi[2]，蓋。
65 納錢，音：lap[8]cinn[5]，繳錢。
66 葫蘆屯，或記爲「葫蘆墩」，音：hoo[5]loo[5]tun[1]，豐原舊地名。
67 絞竹牌，或記爲「絞竹棑」，音：ka[2]tik[4]pai[5]，製作竹筏。

政府媽宮改馬公　　　人民照常叫媽宮

　　　　　　　歌仔仙　陳再得　贈2000.10.31

（四）〈台灣地名探源〉

台灣本省的代誌	舊名多數不知機
三百零九鄉鎮市	一一介紹恰合宜
就是新名換舊名	以前舊名嫌歹聽[1]
時代改變換條件	環境不同改新名
多數鄉鎮名兩款	少年不識[2]塊[3]爭端
老人新名講不慣	大家相箭[4]箭不完
聽我介紹免相箭	歷史只有幾百年
聽完大家就覺醒	原來就是按尼生
清朝戰爭輸日本	打輸日本守備軍
五州三廳四七郡	石門管落到恆春
管轄台灣五十年	東條想卜飛上天
甲咱改名又改姓	庄名改甲高高纏
高雄早年叫打狗	屏東恰早[5]講阿猴
台西有人叫海口	清水號做牛罵頭
台中舊名講大屯[6]	八里舊名八里坋[7]
媽宮即[8]改馬公郡	豐原舊名葫蘆屯
新竹舊名是竹塹[9]	府城標準講台南
名間舊名講湳仔[10]	嘉義就是諸羅山
台北鬧熱有條件	恰早亦曾做府城
萬華早年是艋舺	台北號做大稻埕

---

1 歹聽，音：phainn²thiann¹，難聽。
2 不識，或記爲「毋捌」，音：m⁷bat⁴，不曾。
3 塊，或記爲「咧」，音：tih⁴/teh⁴/leh⁴/lih⁴，在。
4 箭，或記爲「諍」，音：cinn³，爭辯。
5 恰早，或記爲「較早」，音：khah⁴ca²，以前。
6 屯，或記爲「墩」，音：tun¹，堆積如小山，以下所有「屯」字皆同。
7 坋，或記爲「坌」，音：pun⁷，高起來的小土堆。
8 即，音：ciah⁴，才。
9 竹塹，音：tik⁴cam⁷/tik⁴cham³，新竹舊名。
10 湳仔，音：lam⁵a²，地勢較泥濘低窪的地方。

宜蘭縣

宜蘭原稱噶瑪蘭	蘭陽溪水流過東
山明水秀地理讚	後來庄名改宜蘭
五結首腦落領導	三十九結總能[11]和
尊奉五結做庄母	一切由伊去發落
冬山原名冬瓜山	氣候無熱亦無寒
川流不息眞好看	後來庄名號冬山
壯圍原名民壯圍	壯士圍墾滅是非
地方團結和爲貴	即將庄名號壯圍
員山古今是員山	員山北面有溫泉
交通經過九號線	初來連遍[12]攏大菅[13]
羅東原名是老懂[14]	漢人趕走在地人
北面蘭陽水大港[15]	溪水東流名羅東
大同故名是太平	台中太平相競爭
退讓一步事恰省	即用大同廢太平

礁[16]溪原名是礁坑	經營溫泉賺大錢
北宜九彎十八挖[17]	路過就要獻紙錢
蘇澳原本人的姓	溪底開港眞神奇
人講晚睏台先醒[18]	比較墾地早十年
頭城頭圍總是頭	地理山海伊總包

---

11 總能，或記爲「總會」，音：cong²e⁷，全部都會。

12 連遍，或記爲「連片」，音：lian⁵phinn³/lian⁵phian³，一整片。

13 大菅，音：tua⁷kuann¹，菅蓁（菅芒）的一種，台灣早期習慣稱甜根子草爲菅，可作爲牧草。

14 老懂，應該是指「老懂」（國語），即平埔族語「Roton」，原意是猴子。

15 大港，音：tua⁷kang²，形容水勢很大。

16 礁，或記爲「焦」，音：ta¹，乾。

17 挖，或記爲「斡」，音：uat⁴/uat⁸，轉彎。

18 晚睏台先醒，原指一個人晚睡又早起，引伸有生活相當勤勞或操勞的意思。

山頭薄利靠海口　　海底拉[19]無靠山頭
南澳地理有夠好　　落海捕魚不曾無
價數[20]塊賣眞公道　　遊客銷費算能和[21]
三星原名叭哩沙[22]　位在三星的山腳
土地將近萬外甲　　三星打倒叭哩吵

台北縣

板橋早年板橋頭　　萬華隔界一條溝
日本時代海山郡　　現在縣府的地頭
中坑漳和變中和　　無偏無差之大道
永和原本秀朗社　　世界最大的小學
樹林早年叫風櫃　　打鐵店面設做堆[23]
連片樹林足[24]像水　環境庄名離不開
土城原稱媽祖田　　用土築城眞簡單
新莊原名蘆竹濫[25]　來自康熙的年間
平頂台地[26]樹林口　即被山峰三面包
東面一鄉叫泰山　　西側一鄉叫林口
八里原稱八里坌　　早年港口塊行船
唐山漢人來開墾　　開山討海[27]總有份
五股隴講五股坑　　開墾五人落出錢
鄉內鳥隻滿滿是　　靠近關渡橋身邊
蘆洲早年和尙洲　　淡水河畔佔下游

19　拉，或記爲「扭」，音：giu²，這裡指捕撈魚貨。
20　價數，音：ke³siau³，價格。
21　算能和，或記爲「算會和」，音：sng³e⁷ho⁵，划算。
22　叭哩沙，三星鄉原是平埔族的「叭哩沙喃」社。
23　設做堆，音：siat⁴co³tui¹，開在一起。
24　足，音：cok⁴/ciok⁴，非常。
25　濫，或記爲「垃」或「湳」，音：lam³，爛泥。
26　平頂台地，今林口台地的古地名。
27　討海，音：tho²hai³，出海捕魚。

彰化學

居住眞多的和尚　　　　周圍環境足清幽
三重就是三重埔　　　　先民過來弱[28]田土
大橋打通變店鋪　　　　子孫免做收厝租
汐止號做水返腳　　　　海水退潮水就礁
土地約有幾百甲　　　　改換汐止嘛無差
要擋北風用石門　　　　日本時代石門庄
以前就是富貴角　　　　台灣全島最北方
要擋北風眞要緊　　　　三芝金山在兩屏[29]
芝蘭三堡字有剩　　　　捨除堡蘭剩三芝
平埔熟番[30]塊聚居　　　　金山原名金包里
日本金山恰甲意[31]　　　　金包里名即銷除
淡水清朝滬尾港　　　　帆船經過到廣東
落雨四季落透透[32]　　　　再改淡水日本人
萬里早年巴里昂[33]　　　　不雅政府伊不用
日本時代萬里庄　　　　光復變換萬里鄉
基隆原名叫雞籠　　　　對外船隻能通航
港口發展有所望[34]　　　　第一福氣基隆人
瑞芳原是柑仔店[35]　　　　經營素質無人嫌
金礦興盛人無儉　　　　瑞芳行號眞莊嚴
雙溪平溪甲[36]貢寮　　　　並無特色好介紹
新名舊名無重要　　　　個人猜想就明瞭

28　弱，或記爲「搦」，音：jiok⁸，搓捏，「搦田土」爲翻土準備耕田。
29　屏，或記爲「爿」，音：ping⁵，邊。
30　平埔熟番，指居住在平地且漢化較深的原住民。
31　甲意，或記爲「愜意」，音：ka³i³，喜歡。
32　落透透，音：loh⁸thau³thau³，指四季都在下雨下不停。
33　巴里昂，十七世紀西班牙人佔領北台灣時，稱當地爲Parian。
34　有所望，音：u⁷soo²bang⁷，有希望。
35　柑仔店，或記爲「𥴊仔店」，音：kam²a²tiam³，雜貨店。
36　甲，或記爲「佮」，音：kap⁴/kah⁴，和。

彰化學

簪纓[37]後來改深坑　　嶀[38]是山谷地無平
也有坪林甲石碇　　無改恰抹高高纏
新店早年文山郡　　並無舊名眞單純
烏來溫泉熱滾滾　　一年四季攏無分
三峽早年三角湧[39]　　長江三峽的模形
鷹歌[40]吸在山壁頂　　後來庄名自然成

桃園縣

桃園原名虎芳庄[41]　　亦有人講桃仔園
一年四季桃無斷　　終後即改桃園庄
蘆竹舊名蘆竹厝　　客人蘆竹種歸[42]區
地方物產眞豐富　　庄名蘆竹爲名詞
大園原是大坵園　　水源缺乏屬園庄
尚好有食蕃薯飯　　然後庄名改大園
楊梅舊名楊梅壢　　渡海來台面無熟
紀念故鄉做回憶　　改名楊梅無用壢
龍潭原是龍潭坡　　移民非是來七桃
鳳山庄頭在南部　　本地龍潭坡變無
平鎮平安無代誌　　能得樂業兼安居
認眞發展家務事　　年年進步足自如
觀音石像被發現　　善男信女來結緣

37　簪纓，音：ciam¹ing¹，原指古代顯貴者的冠飾，深坑古時因山勢形狀如此命名。
38　嶀，或記爲「全」，音：cuan⁵，全部。
39　三角湧，音：sann¹kak⁴ing²，因爲三峽處於大料坎溪（大漢溪）、三角湧溪（三峽溪）、橫溪匯流處，「湧」是浪的意思，又沖積地形略呈三角形，故以此命名。
40　鷹歌，鶯歌地名由來是跟北面山頭狀似鸚鵡的鸚哥石（又稱鷹哥石、鶯哥石）有關，所以或記爲「鸚哥」、「鷹哥」或「鶯哥」，不用雅化後的「歌」，做爲巨鳥停在山壁上的描述。
41　虎芳庄，桃園舊名「虎芎庄」，虎芳（hong¹）與虎芎（mau⁵/hm⁵）疑爲音近相訛。
42　歸，或記爲「規」，音：kui¹，全。

下願治病眞有變　　庄名觀音足自然
中壢早年澗仔[43]壢　　作農經商人明白
淡水竹塹之中間　　然後庄名改中壢
新屋意義是新厝　　在此開墾的農夫
他將紅瓦蓋厝頂　　庄名自然變新厝
復興原是牌仔山[44]　　宛如仙境好休閒
廳長名姓字角板　　後來即改角板山

大溪昔稱大姑陷[45]　　然後亦稱大料崁
大溪溪水爲尙甘　　再改大溪在地人
龜山原是龜崙社　　專是荒埔賺無食[46]
後來漳泉人來豎[47]　　即改龜山做庄名
八德原名八塊厝　　墾者克苦[48]展功夫
人講無文嘛著[49]武　　四維八德無用厝

新竹縣

新竹原名叫竹塹　　海風眞大歹[50]承擔
西面就是南寮港　　福州泉州總通航

43　澗仔，音：kan³a²，山間的小溪流，中壢有老街溪與新街溪通過。
44　牌仔山，音：pai⁵a²suann¹，復興鄉原住民稱呼的古地名，據說是泰雅族戰士之名。
45　大姑陷，音：tua⁷koo¹ham⁷，凱達格蘭族霄裡社最早稱大漢溪爲「Takoham」，也是泰雅族語「大水」的意思，故音譯爲「大姑陷」。後來漢人移墾，認爲「陷」字不好聽，當地又位處河崁地形，所以更名爲「大姑崁」。接著因當地多人中科舉，爲了彰顯功名，再改中間字「姑」爲「科」。最後，劉銘傳在當地設撫墾總局，策劃山林的開發並推廣樟腦產業，故再次改名爲「大料崁」。從「大姑陷」到「大料崁」，是字形的變異，無關字音的轉換，所以讀音還是應該以「tua⁷koo¹ham⁷」爲主。
46　賺無食，音：than³bo²ciah⁸，沒有辦法賺到錢來生活。
47　豎，或記爲「徛」，音：khia⁷，原意指站立，此處指住在當地討生活。
48　克苦，音：khik⁴khoo²，忍受痛苦。
49　著，音：tioh⁸，必須要。
50　歹，音：phainn²，難。

工商發展有夠緊[51]　　名副其實日日新
五州三廳人承認　　　即改新竹事是眞
新埔舊名吧哩嘓　　　荒埔連遍攏無路
客人敢食苦中苦　　　開墾成功名新埔
湖口舊名大湖口　　　湖水眞大暝日[52]流
陸地水份淹有夠　　　湖口變成大庄頭
尖石本身的意義　　　萬項決心眞堅持
代表庄民的代誌　　　尖石無用嘛怪奇
尖石位在高山頂　　　專帶[53]當地的住民
針對打獵有自信　　　若要耕做無可能
五峰舊名是大隘[54]　　有到的人便能知
五大山峰在鄉內　　　五峰庄名對這來
峨眉舊名是月眉　　　月眉重複通人知
峨嵋溪邊好地理　　　到尾月眉改峨眉
苎林原名九苎林　　　一遍林園像牛擔[55]
庄名三字嫌不雅　　　最後庄名改苎林
橫山地形像橫山　　　有影無影免相瞞
離遠斟酌來觀看　　　山嶺坦橫[56]名橫山
竹北原是舊港庄　　　連遍無水專是園
距離新竹無外遠　　　舊港即改竹北庄
竹東舊名樹杞林　　　頭前溪水有夠深
竹東庄名眞優秀　　　即將舊名改甩丟
北埔峨眉的北部　　　眞正大遍的荒埔

51　緊，音：kin²，快速。
52　暝日，音：me⁵jit⁸，從早到晚、日夜不間斷。
53　帶，或記爲「蹛」，音：tua³，居住。
54　大隘，音：tua⁷ai³，「隘」指安守難攻的地方；從前漢人進入開墾時，將此地設
　　爲防禦原住民出草的據點，所以稱大隘。
55　牛擔，音：gu⁵tann³，牛拉東西時架在脖子上的彎形器具。
56　坦橫，音：than²huainn⁵，呈現橫的狀態。

當時政府有補助　　　峨眉北部名北埔
新豐原稱紅毛港　　　航海貿易荷蘭人
乾脆港都改新豐　　　專甲外國塊通航

苗栗縣

苗栗古早貓貍[57]社　　專是熟番塊賺食
後來客人入來豎　　　熟番走甲無腳跡[58]
苗栗客人為尚多　　　單單南北一條街
縣轄面積算真小　　　西屏一條南勢溪
泰安早年叫大安　　　高山交通足困難
表面政府有塊辦　　　卜管徹底無時間
南庄原為交換所　　　熟番客家分兩路
古早生活足干苦　　　即向南方耕草埔
大家向南來開荒　　　溪底有水半田園
移民有人攏無返[59]　　鬧熱組成名南庄
唐山來台開基祖　　　一湖開墾到四湖
庄名重複無法度　　　四湖終尾改西湖
通宵吞宵攏是宵　　　第一好地尚重要
先民地理看能曉[60]　　靠山面海免驚吆[61]
頭份先民來開墾　　　開墾了後照份分
現在庄名第一份　　　自古至今足單純
頭屋原名崁頭屋　　　來自廣東客家族
溪邊地平好開拓　　　後來崁頭改頭屋
獅潭山勢如獅形　　　山前深潭水真深

57　貓貍，或做「貓狸」，音：ba⁵le⁵，苗栗古地名，是由平埔族道卡斯族的「Pali」音譯而來，本義是「平原」。
58　無腳跡，音：bo⁵kha¹jiah⁴，沒留下腳印，形容走得一乾二淨。
59　返，或記爲「轉」，音：tng²，回去。
60　能曉，或記爲「會曉」，音：e⁷hiau²，知道。
61　吆，或記爲「枵」，音：iau¹，餓。

兩位地勢來合併　　獅潭庄名自然成
苑裡舊名是蓬山　　清朝乾隆的年間
田園青翠風景讚　　即將苑裡代蓬山
後龍後壠攏同款　　明朝末年帶熟番
東寧王國[62]過來管　　漢人趕走伊熟番
竹南原名是中港　　新竹南方改竹南
下南鐵道有車站　　分做兩線透[63]落南[64]
公館辦公足重要　　防禦山胞設隘寮[65]
守望相助總能曉　　施設時間在明朝

卓蘭[66]罩蘭地真好　　野生蘭花歸山坡
原來熟番箸塊[67]做　　客人甲伊舉硬戈[68]
客人大乳羨[69]小子　　客家人多伊打贏
卓字棄四[70]恰有影　　永遠卓蘭做庄名
三彎三處大河彎　　境內起伏無平權[71]
唐山移民來不斷　　附合地形名三彎
大湖天然好條件　　飼蠶放絲有風聲[72]
地形似湖真有影　　永遠大湖做庄名
銅鑼宛如銅鑼狀　　物產豐富像稻倉
收穫四季不曾斷　　地頭命名銅鑼庄

---

62 東寧王國，指鄭成功家族在台灣建立的統治權，特別是指鄭經一代。
63 透，音：thau³，通往、通過。
64 落南，音：loh⁸lam⁵，南下。
65 隘寮，音：ai³liau⁵，原指把守據點的小屋。
66 卓蘭，音：toh⁴lan⁵。巴宰海平埔族原稱此地為「塔連」（Tarian），意思為美麗的原野。後來改為「罩蘭」，音：ta³lan⁵。民國九年更改為「卓蘭」而沿用至今。
67 箸塊，或記為「佇咧」，音ti⁷leh⁴，在。
68 舉硬戈，或記為「揭硬篙」，音：giah⁸nge⁷ko¹，作對、唱反調。
69 羨，或記為「爐」，音：hip⁴，密蓋著使不透氣。一般俗話常用「大奶鎮死囝（大胸部壓死孩子）」來形容人多欺負人少或仗勢欺人的情況，此處意同。
70 卓字棄四，意為「罩」字去掉「四」字為「卓」字。
71 平權，或記為「平懸」，音：penn⁵kuan⁵，一樣高。
72 風聲，音：hong¹siann¹，傳聞。

捐款造橋越過溪　　　方便來往的問題
移民一年一年多　　　造橋不敢再收回
三義原名三叉河　　　上北[73]就是透銅鑼
靠近台線十三號　　　三義庄名抹當[74]無

台中縣

豐原本是葫蘆墩　　　水利灌溉足單純
收成兩期有夠穩　　　無風無搖四季春
清水原是牛罵頭　　　西屏一條南北溝
山明水秀水眞透　　　人才輩出人眞賢
后里過西是外埔　　　直透大安的陸路
經過大甲拜媽祖　　　翻頭月眉看糖鋪
講起石岡甲新社　　　專是客人塊賺食
新社鄉內有山崎[75]　　石岡的人恰好額[76]
大里杙[77]庄改大里　　專種甘蔗甲蕃薯
地方的人有福氣　　　現在變成大里市
太平原是鳥松頭　　　西面隔離旱溪溝
自從大橋造了後　　　由鄉變市免人賢
后里本來是內埔　　　鄉鎮同名變糊塗
屏東內埔不讓步　　　再改后里求前途
潭子原名潭仔墘[78]　　靠近豐原市身邊
專箸台中做生意　　　早慢由鄉便成市
神岡恰早叫新廣　　　紀念故鄉是有通[79]

73　上北，音：ciunn⁷pak⁴，北上。
74　抹當，或記爲「𣍐當」，音：be⁷tang³/bue⁷tang³，不可以。
75　山崎，音：suann¹kia⁷，山坡。
76　好額，音：ho²giah⁸，富有。
77　杙，音：khit⁸/kiat⁸，釘在地上，用以繫船、繫牛的短木樁。
78　墘，或記爲「垷」，音：kinn⁵，指水邊、溝邊的土地。
79　有通，音：u⁷thang¹，可以。

新廣神通攏甫[80]講　　乾脆大家用神岡
大肚副產爲尙多　　一粒山頭一條溪
爭差[81]卜賣無人買　　大肚早年名烏溪
原名壩仔改大雅　　本鄉全部屬荒地
忍耐百年即起價[82]　　佃農變成大頭家
東勢原名匠寮庄　　伐木制柴做山園
日本明治設水庫　　東勢愈結愈大庄
霧峰原名阿罩霧　　林家出文兼出武
本族有分頂下厝　　甲寅[83]發跡[84]展工夫

沙鹿原名迴馬社　　專門打獵塊賺食
搭建鹿寮箸塊豎　　糴米[85]買茱不免賒
清朝嘉慶患大難　　看見紅燈在溪間
無意駛入大安港　　脫險命名爲大安
台中港區所在地　　古早古早名鰲西[86]
五條水路入水口　　後來庄名改梧棲
雙人行到烏溪邊　　日照溪底雙個天[87]
烏溪內底有日頭　　烏日庄名按呢生
鐵砧山腳地理好　　大甲出名媽祖婆
劍井水質鹽份薄　　鐵砧山頂好七桃
龍井原名龍目井　　兩口古井水眞甜
龍目井水治百病　　來往信徒年閂年[88]

---

80 甫，音：$bang^3$，不要。
81 爭差，或記爲「精差」，音：$cing^1cha^1$，差別。
82 起價，音：khi^2ke^3，調漲價錢。
83 甲寅，指開發頂竹圍的林甲寅。
84 發跡，音：$huat^4cik^4$，發達。
85 糴米，音：$tiah^8bi^2/tik^8bi^2$，買進米糧。
86 鰲西，音：go^5se^1，梧棲位於清水鰲峰山（今牛罵頭山）以西，故有此名。
87 日照溪底雙個天，指的是烏溪反射日照的景象。
88 年閂年，或記爲「年拄年」，音：$ni^5tu^2ni^5$，一年接著一年。

地方不時[89]無平靜　　　事件不斷來發生
安撫政策眞好用　　　　然後停止名和平

彰化縣

彰化舊名是半線　　　　東側伊靠八卦山
清朝時代名就換　　　　顯彰皇化出大官
芳苑早年番仔挖　　　　溪門塞鄭[90]無礁瓦
戊戌年間水眞大　　　　冬尾時天風飛沙
沙崙一層過一層　　　　日本時代改沙山
再改芳苑有恰慢　　　　台灣光復的年間
大城古早大城厝　　　　紀念人名眞特殊
那人來自泉州府　　　　耕農兼塊教功夫
芬園本是貓羅社[91]　　　專是熟番塊賺食
後來漢人搬來豎　　　　將園種菸變好額
員林原是下仔林　　　　一條長林像牛擔
庄名三字嫌不雅　　　　政府即改爲員林
溪湖古早無幾戶　　　　東螺溪邊有凹窩[92]
農民對地眞照顧　　　　拉彎取直變溪湖
二水號做二八水　　　　濁水清水合做堆
流到庄南做一位　　　　東螺西螺又分開
北斗舊名叫寶斗　　　　戊戌年間出溪流
歸庄的厝移退後　　　　即將寶斗改北斗
二林古早是儒林　　　　漢文每人都眞深
顧全庄名爲己任　　　　爲何政府改二林
田尾田中無田頭　　　　相連一條浮水溝

89　不時，音：put⁴si⁵，常常。
90　塞鄭，或記爲「窒滇」，音：that⁴tinn⁷，填滿。
91　貓羅社，音：ba⁵lo⁵sia⁷，從平埔族「Bnauro」社音譯而來。
92　凹窩，音：au¹o¹，地勢低陷的土地。

庄頭原在無移走　　圳水不斷箸塊流
竹溏[93]古早蘆竹溏　　蘆竹生在池中央
開墾做田甲做園　　然後庄名變竹溏
溪州原來浮圳地[94]　　庄頭頂下兩條街
溪頭二條合做伙　　溪底土地抹外隘[95]
線西就是下見口[96]　　南側一條番仔溝
自與伸港分了後　　全鄉只有八庄頭
鹿港號做鹿仔港　　來自泉州晉江人
大小生意做會動　　無做生意做粗工

文人全島出尚多　　藝術師傅踢倒街
中央院長伊有做　　國際企業佔頭魁
和美原名卡里善[97]　　和平美滿像神仙
公道生意眞有變　　制藥織布伊搶先
社頭原爲大武社　　平埔熟番塊賺食
客人河洛搬來豎　　逐個賺甲眞好額
線西分鄉名伸港　　大肚溪口塊出帆
工業發達討海放[98]　　第一聰明伸港人
福興古名福興庄　　粘在鹿港下菜園
卜尋庄頭眞好問　　依[99]在鹿港的南方
秀水原名叫臭水　　水尾積水溝無開
溝路開透變秀水　　環境清幽地眞肥
花壇原名茄苳腳　　旭日未出天清霞

93　竹溏，現地名爲「竹塘」，音：tik⁴tong⁵/tik⁴tng⁵，原指長滿蘆竹的池子或堤岸。
94　浮圳地，音：phu⁵cun³te⁷，灌溉水道通過的地方。
95　隘，或記爲「狹」，音：eh⁸/ueh⁸，狹窄。
96　下見口，音：e⁷kinn³khau²/e⁷kinn³kau³，又稱「下徑口」，線西舊名。
97　卡里善，音：khah⁴li²sian⁷，平埔族巴布薩（Babrza）族語，原指冷熱交界、氣候宜人的地方。
98　討海放，放棄捕魚。
99　依，或記爲「倚」，音：ua²，靠。

彰化學

制磚工廠密[100]密密　　土質優良有爭差
大村舊時講大庄　　連遍攏是葡萄園
姓賴代代有上算[101]　　首屆議長大村庄
埔鹽恰早埔鹽庄　　歸片攏是反鹹園[102]
氣候地靈牽輪返[103]　　荒埔變成好菜園
永靖舊名關帝廟　　主祀帝爺無不著
庄頭爭鬥爭無宿[104]　　關公顯聖即定著

雲林縣

斗六原是斗六門　　北斗斗南的中央
星宿之門六大門　　棄門變成斗六庄
大碑[105]本是大碑頭　　水壩激[106]水上圳溝
直透灌溉到海口　　大碑的名變庄頭
刺桐故名刺桐巷　　庄民專是世俗人
巷內尊奉鄭國姓　　祈求每年的好冬[107]
唐山四姓來開墾　　同時巧合二粒崙[108]
舊名布嶼名無順　　名副其實改二崙
庄頭結在崙後面　　崙背就是此原因
崙做目標恰好認　　信仰該崙有崙神
土庫古名是塗褲　　初來連遍專草埔
此地最驚天落雨　　路面歸垺[109]專泥土

---

100 密，音：ba⁷，密集。
101 上算，音：ciunn⁷sng³，達到標準、合格的意思。
102 反鹹園，音：huan²kiam⁵hng⁵，指浸過海水而無法耕種的土地。
103 輪返，或記爲「輾轉」，音：lian²tng²，輪流轉動。
104 宿，或記爲「歇」，音：hioh⁴，停止。
105 大碑，現地名爲「大埤」，音：tua⁷pi¹，「埤」是指較低窪潮濕的地方，「埤頭」一般指的是水坡的前頭。
106 激，或記爲「積」，音：cik⁴，蓄積。
107 好冬，音：ho²tang¹，一般也講做「好年冬」，指收成豐盛。
108 崙，音：lun⁵，小山丘。
109 垺，或記爲「垺」，音：pu⁵，堆。

彰化學

四個湖泊稱四湖　以西一條出海路
出口一個小漁港　凹湖鄉名叫口湖
麥寮西面海豐港　來自大陸海豐人
全部小麥種透透　庄名麥寮照起工[110]
褒忠舊名埔姜[111]崙　抵抗土匪起義軍
皇上表揚褒忠區　流傳庄中給子孫
台西東勢像兄弟　樹若大叢[112]能分枝
西面庄頭叫台西　東屏庄頭叫東勢
元長庄頭是人名[113]　勇敢勦匪隴不驚

了後清帝能知影　乃賜元長做庄名
水林林內無同位　二個鄉鎮離開開
林內種田攏有水　水林土豆收歸堆
斗南原名他里霧[114]　比較斗六無恰輸
斗六南屏叫斗南　虎尾斗六三腳株[115]
古坑原名奄瓜坑[116]　農民種瓜賺大錢
日本時代改古坑　在著大正第九年
北港有人講笨港　港口眞多船頭行
媽祖慈悲靈氣重　全國信徒上多人
虎尾五間虎尾寮[117]　初來恐驚帶抹條[118]

---

110 照起工，音：ciau³khi²kang¹，做事仔細、不偷工減料。
111 埔姜，音：poo¹kionn¹，指灌木植物「埔姜樹」，即馬鞭草科的黃荊。
112 大叢，或記爲「欉」，音：tua⁷cang⁵，長得大棵。
113 指清朝乾隆時期率眾到此地開墾的「傅元掌」。
114 他里霧，音：tha¹li²bu⁷，由平埔族之洪雅族「Tialiro」社諧音得來。
115 三腳株，或記爲「三跤拄」，音：sann¹kha¹tu²，指斗南、虎尾和斗六三地是雲林最繁華的三個鄉鎮市，它們就像雲林縣的三隻腳一樣，三足鼎立，支撐當地的發展。
116 奄瓜坑，或記爲「菴瓜坑」，音：am¹kue¹khenn¹，菴瓜就是「醃瓜」，常用來製作醃瓜，古坑舊名一般比較常講成「庵（奄、菴）古坑」或「瓜坑」。
117 虎尾寮，一般是指蓋成長方形而大門開在短邊兩面的房子，據說有特殊防禦作用，可避免敵人從正面直接攻擊。
118 帶抹條，或記爲「蹛𣍐牢」，音：tua³be⁷tiau⁵/tua³bue⁷tiau⁵，沒有辦法再住下去。

耕地做本恰重要	若無準備腹肚夭[119]
西螺七崁二五庄	阿善功夫屬紅毛
傷藥出名七里散	矯[120]筋接骨兼醫酸[121]

嘉義縣

嘉義舊名諸羅山	那時國聖管台灣
後來爽文卜造反	官民協力來平亂
諸羅的人有義氣	乾隆皇帝足歡喜
義行不通放抹記	隨時賜名封嘉義
朴子一叢朴子樹	周圍環境真清幽
老人泡茶飲燒酒	朴子結庄名永留
布袋原名布袋嘴	港滬行口[122]起做堆
每日商人若到位	價數賣主要先開
六腳原名六腳田	有錢整本[123]足簡單
開墾田區有夠讚	開好即來招佃人
東石舊名猴樹港	來自唐山東石人
後來改做東石港	對岸泉州好通航
大林昔時大莆林[124]	舊名古早用到今
開墾土地誰不敢	投資置產無重纏[125]
民雄打貓名無譜[126]	打貓其實打死虎
義民庄頭有照顧	名改民雄無含糊
梅山原名梅仔坑	梅仔豐收足值錢

---

119 腹肚夭，或記爲「腹肚枵」，音：pak⁴too²iau¹，餓肚子。
120 矯，或記爲「撟」，音：chiau⁵，推拿、矯正。
121 醫酸，音：i¹sng¹，醫治身體的酸痛。
122 行口，音：hang⁵khau²，具備批發商規模的商家行號。
123 整本，音：cing²pun²，籌錢的意思。
124 大莆林，音：tua⁷poo⁷na⁵，相傳開墾之前此處有一大片森林覆蓋，故得名，又稱「大埔林」。
125 重纏，或記爲「重耽」，音：ting⁵tann⁵，差錯。
126 無譜，音：bo⁵phoo²，沒有脈絡可循。

知識份子老百姓　　若收一冬食一年
溪口舊名雙溪口　　三條溪水來合流
自從少年聽到老　　名副其實的庄頭
番路昔時番仔路　　也是連遍攏山埔
山胞交易好場所　　以後公所在番路
新港本是南港人　　溪門變化移過東
建造庄頭名新港　　彰化伸港字不同
義竹清朝二竹圍　　後改義竹無食虧[127]
義字換二名恰水　　歸棄[128]義竹免用圍

鹿草在地本無庄　　連遍都是鄭軍園
鄭軍戰敗已經返　　專發[129]鹿草變拋荒[130]
土地無做眞打損[131]　即換民間來作園
蕃薯土豆伊無斷　　了後即結鹿草庄
山頂一位阿巴里[132]　打獵首領展絕技
巴字提掉[133]名阿里　阿里山是伊名字
大埔就是後大埔　　南北依靠三號路
亦設曾文的水庫　　遷村芳苑耕海埔
太保就是前溝尾　　庄頭發展像塊飛
由鄉變市眞歹尋[134]　紀念得祿[135]改太保
水上原名水堀頭[136]　積水流落浮水溝

---

127 食虧，音：ciah⁸khui¹，吃虧。
128 歸棄，或記爲「規氣」，音：kui¹khi³，乾脆。
129 發，音：huat⁴，長出。
130 拋荒，音：pha¹hng¹，棄置。
131 打損，或記爲「拍損」，音：phah⁴sng²，可惜。
132 阿巴里，傳說中一位勇敢善獵的鄒族酋長。
133 提掉，音：theh⁸tiau⁷，拿掉。
134 歹尋，或記爲「歹揣」，音：phainn²chue⁷，難以尋找。
135 得祿，指王得祿，他是清代台灣人中官位最顯赫的一位，受封二等子爵，領太子少保、太子太保銜，死後更追贈伯爵與太子太師銜。
136 水堀頭，音：cui³khut⁴thau⁵，水堀（本字「水窟」）是水池的意思，水堀（窟）頭就是指水池的所在地（源頭）。

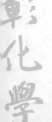
彰化學

逐年播田[137]用有夠　水上取代水堀頭
中埔位置大埔頂　也是番路的下面
通事吳鳳好罩陣[138]　竟被殺身來成仁
竹崎原名竹頭崎　普通經濟塊賺食
鐵路公路齊經過　地方的人變好額

台南縣

七股原名七股曆　七個漁民份股株[139]
海埔開堀無外久　七股盛名做漁夫
將軍庄名有人講　討伐鄭氏立大功
升官發財人氣旺　庄名歸在伊施琅
玉井舊名瞧吧年[140]　位在玉井盆[141]身邊
不服日本管箱[142]硬　義軍進攻瞧吧年
清芳[143]帶頭反日本　打輸大正守備軍
死傷男丁總有份　女口全省散散分
茄拔[144]原是熟番地　依著曾文大埔溪
屬於楠梓西溪里　所以庄名命楠西
善化原名灣里街　文化教育發源地
堪稱善化有夠格　文雅尋無第二個
麻豆自然成一港　現在高速公路東
早年荷蘭不願放　設堂教化原住人
下營原是林鳳營　打退荷蘭有風聲

---

137 播田，音：po³chan⁵，插秧。
138 罩陣，或記爲「湊陣」，音：tau³tin⁷，在一起。
139 份股株，音：hun⁷koo²tu¹，佔有股份；「股株」就是股份，從日文而來。
140 瞧吧哖，即「噍吧哖」，音：ta¹pa¹ni⁵，昔鄒族（舊稱曹族）社名。
141 盆，音：phun⁵，指盆地。
142 箱，或記爲「傷」，音：siunn¹，太、很。
143 清芳，指噍吧哖事件中，在西來庵密謀起義的余清芳。
144 茄拔，音：ka¹puat⁸，源自西拉雅系「大滿亞族（四社平埔）」，舊稱大武瓏社四社中的茄拔社。

熟番走甲無看影　　　即將下營做庄名
六甲原稱赤山堡[145]　周圍荒蕪田園無
開墾六甲台生[146]做　即將六甲做庄號
新化原名大目降[147]　以前專住番社人
國聖復台新歸化　　　光復改鎮名相同
柳營就是查某營[148]　鄭氏當時設官廳
查某測地最公正　　　她的宿舍叫柳營
左鎮元始就左鎮　　　營房左邊的原因
然後百姓帶罩陣　　　庄名原在是左鎮

庄頭熟番與漢人　　　後來婚姻煞[149]相挺
兒童讀書總漢化　　　所得庄名用歸仁
山上又名山仔頂　　　其實無山地眞平
地方發展恰要緊　　　進步專靠人認眞
新市古早番仔寮　　　荷蘭傳教駛[150]絕招
漢人經商有夠巧[151]　新市取代番仔寮
安定原名直茄弄[152]　港口居住眞多人
伊有天然的漁港　　　好天全部攏出帆
關廟原是關帝廟　　　奉祀關公無不著
善男信女拜無宿[153]　庄頭的名改關廟
龍崎本來二村里　　　合做鄉名眞趣味

---

145 赤山堡，音：chiah⁴san¹po²。
146 台生，或記爲「事先」，音：tai⁷sing¹，第一個。
147 大目降，音：tua⁷bak⁸kang³，新化舊名，爲平埔族西拉雅語「Tavocan」，意思是「山林之地」。
148 查某營，音：ca¹boo²iann⁵，女人住的營地；柳營本爲「查畝營」，爲勘查田畝的營部，後來因爲聲音接近才訛誤成「查某營」。
149 煞，音：suah⁴，卻。
150 駛，或記爲「使」，音：sai²，使用。
151 巧，音：khiau²，聰明。
152 直茄弄，即「直加弄」，音：tit⁸ka¹long⁷，譯自西拉雅族目加溜灣社之屬社直加弄社（Tackalan），原意是「乾草港」。
153 無宿，或記爲「無歇」，音：bo⁵hioh⁴，不停下來休息。

前清時代新豐里　　　無用新豐足怪奇

西港原來有商港　　　福州廈門塊通航

所以庄名叫西港　　　吸引眞多西部人

佳里古稱佳里興　　　蕭瓏[154]招人來經營

周圍五里來合併　　　庄名無用佳里興

楊氏兄弟眞屬害　　　公家[155]出本招人來

兄名楊內通人知　　　所以庄名叫大內

永康舊名埔姜頭　　　位在台南的近郊

務農經商可以走　　　新名無用埔姜頭

仁德原名塗庫[156]庄　　　專是做田兼做園

柯氏進士得金榜　　　然後隨[157]改仁德庄

新營就是新營地　　　這遍土地無人兮[158]

東寧王國足有勢　　　打退荷蘭做頭家

鹽水就是鹽水港　　　對向福建甲廣東

海禁時期抹震動　　　開放時期便通航

學甲意義眞明顯　　　來自唐山教學先

甲種教學大表現　　　庄名學甲足自然

白河原名店仔口　　　白水溪水不時流

陸路海路攏能到　　　白河庄名即出頭

後壁原是後壁寮　　　茄苳後面免介紹

交通方便眞重要　　　縱貫陸鐵路二條

官田原是官人帶　　　鄭家參軍陳永華

伊的官職做眞大　　　吉地靈氣有夠活

---

154 蕭瓏爲鄭氏時代的大將，一說蕭瓏爲其所開墾，因此以其名爲地名。但一般説
　　法爲佳里興的前身是平埔族四大社之一的「蕭壟社」。

155 公家，音：kong¹ke¹，一起。

156 塗庫，音：thoo⁵khoo³，從前常見的農用設施，以竹片編織、外層塗上泥土，用
　　來貯存稻穀；又稱爲古（鼓）亭畚或車輪畚等。

157 隨，音：sui⁵，馬上。

158 兮，或記爲「个」，音：e⁵，表示所有格，等於「的」。

東山原是番社街	客人侵入出問題
兩方出面來開會	東山取代番社街
北門有嶼甲有港	吸引眞多外地人
這片活穴靈氣重	五府千歲罩[159]幫忙
南化原名叫南庄	依靠茱寮的溪門
此條溪水不曾斷	南化水庫在南庄

高雄縣

鳳山原名碑頭街[160]	古都文風的聖地
管轄範圍嘛抹細	文人雅士出眞多
鳳凰展翅名眞讚	南鳳北龍無簡單
北部出名是龍潭	南部出名是鳳山
岡山原來阿公店	生意公道無人嫌
變成庄名眞希罕	可惜日本改岡山
林園範圍管眞遠	地名號做林園庄
外地的人眞好問	樹木眞多是林園
阿蓮原名阿蓮社	平埔族人塊賺食
樹木砍伐鳥仔走	阿蓮庄名也在這
茂林究竟是人名[161]	遇著日本伊不驚
領導民眾參伊拼	雖然戰輸得庄名
大樹一叢數百年	不知是神亦是精
樹葉能得來醫病	後得庄名足值錢
仁武明朝仁武軍	在此住軍[162]的時陣
他對百姓眞誠懇	庄名仁武即條根

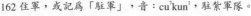

159 罩，或記爲「湊」，音：tau³，幫忙。
160 碑頭街，或記爲「埤頭街」，音：pi⁵thau⁵ke¹，鳳山舊名。
161 茂林原名「多納」，是日語「屯子」的譯音，之所以稱爲屯子，是因當地原住
　　民抗日所引發的「屯子役」而來；作者所謂人名是指陳茂林，爲了紀念他推行
　　地方自治有功，多納鄉在民國四十六年改名爲「茂林鄉」，與抗日事蹟無關。
162 住軍，或記爲「駐軍」，音：cu⁷kun¹，駐紮軍隊。

鳥松原名鳥松腳　　改名鳥松嘛無差
一叢鳥松歸分地[163]　奉茶乎人飲抹礁
大社阿加最大社　　本鄉經濟足好額
文化中心在這跡[164]　買賣現金不免賒
旗山原名蕃薯寮　　初種蕃薯塊治夭[165]
庄民活潑最重要　　後種芎蕉總外銷
美濃有山兼有水　　物產豐富地眞肥
伊與旗尾帶同位　　芎蕉興盛無食虧
六龜名爲六龜里　　自古至今無改移
當然有伊的意義　　要聽介紹等後期
內門羅漢內外門　　曾經二庄合一庄
換來換去門不斷　　外門棄掉剩內門
桃源聽著心就爽　　二十號線路有通
位置幽僻如世外　　環境與人不相同
梓官依在高雄市　　西面猶原靠海邊
唐山移民五大姓　　至今不止三百年
杉林連遍種杉林　　植物蒼翠山又深
一望無際像仙境　　林內居住心便靈
甲仙原名甲仙埔　　政府打通南橫路
早年經濟恰干苦　　現在變成大富戶
大寮原屬後水溪　　溪埔土質眞肥地
四庄蔗寮[166]起做伙　現在形成歸條街
橋頭原是橋仔頭　　面前一條細條溝
有人講是店仔口　　現在歸庄攏高樓

---

163 歸分地，或記爲「規分地」，音：kui¹hun¹te⁷，一整分的地。
164 這跡，音：cit⁴jiah⁴，這裡。
165 治夭，或記爲「治枵」，音：ti⁷iau⁷，塡飽肚子。
166 蔗寮，音：cia³liau⁵，用蔗葉搭起的簡單草寮。

燕子做受[167]名燕巢	本地天然好氣候
來自花蓮燕子口	變成一位好地頭
田寮各人起田邊	為著生活卜賺錢
附近出名月世界	庄民先苦而後甜
民族民權甲民生	以早專帶原住民
外地移民來罩陣	組織成鄉為三民
路竹地方竹眞多	北面靠近八掌溪
周圍全部眞好地	庄民生活無問題
湖內兩庄合一庄	明寧靖王[168]的墓園

距離府城無外遠	現時成鄉無用庄
茄萣長滿茄苳樹	這是命名的理由
漁民討海有研究	港口鬧熱兼清幽
彌陀原有彌陀港	曾經死去眞多人
阿彌陀佛來鎮港	對外順事[169]好通帆
永安原名是新庄	也有討海兼做園
但願平安能得返	後來改為永安庄

屏東縣

屏東原早是阿猴	打狗隔界淡水溝
漳州先民先來到	半屏山東改阿猴
林邊本是林仔邊	閩人過海賺大錢
不知不覺人帶鄭[170]	然後隨時改林邊
長治庄名有夠讚	望卜長治兼久安
逐個好額攏抹貧	解決一切的困難

167 受，或記為「岫」，音：siu[7]，巢穴。
168 明寧靖王，朱術桂，施琅率清軍攻台時以身殉國。
169 順事，或記為「順序」，音：sun[7]si[7]，順利。
170 帶鄭，或記為「蹛滇」，音：tua[3]tinn[7]，住滿。

高樹舊名高樹腳　　樹頭一框[171] 像死柴
蔭影地面近一甲　　眾人納涼足適合
萬丹靠近下淡水　　土地平坦又閣肥
福氣的人帶著位[172]　子孫永遠抹食虧
潮州廣東潮州人　　聽講台灣恰好空[173]
初來台灣無半項　　現在攏嘛好額人
萬巒萬蠻攏是戀[174]　認真打拼好過關
風景美麗帶習慣　　庄名乾脆改萬巒
內埔實在是好地　　移民一年一年加
世居住民攏是客　　貧民變成大頭家
東港位置林園東　　多數都是討海人
所致即號名東港　　亦與琉球塊通航
恆春原名是瑯嬌[175]　鄭軍反清復明朝
和親政策真重要　　族人仇恨即取消
和親政策平族郡[176]　氣候溫和攏無分
舊名瑯嬌無介[177]順　終後庄名改恆春
蚊卒[178] 全島東南面　多數都是原住民
對其討海有自信　　名改滿州有原因
泰武亦是屬番界　　這尒[179] 所在少人知
他專打獵無討海　　求飽不得發大財
南州原來是溪州　　庄名重複抹自由

---

171 框，或記爲「箍」，音：khoo¹，環狀物的數量詞。
172 著位，音：tioh⁸ui⁷，正確的位置。
173 好空，音：ho²khang¹，有好處。
174 「萬蠻」、「戀戀」跟「萬鰻」，都是萬巒的舊名。
175 瑯嬌，音：long⁵kiau¹，恆春舊名，又稱「瑯𡏈」、「壟勾（客語稱呼）」等，據傳爲排灣族土語的音譯，指稱一種蘭科植物。
176 平族郡，或記爲「平族群」，音：penn⁵cok⁸kun⁵，這裡指弁平族群之間的問題與衝突。
177 介，或記爲「界」，音：kai³，最、很。
178 蚊卒，一般稱「蚊蜶」，音：bang²sut⁴，從排灣族社名「Matasar」音譯而來。
179 尒，或記爲「个」，音：e⁵，代指某人、某事、某物等。

彰化學

庄頭的人塊研究　　後來命名爲南州
佳冬原名是六根[180]　　靠山面海眞單純
十七線道伊有份　　氣候溫和四季春
琉球原爲琉球島　　無火無目暗摸摸[181]
有人發現黑鬼洞　　荷蘭帶來的黑奴
竹田此位好所在　　囤物[182]庄名的由來
商店物品頓過界　　竹田日人閣再改
新碑原名新碑頭　　境內一條浮水溝
三字庄名無人用　　了後日人改翻頭[183]

新園古今攏新園　　在著東港西北方
初初開墾的農地　　同時庄名命新園
枋山原名是崩山　　靠在台一的道線
庄名換字音無換　　崩山平平嘛枋山
麟洛吉祥名好聽　　長治分鄉改新名
麟求身體兮勇健　　落是紀念洛陽城
九如原稱九塊厝　　簡單草寮箸塊龜
以後家家起瓦厝　　同時庄名改九如
鹽埔一遍反鹹地　　這是地質的問題
開溝鹽分降落底　　資金一年就收回
里港原是人的名　　人人稱呼里港兄[184]
半農半商眞打拼　　後來用伊做庄名
枋寮俗稱枋仔樹　　檀木柴絲有夠優

---

180 佳冬在清朝爲鳳山縣六根庄，爲平埔族馬卡道族茄藤社居住地，因「茄藤」與
　　「茄苳（樹）」音近，故舊時也有「茄苳腳」之稱，最後才更名爲佳冬。
181 暗摸摸，音：am³bong¹bong¹，一片漆黑。
182 囤物，竹田古地名，音：tun²but⁸，囤放、堆積貨物的意思。
183 改翻頭，音：kai²huan¹thau⁵，改回來。
184 里港，原名「過港仔」，據說康熙年間有一個叫「阿里」的人來此處定居，以
　　販賣冷飲爲生，所以乾隆年間改爲「阿里港」，1920年再改爲「里港」。另外
　　有一個傳說，是漢人尚未移墾，此處曾有原住民（魯凱族）居住，當時稱呼爲
　　「傀儡番」，阿里就是「傀儡」的譯音。

伐木工人來宿受　　　來自福建的漳州
春日靠山無靠海　　　位置比較恰山內
和風春日人人愛　　　庄名好歹您就知
來社義林做住址　　　二社合併變來義
日本設庄的代誌　　　光復設鄉那有[185]奇
獅子位置在山內　　　一粒石頭親像獅
山明水秀好所在　　　成庄日本還未[186]來
牡丹原是牡丹社　　　一面靠海塊賺食
發生牡丹的事件　　　日本打輸咱打贏
霧台瑪家三地門　　　三鄉攏是熟番庄
鹽埔過東無外遠　　　自然看著歡迎門
車城以前叫柴城　　　用柴做城爲條件
鄭軍派兵去佔領　　　以後庄名改車城
滿州位在台灣尾　　　地瘦民貧即死絕
不知的人無塊尋　　　東風吹來像塊飛

台東縣

台灣東部名台東　　　位置與名完全同
荒野能生長腳蚊[187]　高度發熱不知人
卑南本來是禁地　　　其中漢人無幾個
日本統治恰有勢　　　漢人一年一年加
打馬即改太麻里　　　姓錢搖稿[188]來開基
以後日本來統治　　　開放開墾即實施

---

185 那有，或記爲「哪有」，音：na³u⁷，怎麼有。
186 還未，或記爲「猶未」，音：a²be⁷/a²bue⁷，還沒有。
187 長腳蚊，或記爲「長跤蠓」，音：tng⁵kha¹bang²，屬於大蚊科，以腐敗有機物爲
　　食，不吸血。一般而言，叮咬會使人發高燒的蚊子，指的是瘧蚊或傳染登革熱
　　的病媒蚊。
188 錢搖稿，傳說中開墾太麻里的排灣族初祖，當時的排灣族又稱爲「不由馬族」
　　或「打馬族」。

東河本來是都巒　　昭和時代巒改蘭
再改東河有恰慢　　台灣光復的年間
鹿野昔日荒野地　　漢人入墾建厝宅
當年鹿皮眞好價　　打鹿在野即起家
延平郡王打荷蘭　　無論平原亦山間
人民對伊眞稱讚　　庄名延平求心安
關山原名阿里壟[189]　周圍到處專紅蟲
荒蕪之地地眞散　　隘口好守名關山
海多端王[190]住海端　高山峻嶺無平原
深山林內眞歹管　　庄名簡單命海端
池上大坡池聞名　　灌溉稻作好收成
制成白米銷全省　　到處市場都歡迎
長濱原是加走彎[191]　專靠海邊無平原
討海拉魚無人管　　庄名長濱眞全完
金峰金崙同意義　　改來改去足怪奇
後來金山無合意　　決定金峰庄名字
一對頭目眞聰明　　頭目生子包壯生
伊的意志眞堅定　　隨帶愛犬去戰爭
無人敢參伊對陣　　甘拜下風稱君臣
伊做酋長人承認　　原住所在名達仁
蘭嶼嘛是紅頭嶼　　全部事實攏無虛
火山爆發紅頭嶼　　蘭花茂盛變蘭嶼
綠島原是火燒島　　暗時燒柴做火路[192]
然後該島總綠化　　所以名稱改綠島

---

189 阿里壟，音：a¹li²long²，又稱「裡壟」，是阿美族語稱呼紅蟲（Terateran）的譯音。

190 指布農族「海多端王社」（Haitotowan）。

191 加走彎，音：ka¹cau²uan¹，譯自阿美族語，意思是「守望之處」。

192 火路，音：hue²loo⁷，指火燃燒的路徑；這裡指綠島當地居民燒柴火以火光做指標，導引出海捕魚的漁民回來。

大武紀念大武山　　　專住廣野的山間
巴望衛[193]名皆銷掉　　庄名大武眞簡單
成功原名麻荖漏[194]　　原本就有小港口
東寧王國管來到　　　即改成功做庄頭

花蓮縣

花蓮本是花蓮港　　　最初攏無外地人
荒野社會眞黑暗　　　後山指咱甲台東
清朝欽差沈葆楨　　　觀查後山的地形
蓮花浮在美崙頂　　　爭取築港名隨成
新城族郡個性硬　　　抵抗日本十八年
伊用槍子[195]咱用箭　　最後營寨被踏平
吉安吉野民抹貧　　　收成豐富心得安
地頭永遠有夠讚　　　然後吉野改吉安
壽豐原名鯉魚尾　　　經濟起步像塊飛
壽村豐田結做伙　　　壽豐變成一條街
豐濱貓公[196]萬年青　　意義在此帶萬年
東面拉魚靠海邊　　　庄名豐濱大賺錢
秀姑巒溪璞石閣[197]　此款奇景世間無
即將玉里做庄號　　　名副其實差不多
富里意義庄有錢　　　開墾土地免相爭
公埔建屋眞福氣　　　後來公埔改富里

---

193 巴望衛，太武本是排灣族巴卡羅群「巴塱衛社」（Palangoe）的地盤。
194 麻荖漏，音：mua⁵lau²lau⁷，是阿美族「麻荖漏社」的譯名。
195 槍子，或記爲「銃子」，音：ching³ci²，子彈。
196 貓公，音：ba⁵kang¹，豐濱的舊名，阿美族人初到此地時，看到一大片的貓公草
　　（類似萬年青），就將這個地方命名爲「Vakon」。
197 璞石閣，音：phok⁸sik⁸koh⁴，玉里鎮的舊地名。關於來源有三種説法：一個是布
　　農族語的「塵沙滾滾之地」；一個是阿美族語的「Paheko（蕨草）」；一個是
　　清兵至玉里屯兵時，看到秀姑巒溪河床上滿是白玉般的石頭，於是命名爲璞石
　　閣。

秀林舊名武士林　　並無一定的名稱
林木青翠水又秀　　秀林文雅永久留
萬榮本是長橋里　　吊橋出名做一時
庄名本來用萬里　　北縣重複即讓伊
卓溪[198]乾溪原無水　　在此附近的範圍
鄉名要用叼一位　　竟用卓溪名實歸
瑞穗水尾水下流　　恐驚有做無通收
村庄長者塊研究　　瑞穗文雅名永留
鳳凰展翅美似錦　　林木高大山又深
庄名吉祥能置蔭　　名副其實號鳳林
馬太鞍社阿美族　　地沃人健真快樂
在此可比是天國　　光華復旦名光復

南投縣

南投中寮與國姓　　前者兩位照地形
國姓鄭軍的命令　　庄名在此自然成
水里就是水里坑　　深山狹谷地無平
日本大觀發電廠　　以後庄名即結成
仁愛古早是霧社　　專是高沙[199]塊賺食
發生一次大事件　　堅持仁愛不敢惹
鹿谷舊名羌仔寮[200]　日本統治即改掉
棄姜換鹿何重要　　使人費解抹明瞭
埔里出名紅甘蔗　　現在水筍[201]真好食
有入無出真好豎　　百姓逐個足好額

198 卓溪，音：toh⁴khe¹，花蓮縣卓溪鄉。
199 高沙，音：ko¹sua¹，日治時代日本理蕃當局統稱台灣高山原住民為「高砂族」。
200 羌仔寮，音：kiunn¹a²liau⁵，當地有許多羌群，所以舊名稱為羌仔寮。
201 水筍，音：cui²sun²，指生長在水裡的茭白筍（音：kha¹peh⁸sun²）。

魚池原名五城堡 日月成潭好七桃[202]
魚類肉質特別好 命名魚池別位無
竹山舊名林杞埔[203] 經過台省三號路
竹仔收成抹干苦 名改竹山無糊塗
信義原名木瓜村 古道通過東台灣
木瓜無種隨時斷 信義是鄉不是村
草屯原名草鞋屯 大里反王林爽文
兵隊到這煞宿眠 草鞋丟掉變成屯
名間屬於濁水湳 芎蕉出名甜又甘
每日眞多人遊覽 日語音近號名間
集集原名半路店[204] 也有賣魚甲豬砧[205]
店起密密無塊閃 名改集集無人嫌

澎湖縣

七美紀念七美人 貞烈守節來輕生
投入井底死罩陣 不受侮辱的原因
望安就是望安定 在此討海的維生
勞力打拼我是肯 在安定中求繁榮
白沙本鄉四面海 環島均有珊瑚栽
陽光照下能發亮 閃閃爍爍光出來
西嶼原是漁翁島 外鞍地形變成湖
農作方面靠落雨 討海拉魚兼牽罟[206]

202 七桃，或記爲「佚陶」（一般習慣寫爲「迌迌」），音：chit⁴tho⁵，遊玩。
203 林杞埔，音：lim⁵ki²poo¹，紀念鄭經實施屯田制時，曾帶兵到此地開墾的鄭成功
    參軍「林杞」。
204 半路店，音：puann³loo⁷tiam³，因爲早期的店鋪街剛好位在「林尾」（西邊）
    與「柴橋頭」（東邊）中間，聚集了生活必需品來提供交易，所以有這樣的稱
    呼。
205 豬砧，音：ti¹tiam¹，賣豬肉的攤位或店鋪。
206 牽罟，音：khan¹koo¹，一種需眾人合力拉網的傳統捕魚活動。

湖西鄉內有一湖　　　這湖西面庄湖西
名副其實名抹醜　　　就是湖西的由來
馬公原是媽祖宮　　　湄洲媽祖眞有靈
日本給咱改馬公　　　人民也是講媽宮
小弟恬[207]在彰化縣　　　芳苑鄉內新生村
學歷較下無哀怨　　　不時亦是眞樂觀
住所小弟順序[208]報　　　敬請諸位朋友哥
我帶新生第二號　　　有閒[209]請您來七桃
溪湖出去無外遠　　　北平粘著漢寶園
小名普通眞快問　　　早年村長我塊當
自小我是樂暢子[210]　　　好交朋友甲弟兄
專望列位來相疼　　　姓陳再得我小名

歌仔仙　陳再得　2001.04.20　寫於十戶老家

---

207 恬，或記爲「踮」，音：tiam³，在。
208 順序，或記爲「順紲」，音：sun⁷sua³，順便。
209 有閒，或記爲「有閑」，u⁷ing⁵，有空。
210 樂暢子，或記爲「樂暢囝」，音：lok⁸thiong³kiann²，沒有心機、沒有過多煩惱
　　的人。

第四篇　勸善教化

〈時代勸世歌〉

姓陳再得就是我	我編時代勸世歌
巧愚[1]平長又平寬	順其自然恰快活
人來世間入苦海	紅嬰[2]出世開聲哀
初出洞門無識在[3]	產婆見面就返臍[4]
獨立喘氣起活動	停止喘氣一世人
過程親像一場夢	歲壽長短無相同[5]
歲壽一人註[6]一款	海底尙深山尙高
好歹大家甭哀怨	個人不同的因原
未曾註生先註死	染著絕症無塊[7]醫
帶著死關[8]無塊避[9]	一命皆[10]著歸陰司[11]
歲壽雖然有註定	奉勸歹路不通行
長壽亦能變短命	陰間即[12]有枉死城

1　巧愚，或記爲「巧慧」，音：khiau²gong⁷，聰明和愚笨。
2　紅嬰，音：ang⁵enn¹，剛出生的嬰兒。
3　識在，或記爲「熟似」，音：sik⁸sai⁷，熟識。
4　返臍，或記爲「轉臍」，音：tng²cai⁵，指接生的時候，把臍帶剪斷。
5　相同，或記爲「相仝」，音：sio¹kang⁵。
6　註，音：cu³，註定。
7　無塊，或記爲「無地」，音：bo⁵te³，無處。
8　帶著死關，即遭逢死劫。
9　避，或記爲「覕」，音：bih⁴，藏匿。
10　皆，或記爲「該」，音：kai¹，應該的意思。
11　陰司，死人靈魂所去的地方，即陰間。
12　即，或記爲「才」，音：ciah⁴，才。

人的身體像機器　　　不通當做粗家司[13]
機器若壞要修理　　　人若有病就要醫
有一款人眞鐵齒[14]　　染病不要看先生[15]
等待過症[16]即入院　　嘛算[17]枉死歸陰司
這款的人尚不幸　　　去到陰間刑台先[18]
閻王隨時下命令　　　乎伊萬世不超生
人的歲壽是有限　　　食到百歲足困難
人生不論好額[19]散[20]　第一身體求平安
看見今日的世景　　　各行各業眞競爭

身體軟弱無路用[21]　　萬項事業做袂成
來對學童先講起　　　身體無勇人咱施[22]
進入教室就哈肺[23]　　實難有影可傷悲
囝仔身體若無好　　　考題先[24]想想攏無
每題感覺眞歹考　　　此款情形卜[25]如何
中藥補品買來燉　　　晚頭乎伊食點心
看是鱸鰻亦紅蟳　　　主要補氣乎先飲[26]
先顧身體若勇健　　　考試攏嘛前三名
活潑可愛得人疼　　　臨陣什麼攏不驚
這是父母的責任　　　望子成龍父母心

13　家司，或記爲「家私」，音：ke¹si¹，工具、武器。
14　鐵齒，音：thih⁴khi²，倔強嘴硬不信邪。
15　先生，音：sian¹sinn¹，醫生。
16　過症，音：kue³cing³，病情太過嚴重，無藥可醫。
17　嘛算，音：ma⁷sng³，也算。
18　台生，或記爲「事先」，音：tai⁷sing¹，第一個。
19　好額，音：ho²giah⁸，有錢、富有。
20　散，音：san³，貧窮。
21　無路用，音：bo⁵loo⁷ing⁷，沒有用。
22　咱施，或記爲「懶屍」，音：lan²si¹，懶得動、不動如屍。
23　哈肺，或記爲「哈唏」，音：hah⁴hi³，打哈欠。
24　先，音：sian¹，反覆不斷、一直。
25　卜，或記爲「欲」，音：beh⁴/bueh⁴，要。
26　飲，或記爲「啉」，音：lim¹，喝。

彰化學

但願兒女有堅定　　　烏土嘛能變成金
教育兒女要注意　　　可比鐵路分雙支
行著好路能成器　　　若行歹路定死期
六合[27]股票賭博[28]性　食安[29]做賊無正功[30]
殺人放火逆天命　　　歸棄[31]撥撥去孤屏[32]
就要選擇行正路　　　做事不通有糊塗
形象信用著愛顧　　　日後的確有前途
頭路卜選看自己　　　要有天份甲[33]趣味[34]
引淺入深來做起　　　絕對不通嫌少錢
頭路三佰六十行　　　看是做官亦[35]苦工
也是耕農望好冬[36]　　亦是一般生意人
無本苦工來故起[37]　　不管一日多少錢
工仔那做那[38]注意　　頭家按怎塊賺錢
勿[39]想做工身份下　　做工非是咱一個
充實自己經驗多　　　工人嘛能變頭家
做人就要恰實在　　　有錢不通烏白開[40]
娶某[41]生子傳後代　　總算有丁[42]兼有財

27　六合，即六合彩。
28　賭博，或記爲「跋筊」，音：puah⁸kiau²。
29　食安，即吸食安非他命。
30　正功，或記爲「正經」，音：cing³king¹，規矩。
31　歸棄，或記爲「規氣」，音：kui¹khi³，做事直接又乾脆。
32　孤屏，或記爲「孤爿」，音：koo¹ping⁵，單一邊。
33　甲，或記爲「佮」，音：kah⁴，與、和。
34　趣味，興趣的意思。
35　亦，或記爲「抑」，音：a²，或是。
36　好冬，音：ho²tang¹，豐年，也說「好年冬」。
37　故起，或記爲「顧起」，整句是說想做生意沒有本錢，從做苦力開始，先照顧好生活。
38　那……那……，或記爲「若……若……」，音：na²……na²……，一邊……一邊……。
39　勿，或記爲「莫」，音：mai³，不要。
40　烏白開，音：oo¹peh⁸khai¹，亂花錢。
41　娶某，或記爲「焄某」，音chua⁷boo²，娶妻。
42　丁，指男丁、男孩。

娶某當然有合意　別人恰美⁴³咱甯遲⁴⁴
年久月深能相氣　伊不就⁴⁵咱咱就伊
讓來讓去無一定　算來嘛是眞公平
歸尾⁴⁶兩方能相敬　人講家和萬事成
光復了後台灣省　省庫周轉強⁴⁷不靈
經過主席下命令　愛國獎券即發行
獎券一張賣五元　補充建設做用途
中獎變成大富戶　無中愛國有功勞
第一特獎二十萬　扣除稅金算零霜⁴⁸
無論過去看外貧⁴⁹　便若中獎則時⁵⁰紅
經營三十外年久　比較公賣無恰輸
三十五%⁵¹本就有　現金買賣免工夫
台中一間獎券行　聰明老闆先想空⁵²
獎券改爲大家樂　中獎十%伊食紅
不但中部著塊玩　狗母支覓⁵³香四方
台灣強卜翻輪返⁵⁴　有人賣厝兼賣園
一場經過無外久　十個簽賭九個輸
有人賣樓甲賣厝　亦有走路⁵⁵入山區
人民簽甲即厲害　政府停止無出牌

---

43 美，或記爲「媠」，音：sui²，漂亮。
44 遲，或記爲「挃」，音：tinnh⁸/tih⁸，要。
45 就，音：ciu⁷，還就。
46 歸尾，到最後。
47 強，音：kiong⁷，幾乎、差一點。
48 零霜，或記爲「零星」，音：lan⁵san¹，零數。
49 貧，或記爲「散」，音：san³，貧窮。
50 則時，或記爲「即時」，音：cik⁴si⁵，立刻。
51 %，發音：pha¹。
52 想空，音：sionn⁷khang¹，動歪腦筋。
53 支覓，或記爲「膣屄」，音：ci¹bai¹，女子生殖器。
54 翻輪返，或記爲「翻輾轉」，音：huan¹lin³tng²/huan¹lian³tng²，回到以前落後的狀態。
55 走路，音：cau²loo⁷，逃亡。

些⁵⁶人轉簽六合彩　被人感覺足悲哀
大家不可生死拼　小小娛樂甭輸贏
若輸過頭就無命　討錢逼到能猿行⁵⁷
愛國六合同款⁵⁸ 害⁵⁹　若簽有著恰有開
不中一流到外海　民國幾年續⁶⁰不知
愛國單號就有錢　六合就要算幾星
兩星時常跛孤腳⁶¹　三星時常等幾年
福運若到真簡單　福運無到足困難
論真無賢⁶²無含慢⁶³　小寒若過到大寒
我來勸您您勸我　繳仔⁶⁴大家不通跋⁶⁵
繳仔那跋能那大　家庭絕對袂快活
一味⁶⁶跋繳學了後　親像置⁶⁷著大症頭
中醫西醫管袂到　任您先醫袂離流⁶⁸
繳病置重的時陣　乎您能好袂斷根⁶⁹
豬母瘋過能宿困⁷⁰　時間若久閣起凌⁷¹

56　些，或記爲「寡」，音：kua²，一些。

57　猿行，或記爲「猴行」，音：kau⁵kiann⁵，一般會使用「著猴行」來形容像猴子受到驚慌一樣四散奔走或像猴子一樣不正常行走，用「做猴行」來形容一個人不循一般程序、不走正途；這裡的猴行應該是指「著猴行」，表示知道事情糟糕了而緊張。

58　同款，或記爲「仝款」，音：kang⁵khuan²，一樣。

59　害，音：hai⁷，事情不好、糟糕。

60　續，或記爲「煞」，音：suah⁴，卻。

61　跛孤腳，或記爲「跛孤跤」，音：pai²koo¹kha¹。跛腳原指瘸腳，此處指兩星只中一星。

62　賢，或記爲「勢」，音：gau⁵，屬害。

63　含慢，或記爲「頇顢」，音：han¹ban⁷，形容人愚笨、沒有才幹。

64　繳仔，或記爲「筊仔」，音：kiau²a²，賭博（名詞）。

65　跋，音：puah⁸，賭博（動詞）。

66　一味，或記爲「這味」，音：cit⁴bi⁷，這種。

67　置，或記爲「致」，音：ti³，染上病。

68　離流，音：li⁷lau⁵，身上的病症完全被治好。

69　袂斷根，或記爲「膾斷根」，音：be⁷tng³kin¹/bue⁷tng³kin¹，原指疾病不能完全根治，此處指不良嗜好不能完全戒除。

70　宿困，或記爲「歇睏」，音：hioh⁴khun³，休息。

71　起凌，或記爲「起稜」，音：khi²ling⁵，壟起土壟。指賭癮再犯。

染著賭博眞歹命　錢若輸了朅卜坪[72]
輸若重經[73]眞奧[74]拼　行到門口人就驚
人講一貧二太高[75]　無錢目地人看無
大小代誌芒[76]來做　賭博千萬不通學
染著賭博眞不幸　尪某[77]容易傷感情
示細[78]嘛續[79]不恭敬　管轄家內變無能
繳跋不宿能干苦[80]　十個跋繳九個塗[81]
人情世事若無顧　親晟朋友能斷路
也有輸甲無半項　債務無法通還人
若被尋[82]到就歹紡[83]　眞正避[84]甲走無空[85]
若被尋著允[86]無命　這條絕路就要行
孤不二終[87]放某子　死後打入枉死城
股票變相賭博性　未跋就被抽台先
親像煎魚暝爛[88]柄[89]　柄甲尾仔剩中脊[90]
人講大乳欣[91]小子　歸尾無通著咱贏

---

72 朅卜坪，或記爲「向欲偏」，音：ng³beh⁴phenn¹，期待回本。朅，期待之意。
73 重經，tang⁷king¹，指負擔很大。輸若重經，指輸得很慘。
74 奧，或記爲「僫」，音：oh⁴，困難。
75 太高，或記爲「癩癖」，音：thai⁷ko¹，骯髒。此處指對錢財不明理，借錢故意不還。
76 芒，或記爲「囤」，音：bong²，不妨、將就。
77 尪某，或記爲「翁某」，音：ang¹boo²，夫妻。
78 示細，或記爲「序細」，音：si⁷se³，晚輩。
79 續，或記爲「紲」，音：sua³，跟著。
80 干苦，或記爲「艱苦」，音：kan¹khoo²，痛苦、難過、辛苦困難。
81 塗，音：thoo⁵，輸。整句是說，十賭九輸。
82 尋，或記爲「揣」，音：chueh⁷，找。
83 歹紡，音：phainn²phang²，很難處理。
84 避，或記爲「覕」，音：bih⁴，藏匿。
85 空，音：khang¹，空隙，指躲藏的地方。
86 允，或記爲「穩」，音：un²，一定。
87 孤不二終，或記爲「孤不而將」，音：koo¹put⁴ji⁵ciong¹，不得以、無可奈何。
88 暝爛，或記爲「綿爛」，音：mi⁵nau⁷，死心塌地，堅持到底。此指不斷地重覆同樣的動作。
89 柄，或記爲「反」，音：ping²，翻面。
90 中脊，此爲魚之大骨。
91 欣，或記爲「熻」，音：hip⁴，密蓋著使不透氣。一般俗話常用「大奶鎭死囝

彰化學

看破硬仔[92]芒來拼　　想卜食軟能猿行
不信股票若跋久　　十個落跋九個輸
萬點無金定定[93]有　　卜贏眞正有工夫
有本即通買股票　　融資來買即不著
如果連日落[94]袂宿　　斷頭了後無塊挑[95]
不可好奇食到安　　食條[96]想解足困難
家庭富裕能變貧　　即來遺憾一世人
安若食重眞歹改　　無錢做事亂亂來
一生挑戰司法界　　實在有影足悲哀
失去理智烏白做　　造成社會大問題
等待心肝想反悔　　朵瓜損狗去一節
比較若是食恰輕　　卜改就要用精神
就對自己有自信　　萬項做事要認眞
若想卜解要決意[97]　　即袂害著咱子兒
不但爲害咱自己　　免乎父母費心機
解若能離[98]眞萬幸　　可比死掉又重生
再受社會人肯定　　這是非常的光榮
賭博食安耍股票　　行這險路大不著[99]
自殺的人嘛袂少　　奉勸大家緊退燒
假使若是能冷靜　　自然而然心就清
了解時代的環境　　事業重新再進行
修心練性足干苦　　回頭是岸行正路

　　（大胸部壓死孩子）」來形容人多欺負人少或仗勢欺人的情況，此處意同。
92　硬仔，音：nge^{7}a^2，比較困難的事情。
93　定定，音：tiann^{7}tiann^7，常常。
94　落，音：loh^1，下注。
95　挑，音：thio^1，賭博贏錢。
96　條，或記爲「牢」，音：tiau^5，上癮。
97　決意，音：kuat^{4}i^3，決心。
98　離，音：li^7，完全。
99　大不著，或記爲「大毋著」，音：tua^{7}m^{7}tioh^8，大錯特錯。

第一信用著愛顧　　　台灣免驚無前途
人要成功有條件　　　即有法度拼輸贏
就看到底有彼命　　　成功比率有十成
本身條件眞豐盛　　　怠墮全不去經營
準講[100]若是有天命　　若卜成功不可能
可比若是眞打拼　　　那無天份訓袂行
這嘛算是無彼命　　　先拼嘛是拼袂贏
明明汝都有彼命　　　汝的天份汝不行
針對別途去打拼　　　先拼汝嘛拼袂贏

每項工作[101]合天份　　絕對能得眞單純
平時過日候[102]氣運　　時運若到錢著春[103]
天生我才必有用　　　天理本來是正常
做人打拼兼有諒[104]　　這款人格眞優良
當今頭路萬百款　　　性質有合眞樂觀
頭路好歹甭哀怨　　　人講行行出狀元
人有賺錢要檢點　　　多人讚美少人嫌
死後有人通感念　　　做人做事要清廉
有孝父母尚要緊　　　這是五倫一等親
自古至今人承認　　　有孝父母勝拜神
不孝父母傳後代　　　兒女觀看伊能知
無形教育足厲害　　　任汝先教教袂來
父母愛子是天性　　　爲子效勞是眞情
假使兒女有不幸　　　子兒痛肉伊痛心
對子袂曉卜痛疼　　　乎子怨嘆歸世人

---

100 準講，音：cun²kong²，就算。
101 工作，或記爲「工課」，音：khang¹khue³。
102 候，音：hau⁷，等待。
103 春，或記爲「賰」，音：chun¹，剩餘。
104 有諒，或記爲「有量」，音：u⁷liong⁷，有度量。

等待年老知歹紡　彼時反悔無彩工[105]
結做尪某相欠債　不通對尪赤耙耙[106]
皆若不對回失禮　尪某即袂起冤家
尪某就要相尊重　事業卜做要參詳[107]
最好雙人有意向　做尪不可超過強
互相能得了解性　家庭風波袂發生
兩方能得相尊敬　人講家和萬事成
大兄就要疼小弟　大兄如父關心伊
就用鼓勵甭惡意　保持兄弟的情誼
要被服從有條件　有理講話人著聽
絕對不敢做歹子　比較使硬[108]也恰贏
古早碓家[109]者[110]有權　有人歹甲像青番
心婦[111]一定要伊管　做人心婦真操煩
清早捧水洗手面　問看一頓煮幾升
三頓就要捧緊緊　做人心婦足可憐
現在時勢無同款　碓家不通相樂觀
十有之九倒頭管[112]　清早頭項就起栓[113]
碓家身份大落價　有權的人無幾個
聰明的人趁大勢　多數心婦變碓家
家家有本難唸經　攏無同款的情形
各人聲頭放乎鬆[114]　人講家和萬事興

105 無彩工，音：bo⁵chai²kang¹，白費力氣。
106 赤耙耙，或記為「刺耙耙」，音：chiah⁴pe⁵pe⁵，兇巴巴。專門用來形容女人。
107 參詳，音：cham¹siong⁵，商量。
108 使硬，要狠。
109 碓家，或記為「大家」，音：ta¹ke¹，婆婆。
110 者，或記為「即」，音：ciah⁴，這麼。
111 心婦，或記為「新婦」，音：sin¹pu⁷，媳婦。
112 倒頭管，指媳婦管婆婆。
113 栓，或記為「漩」，音：suan⁷，罵粗話。
114 此句是說，大家都輕聲細語，各退一步。

第一家庭若顧好　　第二對外得人和[115]
大小代誌罔來做　　普通生活免驚無
人來出世脫博體[116]　卜返什麼攏無提
尚好乎咱做皇帝　　死後江山別人的
世情若是看能破　　精神絕對恰快活
心肝若是超過大　　著乎金錢塊折磨
人有賺錢要有諒　　回饋社會是正常
對人客氣兼尊重　　這款人品最優良
本集暫且到這止　　若無棄嫌等下期
如果若是有異議　　批評指教我無辭[117]
小弟住在彰化縣　　芳苑鄉內新生村
一生貧赤[118]無哀怨　畢生做人眞樂觀
住所小弟順續[119]報　有請先輩甲兄哥
我帶[120]新生第二號　有閒[121]請您來七桃[122]

---

115 得人和，音：tit⁴jin⁵ho⁵，得人擁戴。
116 脫博體，或記爲「褪腹裼」，音：thng³pak⁴theh⁴，打赤膊。
117 無辭，音：bo⁵si⁵，沒有推託、推辭。
118 貧赤，或記爲「散赤」，音：san³chiah⁴，赤貧。
119 順續，或記爲「順紲」，音：sun⁷sua³，順便。
120 帶，或記爲「蹛」，音：tua³，居住。
121 有閒，或記爲「有閑」，音：u⁷ing⁵，有空。
122 七桃，或記爲「迌𨑨」，音：chit⁴tho⁵，遊玩。

第五篇　敘情歌詩

〈寫給愛妻秋香〉

秋風微微雲過月　　香味陣陣對面吹

再度想起青春時　　得意至今甘苦甜

（一）〈二林真正好所在，地靈人傑出人才〉

地方人才出不少	若卜[1] 介紹袂[2] 齊著[3]
這位無講真可惜	心頭不時塊艾偶[4]
二林真正好所在	地靈人傑出人才
出名這位書法界	我來介紹乎您知
伊是書法為主題	琴棋書畫逐項[5] 會
也是當代的武勢	不曾[6] 與人起冤家
做人忠厚人品讚	看破世情無簡單
頂天立地男子漢	書法名人許明山
他爹住在咱本縣	線西鄉內溝內村
耕農兼塊做粟販	糙米暢銷北台灣
生意愈做又愈大	專用牛車著塊拖
那時搬來二林帶[7]	交通方便恰快活
二林五分透田中	下南銷售到高雄
縱貫北部無限量	彰化分線至台中
接受好友的鼓勵	放出小販十多個

1　卜，或記為「欲」，音：beh⁴/bueh⁴，要。

2　袂，或記為「膾」，音：be⁷/bue⁷，不會。

3　齊著，音：ciau⁵tioh⁰，全部都介紹。

4　艾偶，或記為「礙虐」，音：gai⁷gioh⁸/ngai⁷gioh⁸，令人覺得不舒服。

5　逐項，音：tak⁸hang⁷，每一個項目。此指每一個夢境。

6　不曾，或記為「毋捌」，音：m⁷bat⁸。

7　帶，或記為「蹛」，音：tua³，居住。

愈做眞正愈有勢　縣內排名第二家
縣內排名第二等　獨有朝日最頭前
陳反官勢當興盛　咱卜贏伊不可能
他爹號做許金盾　交陪會長李連春
軍糧一半分咱份　這有固定的利純[8]
金盾感覺眞滿意　邀請詩友來吟詩
歸陣宛如親兄弟　講話攏嘛足投機
收集古董甲[9]相片　只是趣味無賺錢
歸間厝內攏鄭鄭[10]　積少成多年嘟年[11]
姓洪以論最厲害　兄弟文武雙秀才
仕在二林沙山界　大陸做官通人知
大福洪挑兩先生　古井水伊賣有錢
手提能著看能見　若卜好額[12]免三年
姓楊玉麟尙介嗆[13]　人人稱呼小孔明
講話流利嘴賢炳[14]　聲頭降倒甲地靈
論起教學能傳先　做人仁慈好漢緣[15]
生活經費人算便　清寒過日親像仙
些[16]人若乎抾罩陣[17]　可比八仙落凡塵
天蓋崩下無要緊　吟詩做對眞入神
許父做人眞慷慨　名流雅士五路來
伊對相片眞喜愛　好友總能報伊知

8　利純，音：li^{7}sun^5，利潤。
9　甲，或記爲「佮」，音：kah^4，與、和。
10　鄭鄭，或記爲「滇滇」，音：tinn^{7}tinn^7，滿滿。
11　年嘟年，或記爲「年拄年」，音：ni^{5}tu^{2}ni^5，一年又一年。
12　好額，音：ho^{2}giah^8，有錢、富有。
13　嗆，或記爲「衝」，音：ching^3，很有名。
14　嘴賢炳，或記爲「喙反」，音：chui^{3}gau^{5}ping^2，伶牙俐齒。
15　漢緣，音：han^{3}ian^5，即人緣。
16　些，或記爲「遐」，音：hia^1，那些。
17　抾罩陣，或記爲「抾湊陣」，音：khioh^{4}tau^{3}tin^7，湊在一起。

明山對人眞好禮　　伊做茶童塊奉茶
稱呼阿叔甲阿伯　　有時一陣十外個
幸運生在好環境　　聽見眾仙論世情
些人專是走雲頂　　就是時代的精英
外地詩友散澎澎[18]　　有時眾仙來歸洞
洞主他爹攏免講　　明山自然變仙童
許家眞正有人氣　　伊對人好人對伊
明山感覺眞趣味　　不曾煩惱甲半絲
樂極生悲原有數　　許父生意跨大步
不合時機變干苦[19]　　週轉不能即[20]改途[21]
暫時生意無塊做　　家庭生活成問題
並無物件[22]通販賣　　想甲心肝虛花花[23]
明山那時讀農校　　煩惱皆因窮[24]出頭
看破退學趕緊走　　豆油[25]工廠做外交
伊做外交做一睏[26]　　豆油工廠無利純
走尋[27]行家有恰穩　　碾米是咱的本分
走去台北顧米絞[28]　　一切工事包甲礁[29]
雖然歸日霧煞煞[30]　　過去本行做能合
彼時無袋通好底[31]　　舊袋規定要收回

18　此句指各地都有詩友。
19　干苦，或記爲「艱苦」，音：kan¹khoo²，痛苦、難過、辛苦困難。
20　即，或記爲「才」，音：ciah⁴，才。
21　改途，音kai²too⁵，改換行業。
22　物件，音：mih⁸kiann⁷，東西。
23　虛花花，亂糟糟的意思。
24　窮，或記爲「強」，音：kiong⁵，倔強。
25　豆油，音：tau⁷iu⁵，醬油。
26　一睏，音：cit⁸khun³，一陣子。
27　尋，或記爲「揣」，音：chueh⁷，找。
28　米絞，音：bi²ka²，碾米廠或輾米工具。
29　包甲礁，或記爲「包洛焦」，音：pau¹kah⁴ta¹，全部都包辦。
30　霧煞煞，或記爲「霧嘎嘎」，音：bu²sa³sa³，霧茫茫看不清，也比喻事情摸不清頭緒，此處指忙得焦頭爛額。
31　底，或記爲「貯」，音：te²，盛、放、裝。

卜返與人車相契[32]
趕緊去找接骨師
伊甲朋友有熟在[34]
師傅對咱即好意
發現楊梵寫大字
明山看著煞愕愕[35]
一筆全部寫疼疼[36]
揮毫大字寫一龍
龍頭舉著尙面頂
明山那時下決意[37]
來拜林梵學寫字
幸得大師的誠意
勤練一貫無停止
練甲筆力有夠硬
字骨到處都飽鄭[39]
親近院長于右任
周鈞亭甲王漢英
林梵大師做紹介
接受大家的關愛
自從做兵退伍後
開設明山書畫社

打斷手骨相蓋[33]衰
拳頭師傅眞高才
藥費不肯乎咱開
卜寫錦旗贈送伊
起手落筆使絕技
台灣那有這款人
看伊塊寫眞輕鬆
看著親像活生生
龍尾最後環全身
甘願卜賺恰少錢
同時順序[38]兼做詩
收伊明山做徒兒
後來成名做一時
返頭越角也眞綿
練字時間無限年
莊幼岳與蔡元亭
嘛有名家呂佛庭
專是頂尖的人才
這款恩情我攏知
返來二林的地頭
二林看板伊總包

32　相契，或記爲「相扦」，音：sio¹khe⁵，擦撞。
33　相蓋，或記爲「上界」，音：siong⁷kai³，最。
34　熟在，或記爲「熟似」，音：sik⁸sai⁷，熟識。
35　愕愕，或記爲「楞楞」，音：gang⁷gang⁷，感到意外或受驚嚇而楞住。
36　疼疼，或記爲「迵迵」，音：thang³thang³，指遍及。此處指一筆寫完全部的
　　字。
37　決意，音：kuat⁴i³，決心。
38　順序，或記爲「順紲」，音：sun⁷sua³，順便。
39　飽鄭，或記爲「飽滇」，音：pa²tinn⁷，飽滿。

後改亞洲美術社　　二林戲院塊賺食[40]
圖樣能畫字能寫　　全部現金攏無賒[41]
了後戲院無景氣　　美術生意歹時機
轉賣佛具兼寫字　　兼賣禮品恰合時
伊做生意真公道　　藝術不斷著塊學
伊的武術特別好　　不曾甲人舉硬高[42]
起頭伊先學硬拳　　供奉達摩做師尊
腳馬已經豎[43]真穩　　眼明手快有到純
太祖硬拳恰好動　　軟拳始祖張三豐
硬軟兼施恰套棟[44]　　此招叫做柔克剛
拳頭那練字那[45]寫　　專靠店面塊賺食
幸運熟在謝小姐　　慧眼物色許少爺
兩人同甘甲共苦　　為著家庭的前途
不敢強求大富戶　　安貧樂道做藍圖
尪某[46]思想足接近　　工作塊做無卿分[47]
心電感應善為本　　德行傳授乎子孫
婦人主內伊主外　　有通交代恰快活
有時人招卜出外　　慢返能堪[48]恰拖沙[49]
前年縣長走來訪　　了解詩寫兩面通
剛正無私行德政　　猛然有理佈仁風
縣長當時足歡喜　　看見明山展絕技

40　賺食，或記為「趁食」，音：than³ciah⁸，賺錢度日。
41　賒，音：sia¹，賒欠，不付現、掛帳。
42　舉硬高，或記為「揭硬篙」，音：giah⁸nge⁷ko¹，硬碰硬。
43　豎，或記為「徛」，音：khia⁷，站。
44　套棟，或記為「妥當」，音：tho⁸tong³，穩當、可靠。
45　那……那……，或記為「若……若……」，音：na²……na²……，一邊……一邊……。
46　尪某，或記為「翁某」，音：ang¹boo²，夫妻。
47　卿分，或記為「窮分」，音：khing⁵hun¹，計較。
48　堪，音：kham¹，承受。
49　拖沙，音：thua¹sua¹，指做事情拖延。

剛猛是我的名字
揮毫免費半小時
明山相片集眞多
一張二林的問題
爲著爭取蔗農會
提頭的人有夠衰
採收甘蔗不講價
收成了後由伊提
蔗農掠賊哭無爸[50]
拒絕採收起冤家
二林一位李應章
堪稱民族的英雄
伊對蔗農眞注重
本身武勢嘛眞強
蔗農返來塊報告
趕緊叫人去打鑼
甘蔗若是不乎操[51]
大家就要格通和[52]
應章趕緊下命令
同時路上討救兵
南光隨時有反應
宋江獅陣箭最前[53]
見面大家開始戰
戰甲喊休[54]甲連天
長槍短棍齊出現
哀爸叫母足可憐
二林蔗農隨時到
沙仔一人提一包
見面也去即閃走
二林蔗農佔鋒頭
警察傢司[55]舉孤手
一手著塊揉目睭
蔗農那能者夭壽[56]
目睭英[57]著流目油
目睭無看想卜走
續參竹塘相叩頭[58]
擱有路上塊逼後
大城起來四面包
獅鼓愈打又愈緊
個個隊員眞認眞
打甲霞黑[59]無看面
聽著鑼聲即收兵

50　此句指蔗農受到剝削，卻無處訴苦。
51　操，或記爲「剉」，音：cho^3，用刀斧砍。
52　格通和，或記爲「激通和」，音：kik^{4}thong^{1}ho^5，假裝大家都很和睦。
53　箭最前，或記爲「搧做前」，音：cinn^{3}co^{3}cing^5，擠身爲前頭。
54　喊休，或記爲「喝休」，音：huah^{4}hiu^1，大聲叫喊。
55　傢司，或記爲「家私」，音：ke^{1}si^1，工具，這裡指武器。
56　夭壽，iau^{2}siu^7，罵人壽命不長。
57　英，或記爲「块」，音：ing^1，細沙子飛到眼睛。
58　相叩頭，或記爲「相硞頭」，音：sio^{1}khok^{8}thau^5，相遇、相碰撞。
59　霞黑，或記爲「霞烏」，音：ha^{5}oo^1，指太陽下山。

加在[60]一場無人死　專是斷腳甲手折
農民打贏足歡喜　警察黑台載去醫
蔗農大家當歡喜　聽著台北收音機
二林事件的代誌　六三法案要實施
總督即時下命令　提頭唯一要死刑
應章彼時眞趕緊　通知南光緊宣藤[61]
天光大隊隨來到　卜尋主事尋無頭
以外的人無塊走　二林地方亂抄抄[62]
無走的人尙介害　被用牛車載歸台

若問大家推[63]不知　我都人來隨人來
定罪無論輕亦重　至少拘留二九工[64]
就關夠額即能放　彼時攏無有勢人
明山收集舊相片　一種價值眞多錢
描述二林是眞硬　發生大正十四年
擱有一張福海宮　天上聖母眞有靈
托夢彰化楊縣令　公款來翻媽祖宮
隔日縣令隨時到　龍蝦吉地是珍寶
後印彰化的山脈　前向澎湖黑水溝
返去隨時下命令　打開金庫來建宮
台灣全島第一嗆　就是王功福海宮
清宮食譜有記載　七耳蚵仔的由來
當前仙女下凡界　七個姊妹公家栽
七個一人種一耳　種著福海港溝邊

60　加在，或記爲「佳哉」，音：ka¹cai³，幸好、幸虧。
61　宣藤，或記爲「旋藤」，音：suan¹tin⁵，原指藤蔓植物迴旋攀爬，此指溜走。
62　亂抄抄，或記爲「亂操操」，音：luan⁷chau¹chau¹，形容事物失去次序，顯得非常混亂。
63　推，音：the¹，找理由推辭。
64　工，音：kang¹，天。

海水慢退擱早鄭[65]　　蚵仔即能彼賢[66]生

織女帶隊落來種　　尫某吃著生感情

有向媽祖來請令　　媽祖應準[67]即種成

相片故事滿滿是　　要聽介紹等下期

先講明山的代誌　　伊對社會有佈施

公益事業伊有做　　不良習慣半項無

家庭經濟顧眞好　　做人第一得人和[68]

交陪上至到公卿　　凡夫走卒亦庶民

明山平等塊逗陣　　彼此總無分重輕

權貴先進于右任　　伊的資歷爲尚深

批紙[69]寫字無拘謹　　稱兄道弟若儒林

也有一位陳立夫　　伊的身分眞特殊

兩人交陪[70]有夠久　　比較公孫[71]無恰輸

立夫對台大貢獻　　台灣中醫足可憐

並無執照通表現　　個個變做赤腳仙[72]

立夫中央打管道　　中醫台灣設大學

苦學檢定兼特考　　專是立夫的功勞

台灣漢醫有地位　　中華文化大發揮

立夫勞力[73]情所貴　　一代偉人之所爲

龍而交龍鳳交鳳　　專交貴族兼詩王

互相尊重人就爽　　意志投合萬事通

65　慢退擱早鄭，或記爲「慢退擱早滇」，音：ban⁷the³ko¹ca²tinn⁷，退潮慢而漲潮快。

66　賢，或記爲「勢」，音：gau⁵，很會。

67　應準，或記爲「允准」，音：in²cun²，允許。

68　得人和，音：tit⁴jin⁵ho⁵，得人擁戴。

69　批紙，音：phue¹cua²，信紙。

70　交陪，音：kau¹pue⁵，彼此來往，交際應酬。

71　公孫，指阿公（爺爺）與孫子。

72　赤腳仙，或記爲「赤跤仙」，音：chiah⁴kha¹sian¹，江湖郎中，沒有牌照的醫生。

73　勞力，音：lo⁵lik⁸。

伊在國際寫大字	得到冠軍賞錦旗
二林眞正好地理	國際名人就是伊
主張贈字無賣字	原則一貫眞堅持
願爲地方做代誌	服務絕對無推辭
深受各界的肯定	高陽名號即形成
陽若無私層層高	山如有容重重明
小弟恬⁷⁴在彰化縣	芳苑鄉內新生村
學歷較下無哀怨	每日都是眞樂觀
住所小弟順序報	敬請各界朋友哥
我住新生第二號	有閒⁷⁵請您來七桃⁷⁶
溪湖出去無外遠	北邊粘著漢寶園
小名普通眞快問	早年村長我塊當
自小我是樂暢子⁷⁷	好交朋友甲弟兄
專望列位來相疼	姓陳再得我小名

---

74 恬，或記爲「踮」，音：tiam³，在。
75 有閒，或記爲「有閑」，u⁷ing⁵，有空。
76 七桃，或記爲「迌迌」，音：chit⁴tho⁵，遊玩。
77 樂暢子，或記爲「樂暢囝」，音：lok⁸thiong³kiann²，沒有心機、沒有過多煩惱的人。

（二）〈陳雷e歌〉

小弟恬[1] 在彰化縣　　大城鄉內西港村
有時海水若倒灌　　歸庄e[2] 人眞操煩[3]
阮兜[4] 放蜆兼飼鴨　　水窟[5] 開置[6] 阮厝腳[7]
摸蜆洗褲免人教　　洗無清氣[8] 結歸粑[9]
自小阮趙[10] 愛唱歌　　三條老歌一直磨
歸日到晚唱未煞[11]　　大家講我無卡紙[12]
乎阮想趙眞刻虧　　出世無鼻面槌槌[13]
父母生我無戒水[14]　　厝邊則[15] 叫阮陳雷
人阮毋是無骨氣　　外表看起眞細字[16]
想著庄腳無景氣　　想欲都市賺人錢
欲吃頭路毋八字[17]　　欲做生理[18] 無本錢
來學工夫卡歸氣[19]　　甘乾[20] 風管學三年
風管若學歌若[21] 唱　　出門風管亂亂張[22]

1　恬，或記爲「踮」，音：tiam[3]，在。
2　e，或記爲「个」，音：e[0]，的。
3　操煩，音：chau[1]huan[5]，操心、煩惱、憂慮。
4　阮兜，音：guan[2]tau[1]，我的家。
5　水窟，音：cui[2]khut[4]，水窪。
6　置，或記爲「佇」，音：ti[7]，在。
7　厝腳，或記爲「厝跤」，音：chu[3]kha[1]，房子旁。
8　清氣，音：ching[1]khi[1]，乾淨。
9　結歸粑，或記爲「結規巴」，音：kiat[4]kui[1]pa[1]，指衣服沒洗乾淨，乾掉後變得又乾又硬。
10　趙，或記爲「就」，音：to[7]/tio[7]/ciu[7]。
11　未煞，或記爲「繪煞」，音：bue[5]suah[4]/be[5]suah[4]，不停。
12　無卡紙，或記爲「無較差」，音：bo[5]khah[4]cuah[8]，沒有什麼差別、沒有用。
13　槌槌，音：thui[5]thui[5]，傻傻的、反應遲鈍的。
14　戒水，或記爲「界媠」，音：kai[3]sui[2]，最漂亮、很漂亮。
15　則，或記爲「才」，音：ciah[4]，才。
16　細字，或記爲「細膩」，音：se[3]ji[7]，非常客氣。
17　八字，或記爲「捌字」，音：bat[4]ji[7]，識字。
18　生理，音：sing[1]li[2]，生意、買賣。
19　歸氣，或記爲「規氣」，音：kui[1]khi[3]，乾脆。
20　甘乾，或記爲「干焦」，音：kan[1]ta[1]，光事、僅僅。
21　若……若……，音：na[2]……na[2]……，一邊……一邊……。
22　亂亂張，音：luan[7]luan[7]tionn[1]，胡亂設置。

頭家罵我皮咧癢　　　按怎寸尺毋免量
頭家咧罵阮笑笑　　　知影家己卡毋對
歌仔照常唱無息[23]　　看有好空[24]　窗好挑[25]

23　無息，或記為「無歇」，音：bo⁵hioh⁴，沒有停。
24　好空，音：ho²khang¹，有賺頭或有搞頭的好事情。
25　窗好挑，或記為「通好挑」，音：thang¹ho²thio¹，可以挑。此指有好處可以撿。

第七篇　其他

（一）〈食茶四句歌〉

新娘捧茶[1] 出大廳　　面容含笑向前行

一杯甜茶共我請　　祝您生子大出名

新娘捧茶佇面前　　真正一位高才生

一杯甜茶共我敬　　祝您生子出人前

新娘生做好體格　　卜[2] 來共我請甜茶

祝您出著好後世[3]　　子孫個個做頭家[4]

新娘雙腳豎在在[5]　　卜請甜茶一勻[6] 來

善良家庭傳後代　　萬世一系出人才

新娘體格有夠美[7]　　三十一二的胸圍

卜請甜茶捧到位　　祝您生子真古錐[8]

新娘生水[9] 雞蛋面　　面中帶來好笑神

甜茶多少無要緊　　祝您生子真天真

新娘天生好內才[10]　　觀看目神[11] 就會知

1　捧茶，音：phang⁵ te⁵，端茶。

2　卜，或記爲「欲」，音：beh⁴/bueh⁴，要。

3　後世，音：hio⁷se³，子孫。

4　頭家，音：thau⁵ke¹，老闆。

5　豎在在，或記爲「徛在在」，音：khia⁷cai⁷cai⁷，站得穩穩的。

6　勻，也可寫成「㧣」，音：un⁵，一輪。

7　美，或記爲「媠」，音：sui²，漂亮。

8　古錐，音：koo²cui¹，可愛。

9　水，或記爲「媠」，音：sui²，漂亮。

10　內才，音：lai⁷cai⁵，指一個人內在的修爲、內涵、才華等。

11　目神，音：bak⁸sin⁵，眼神。

請阮甜茶我真愛　　祝您生子狀元才
新娘五官真端正　　福氣嫁著忠厚兄
一杯甜茶共我請　　祝您生子有官名
新娘生做好氣質　　平生做人真老實
生子讀書排第一　　事業領先一路直
新娘生做真賢慧　　甜茶請阮一大杯
明年媽媽通好做　　男女各一無問題
新娘做人風度好　　慧眼物色好兄哥
請茶我甲您祝賀　　卜愛子孫免驚無

新娘生做富貴相　　聰明記號在眼中
請阮甜茶阮隨用　　祝您生子真優良
新娘穿插¹²有氣派　　真正一位好人才
甜茶請我我最愛　　祝您生子上金階¹³
新娘穿插有講究　　順應時代的潮流
祝您生子有成就　　甜茶飲落足滑溜¹⁴
新娘生水有著等¹⁵　　這是貴家的光榮
一杯甜茶來相敬　　隨心所欲萬事成
新娘天生好德行　　住在地方最文明
一杯甜茶甲阮敬　　生子傳孫足光榮
新娘做事真謹慎　　新友後婚即¹⁶成親
甜茶卜請免趕緊　　明年生龍請貴賓
新娘做人真賢慧　　請茶無論親亦疏
家庭若是有計畫　　一男一女無問題
新娘五官真自在　　鮘魚嘴¹⁷擱柳葉眉

12　穿插，音：ching⁷chah⁴，穿戴、服裝、裝扮。
13　上金階，音：cionn⁷kim¹kai¹，指將來大富大貴。
14　滑溜，音：kut⁸liu¹，滑順、順口。
15　有著等，音：u⁷tioh⁸ting²，榜上有名。
16　即，或記為「才」，音：ciah⁴，才。
17　鮘魚嘴，如鯉魚的嘴一樣小小的。

請阮甜茶阮最愛　　祝您生子中秀才
新娘體格足舒適　　胸圍三二腰二四
請阮甜茶足歡喜　　祝您生子做名醫
新娘體格有夠水　　也袂太瘦也袂肥
請阮甜茶無白費　　生子事業大發揮
新孃賢慧兼識[18]事　　舉止行動眞自如
誠意請茶免考慮　　祝您生子賢[19]讀書
新娘觀相知貴賤　　下巴[20]飽鄭[21]有人緣
誠懇請茶好表現　　生子讀書親像仙
新娘無笑激用吻[22]　　盡心做事助夫君
請茶人人都有份　　代代能出好子孫
新娘眞正有智慧　　萬項代誌看能開
請阮甜茶一大嘴　　生子名人準入圍
新娘眞正有財庫　　明年頭胎生查埔[23]
二胎續落[24]生查某[25]　　食茶共您延歸晡[26]
新娘眞正有福運　　因爲性質足單純
食茶共您延一睏[27]　　生著賢子傳賢孫
新娘的人眞識理　　面型水甲像西施
向阮請茶純好意　　生著賢子即合宜
新娘天生好德行　　做人做事眞正經
手捧甜茶來相敬　　生子做官像陳誠

18　識，或記爲「捌」，音：bat[4]。
19　賢，或記爲「勢」，音：gau[5]，厲害。
20　下巴，或記爲「下頦」，音：e[7]huai[5]/e[7]hai[5]。
21　飽鄭，或記爲「飽滇」，音：pa[2]tinn[7]，飽滿。
22　吻，或記爲「文」，音：bun[5]，指「文文仔笑（bun[5]bun[5]a[2]chio[3]）」，輕盈地、
　　微微地笑。
23　查埔，或記爲「查甫」，音：ca[1]poo[1]，男性。
24　續落，或記爲「紲落」，音：sua[3]loh[0]，接著。
25　查某，音：ca[1]boo[2]，女性。
26　歸晡，或記爲「規晡」，音：kui[1]poo[1]，老半天，指很久。
27　一睏，音：cit[8]khun[3]，一陣子。

新娘良好的個性　　手捧甜茶請阮飲
生子親像王永慶　　實實在在塊經營
新娘做事袂含慢[28]　待人接物眞簡單
生女親像李香蘭　　生男水甲像潘安
新娘積德有福運　　慧眼物色好郎君
生子有孝像大舜　　請茶貴賤攏無分
新娘生水蔥管鼻[29]　請阮食茶甘攔甜
若卜一男兼一女　　頭尾就要等三年
新娘生水柳葉眉　　目睭重純[30]通人知

請阮的茶阮眞愛　　生男生女一勻來
新娘生水鮎魚嘴　　唇紅齒白足古錐
共阮請茶捧到位　　生著賢子大發揮
新娘天生有福氣　　尪某[31]講話能投機
甜茶請阮阮歡喜　　祝您生著好子兒
新娘談吐有分寸　　請茶人人攏有份
尪某思想有接近　　一定出著好子孫
新娘甜茶泡眞厚　　眞正某水尪緣投[32]
論眞禮數用眞夠　　生子一定會眞賢
新娘實在眞聰明　　不愧一位高材生
您請甜茶我來用　　祝您家和萬事興
新娘社會人肯定　　尪來有義某有情
一杯甜茶甲阮敬　　祝您家和萬事成
新娘做人守婦道　　以仁爲本家便和
平生功德繼續做　　代代名望節節高

28　含慢，或記爲「頇顢」，音：han¹ban⁷，形容人愚笨、沒有才幹。
29　蔥管鼻，形容鼻樑如蔥一樣直。
30　重純，或記爲「重巡」，音：ting⁵sun⁵，雙眼皮。
31　尪某，或記爲「翁某」，音：ang¹boo²，夫妻。
32　緣投，音：ian⁵tau⁵，英俊。

新娘做人義爲本　　　孝敬雙親伴郎君
卜做功德無宿睏[33]　　留些資源乎子孫
新娘對人眞好禮　　　行到面前請甜茶
順序有高甲有低　　　地方尋[34]無第二個
新娘天生有智慧　　　龍入大海大發揮
立足社會有地位　　　種種比賽定入圍
新娘一生眞守信　　　言行一致事是眞
答應代誌眞要緊　　　有頭有尾親像神
新娘乖巧守忠孝　　　孝順媳婦蔭雙頭
囝仔[35]能大咱能老　　愛做模範即有賢
新娘伶俐守仁愛　　　嘛能治家甲[36]理財
家庭基礎若自在　　　東西南北錢就來
新娘善良守信義　　　絕對不舉順風旗[37]
一向處事照道理　　　伊靠五常甲十義
新娘寬量守和平　　　萬項無甲人競爭
讓人三分事就省　　　勤儉打拼顧家庭
新娘請茶照古例[38]　　祝您三年生兩個
男女各一有上格[39]　　起碼也能做頭家
新娘捧茶並頭[40]請　　伊照古例著塊行
入門能得得人疼　　　孝順家官[41]尙出名
新娘下巴生飽鄭　　　福氣帶來做本錢

---

33 宿睏，或記爲「歇睏」，音hioh⁴khun³，休息。
34 尋，或記爲「揣」，音：chueh⁷，找。
35 囝仔，或記爲「囡仔」，音：gin²a²，孩子。
36 甲，或記爲「佮」，音：kah⁴，與、和。
37 順風旗，隨風飄揚的旗幟，此指見風轉舵。
38 古例，傳統的禮節。
39 上格，音：cionn⁷keh⁴，合格、合乎標準。
40 並頭，或記爲「憑頭」，音：pin⁷thau⁵，依序。
41 家官，音：ke¹kuann¹，公公和婆婆。

若卜好額⁴²一目眨⁴³　　卜生貴子免一年
新娘新郎攏同姓　　糖茶攙⁴⁴蜜更加甜
互相幫助氣力硬　　愛情專一到百年
逐個⁴⁵讚美⁴⁶新娘水　　新郎帥哥亦入圍
祝您日後丁財貴　　一炮沖天眞光輝
新娘嫁入富貴宅　　人口一年一年加
個個勇壯好體格　　福祿壽全總咱個⁴⁷
此對姻緣天所賜　　生子一定賢讀書
兒女個個做博士　　代代相傳眞自如

新娘原來好品性　　配合新郎眞賢能
一杯甜茶來相敬　　祝您代代出菁英
新娘天生好女德　　服從𡢃婿眞積極
專爲家庭的利益　　對待社會足明白
新娘生做好模樣　　處事本人有主張
後日生子做鄉長　　站在爭取的立場
新娘請茶出自願　　平等攏無目頭高
爲民服務若習慣　　可以參加選議員
新娘泡茶糖甜甜　　地方立起⁴⁸即多年
平生照顧老百姓　　卜選村長免開⁴⁹錢
新娘禮數眞會曉　　請茶雙手捧條條⁵⁰
生子參人選代表　　便若提出一定朝⁵¹

42　好額，音：ho²giah⁸，有錢、富有。
43　一目眨，或記爲「一目瞬」，音：cit⁸bak⁸nih⁴，瞬間、一眨眼。
44　攙，音：cham¹，加入、混合。
45　逐個，或記爲「逐个」，音：tak⁸e⁵，每一個人。
46　讚美，或記爲「呵咾」，音：o¹lo²，稱許、讚揚。
47　咱個，或記爲「咱个」，音：lan²e⁵，我們的。
48　立起，或記爲「徛起」，音：khia⁷khi²，立足。
49　開，音：khai¹，支出、花錢。
50　捧條條，或記爲「捧牢牢」，音：phang⁵tiau⁵tiau⁵，端好、端牢。
51　朝，或記爲「牢」，音：tiau⁵，錄取、選上。

新娘請茶誠爲貴　　舉止談吐有範圍
生子參人做立委　　您恬[52] 後面通指揮
新娘生子做縣長　　未曾行軍先行糧
紅包回扣咱甭想　　立在整頓的立場
新娘做人足好禮　　五官端正面肉白
參加選美有夠格　　我來接受貴族茶
新娘請茶眞鎭靜　　莫怪時代的菁英
一人一杯共阮敬　　祝您生子更高明
新娘請茶足歡喜　　全場的人笑咪咪
第一洞房花燭夜　　第二金榜題名時
新娘生水慈祥面　　可比仙女落凡塵
金童玉女來罩陣[53]　　心情感覺一定輕
新娘甜茶廷即鄭[54]　　體格親像許秀年
該有部分眞飽鄭　　置蔭[55] 丈夫大賺錢
新娘面貌眞春風　　天頂仙女眞相同
平生性質眞開朗　　幫君做事穩成功
新娘請茶捧眞穩　　阮飲甜茶加二呑[56]
對上至孝礁家官[57]　　對下生著好子孫
新娘請茶算好好　　若有在場免驚無
一向處事眞公道　　地方豎起[58] 最仁和
新娘甜茶捧即多　　請我甜茶一大杯
明年絕對有機會　　來乎您請麻油雞
新娘新郎眞優秀　　眾人合一有所求

---

52 恬，或記爲「踮」，音：tiam³，在。
53 罩陣，或記爲「湊陣」，音：tau¹tin⁷，偕同、結伴。
54 廷即鄭，或記爲「瀩即滇」，音：thin⁵ciah⁴tinn⁷，倒茶倒很滿。
55 置蔭，或記爲「致蔭」，音：ti³im³，庇蔭。
56 加二呑，或記爲「雞卵呑」，音：ke¹nng²tun¹，好像生呑雞蛋一樣大口喝茶。
57 礁家官，或記爲「大家官」，音：ta¹ke¹kuann¹，公公和婆婆。
58 豎起，或記爲「徛起」，音：khia⁷khi²，立足。

明年要請麻油酒	若無不放您干休
新娘新郎有緣份	一向做事照五倫
二人打拼甭宿睏[59]	公媽趕緊卜抱孫
新娘新郎眞有緣	思想接近意志堅
二人共同求表現	就是百善孝爲先
新娘新郎高智慧	百世姻緣來做堆
尪某和好情所貴	永永遠遠攏相隨
新娘新郎共一體	有孝礁官甲礁家
做好模範傳後世	恰贏教師請雙個
新娘新郎想同款[60]	看破世情便樂觀
立在社會無積怨	生男生女第一關
新娘新郎若同心	黑土嘛會變成金
上對父母來置蔭	您請甜茶我緊飲
新娘嫁著好郎君	一向做事照五倫
不良習慣咱無份	做些公德乎子孫
新娘嫁著好丈夫	可比貼著安心符
建立家庭有上取	兼爲地方來服務
新娘嫁著好尪婿	專賺有道的錢財
貪花好色伊無愛	地方公益伊敢開
新娘新郎看眞透	淫朋賭友無愛交
尪某二人好到老	但願子孫能出頭
新娘新郎好傳統	淑女嫁著狀元郎
烈火加油旺加旺	子孫做官穩成功
新人姻緣天所賜	積善之家慶有餘
日後生子做大事	下代生孫賢讀書
新娘看人袂含慢	慧眼選擇才情尪

---

59 宿睏，或記爲「歇睏」，音hioh⁴khun³，休息。
60 同款，或記爲「仝款」，音：kang⁵khuan²，一樣。

頂天立地男子漢　　一生依靠心得安
新娘認人眞高明　　物色丈夫人正經
能得修心來養性　　眞正家和萬事成
新娘看人有夠準　　修心練性的郎君
一生食穿靠眞穩　　素質優良傳子孫
新娘認人眞厲害　　敢斷過去甲未來
明心見性的囝婿　　慧眼觀看隨會知
小弟恬在彰化縣　　芳苑鄉內新生村
經濟好歹無哀怨　　每日不時眞樂觀
溪湖出去無外遠　　北邊粘著漢寶園
小名普通眞快問　　早年村長我塊當
住所小弟順序[61]報　　敬請列位好兄哥
我住新生第二號有　　閒[62]請您來七桃[63]
自小我是樂暢子[64]　　好交朋友甲弟兄
專望列位來相疼　　姓陳再得我小名

　　　　　歌仔仙　陳再得　寫於　2001.08.26.

61　順序，或記爲「順紲」，音：sun^{7}sua^3，順便。
62　有閒，或記爲「有閑」，u^{7}ing^5，有空。
63　七桃，或記爲「迌迌」，音：chit^{4}tho^5，遊玩。
64　樂暢子，或記爲「樂暢囝」，音：lok^{8}thiong^{3}kiann^2，沒有心機、沒有過多煩惱的人。

【附錄】
手稿四種

（一）〈三國論〉

神算孔明眞厲害　　　三分天下伊先知
六出祈山拖老命[1]　　九戰中原對叨[2]來
子龍亦是五虎將　　　長稜坡內稱英雄
究竟子龍救阿斗　　　也是[3]阿斗救子龍
劉備尙能流目屎[4]　　有時恰贏塊相刣[5]
表面看起眞實在　　　被伊騙去也不知
有勇無謀是呂布　　　見利忘義變糊塗
殺死丁原爲赤兔　　　殺死董卓爲某奴[6]
王允獻出連環計　　　一个美人害雙个
卜[7]乎呂布刣契爸[8]　即袂[9]想卜做皇帝
曹操第一能多疑　　　人講曉雄[10]就是伊

1　拖老命，音：thua¹lau⁷mia⁷，年紀老邁卻苟延殘喘的活著。此處指孔明年事已高，卻仍爲了三國之事奔波。
2　叨，或記爲「陀」，音：to²，哪裡。
3　也是，或記爲「抑是」，音：ah⁸si⁷，還是。
4　目屎，音：bak⁸sai²，淚水、眼淚。
5　刣，音：thai⁵，殺。
6　某奴，音：boo²loo⁵，妻子的奴隸、怕老婆的人。
7　卜，或記爲「欲」，音：beh⁴/bueh⁴，要。
8　契爸，音：khe³pe⁷，乾爸爸。
9　即袂，或記爲「才獪」，音：ciah⁴bue⁷/ciah⁴be⁷，才不會。
10　曉雄，或記爲「梟雄」，音：hiau¹hiong⁵，強勢狡詐凶狠的領袖人物。

能得違背老百姓　　百姓不得違背伊
三國看透半奸忠　　此款說法不正常
有過五關斬六將　　千里尋兄人盡忠
這位孤兒即苦憐　　丟在路邊幾落天
王允司徒即發現　　有名無姓叫貂蟬
有姓無名呆[11]看守　　華陀到這命將休
藥冊寶鑑卜傳授　　即乎他某燒甩丟[12]
孔明有影真利害　　魏延背骨[13]伊會知
最初魏延跟馬岱　　後來魏延變乎刣
黃忠食老不認老　　八十出陣箭[14]最頭
孔明激將不知走　　食老煞著被斬頭
漢朝坐位四百年　　其中王莽尚歹星
官做那大無覺醒　　強強闖位[15]十八年
當年劉秀真小漢[16]　　打倒王莽無簡單
遷都洛陽為東漢　　歸氣[17]無要帶[18]長安
憲帝坐位朝代尾　　民不安寧即死絕[19]
無福龍椅真呆坐　　報馬走甲像塊飛
回報總是歹代誌　　第一嚴重十常侍
結交張覺三兄弟　　內攻外應最嬰纏[20]
十個太監無羼鳥[21]　　野心想卜闖王朝
使乎憲帝難預料　　想甲無法通開竅

---

11 呆，或記爲「歹」，音：phainn²，不容易。
12 甩丟，或記爲「挕捒」，音：hinn³hiu³，扔掉。
13 背骨，或記爲「悖骨」，音：pue⁷kut⁴，生性叛逆。
14 箭，或記爲「搢」，音：cinn³，擠。
15 闖位，或記爲「篡位」，音：chuan³ui⁷，古時大臣奪取天子之位。
16 小漢，或記爲「細漢」，音：se³han³，年紀輕。
17 歸氣，或記爲「規氣」，音：kui¹khi³，乾脆。
18 帶，或記爲「蹛」，音：tua³，居住。
19 死絕，音：si²ceh⁸。
20 嬰纏，或記爲「纓纏」，音：inn¹tinn⁵，糾纏不休。
21 羼鳥，音：lan⁷ciau²，男性的生殖器。

朝歌趕緊出榜文　　號召天下的義軍
國家患難人人份　　街頭巷尾四處分
引出桃園三結義　　關公張飛扶劉備
無求同月同日生　　但願同月同日死
頭回出陣有到[22]順　能得打散伊黃巾
打出知名來做本　　後來三國伊三份
太監董卓伊打倒　　勢力進入到朝歌
皇帝袂輪[23]伊塊做　　眞正好事不如無
做人呂布尙無格　　伊認丁原做老爸

爲著一匹赤兔馬　　刣死丁原換頭家
伊將丁原來刣死　　隨去[24]投靠董卓伊
做人無情又無義　　有勇無謀像畜牲
董卓彼時即歡喜　　猶原認伊做子兒
認爲是伊的福氣　　朝內無人反對伊
自從得著伊呂布　　身軀愈食愈大框[25]
一日到暗塊想步[26]　桓帝扭下做國奴
隨扶憲帝做皇帝　　九歲攏嘛聽伊个
朝中就伊尙有勢　　反對斬頭兼抄家
物極自然就能變　　王允獻計諸忠賢
當場曹操即出現　　卜送董卓伊歸天
曹操彼時下決意　　打乎董卓伊無疑
一刀就要乎伊死　　七星寶劍舉一支
去到董卓門[27]塊睏　按算乎伊見閻君

22 有到，或記爲「有夠」，音：u⁷kau³，足夠。
23 袂輪，或記爲「膾輪」，音：bue⁷su¹/be⁷su¹，好像。
24 隨去，音：sui⁵khi³，馬上去。
25 大框，或記爲「大箍」，音：tua⁷khoo¹，身材肥胖。
26 想步，音：sionn⁷poo⁷，思考、打算、計畫。
27 門，或記爲「拄」，音：tu²，剛好。

寶劍卜甲刺含頸[28]　董卓精神[29]塊春輪[30]
董卓開嘴叫曹操　莫非早起去迌迌[31]
曹操開嘴應不示　就是卜來獻寶刀
我却[32]一支七星劍　生做眞水[33]尾尖尖
送乎丞相做紀念　良必丞相汝袂嫌
董卓彼時即歡喜　伊對曹操無猜疑
外面寶馬若甲意[34]　卜從[35]寶馬送乎伊
伊殺董卓無過面[36]　有意想卜緊宣騰[37]
試馬做題恰要緊　苦袂一駓[38]到天津
董卓發榜拉曹操　曹操到這難得逃
陳宮呆運拉曹操　棄官二人罩陣[39]逃
二人逃到深山內　小漢曹操伊有來
是他老爸的結拜　姓呂伯奢伊能知
伯奢見面即歡喜　上街買菜款待[40]伊
交代家人豚刣死　款待朋友的子兒
曹操的人賢[41]多疑　聽見拉著即刣死
曹操眞正無情義　呂家一家滅九屍
陳宮當場加責備　曹操隨時回答伊

28　刺含頸，或記爲「突頷顯」，音：tuh⁸am⁷kun²，拿尖銳物戳脖子。
29　精神，音：cing¹sin⁵，睡醒。
30　春輪，或記爲「伸輪」，音：chun¹lun⁵，伸懶腰。
31　迌迌，音：chit⁴tho⁵，遊玩。
32　却，或記爲「抾」，音：khioh⁴，撿取。
33　水，或記爲「媠」，音：sui²，漂亮。
34　甲意，或記爲「佮意」，音：kah⁴i³，喜歡、中意。
35　從，應做「將」。
36　無過面，音：bo⁵kue³bin⁷，不成功。
37　宣騰，或記爲「旋藤」，音：suan¹tin⁵，原指藤蔓植物迴旋攀爬，此引申爲溜走。
38　駓，或記爲「拋」，音：pha¹，翻筋斗。
39　罩陣，或記爲「湊陣」，音：tau³tin⁷，一起。
40　款待，音：khuan²thai⁷，招待。
41　賢，或記爲「勢」，音：gau⁵，厲害。

我能姑侮[42]眾百姓　　百姓不可姑侮伊
陳宮彼時眞受氣[43]　　按算一劍偷襲伊
想講伊是行大義　　二人離開無相辭
曹操急急回故鄉　　家父曹嵩伊參詳
變賣家產做費用　　矯召各路眾英雄
天下人人氣董卓　　十八諸侯總齊和
推薦盟主來領導　　益州袁紹做大哥
改換皇帝得呂布　　董卓食甲眞大框
每日飲酒耍[44]查某　　七汗[45]搧風兼按摩
探子來報眞趕緊　　十八諸侯招聯盟
目前孫堅擋頭陣　　董卓彼陣即精神
董卓開嘴叫鳳兒　　方天衛戟舉一支
江東總來無到死　　那有塊驚孫堅伊
呂布部下趕緊號　　刣雞不免用牛刀
華雄現在當塊躁[46]　　讓我來去得功勞
盟軍連輸三四陣　　使乎袁紹費心神
盟軍眞正無勢面　　實在有影足可憐
關羽志願卜出陣　　身份袁術看伊輕
曹操敬酒加承認　　祝君成功報朝庭
酒杯下[47]在桌面頂　　舉刀騎馬箭做前
得勝返來酒未冷　　華雄首級在面前
五路英雄齊歡喜　　逐个[48]噢咾甲觸舌[49]

42　姑侮，或記爲「辜負」，音：koo¹hu⁷，違背。
43　受氣，音：siu⁷khi³，生氣。
44　耍，音：sng²，玩。
45　七汗，或記爲「拭汗」，音：chit⁴kuann⁷，擦汗。
46　躁，音：so³，性急、不冷靜。
47　下，音：he⁷，放。
48　逐个，音：tak⁸e⁵，每個人。
49　噢咾甲觸舌，或記爲「呵咾㗂觸舌」，音：o¹lo²kah⁴tak⁴cih⁸，嘖嘖讚美。

對方董卓大受氣　卜拉袁紹來際旗
呂布本身領頭陣　一个袂輸二郎神
赤兔塊走有到緊[50]　若無注意隨瓦身[51]
個個不是伊對手　可比惡鬼卜尋仇
若無張飛去解救　公孫名讚命就休
張飛參伊拼恰久　二个無贏也無輸
再加關公來有赴[52]　三个塊戰三腳株[53]
應皆張飛要戰贏　呂布猶原也不驚
這場真正生死拼　劉備助陣兼喊聲
呂布認為呆勢面　趕緊逃走西北平[54]
三个兄弟追真緊　呂布亦是能脫身
袁紹戰勝即歡喜　敬祝桃園三兄弟
隨讓孫堅換劉備　若卜取勝趁此時
孫堅決意戰董卓　董卓與他卜講和
結為親晟來和好　孫堅拒絕絕對無
孫堅轉變有到緊　見利忘義變奸臣
拾著皇家的玉印　佯病請假卜宣騰
卜返中途惹代誌　荊州劉表阻擋伊
三十七歲就來死　孫策十七繼承伊
盟軍本身加治[55]刣　注定董卓卜神氣[56]
認為洛陽地理醜[57]　遷都長安不應皆
袁紹無能通處理　聯軍變成破旗旗

50　緊，音：kin²，快。
51　瓦身，或記為「倚身」，音：ua²sin¹，靠近身邊。
52　有赴，音：u⁷hu³，來得及。
53　三腳株，或記為「三跤拄」，音：sann¹kha¹tu²，指三個方向都有戰將。
54　平，或記為「爿」，音：ping⁵，邊。
55　加治，或記為「家己」，音：ka¹ti⁷，自己。
56　神氣，或記為「嬈俳」，音：hiau⁵pai¹，神氣、傲慢。
57　醜，或記為「穤」，音：bai²，不好的。

眾人看伊攏無起　　聯軍五馬兼分屍
來講董卓這方面　　一場戰輸無精神
則時遷都超迷信　　也是失敗的原因
聽見孫堅伊來死　　天下無人對付伊
天下最大我自己　　天下尙勇我子兒
對其國家無表現　　所作所爲總逆天
樂極生悲本能變　　引起王允獻貂蟬
漢朝王允做司徒　　發現董卓心即黑
想來想去想無步　　只好獻出美人圖
節著獻出美人計　　成功一擺[58]害雙个
無成掠賊哭無爸　　準備王府要抄家
爲著國家兼百姓　　今日即著按哖生[59]
想落到塊喉嚨鄭[60]　　眞正無睏想歸暝
王允想到天卜光　　感覺有人塊開門
講話嘴內未輪返　　哭無出聲那塊嗿[61]
王允開嘴問什人　　貂蟬應話即輕鬆
聽見老爺心情重　　恨無氣力通幫忙
王允彼時即歡喜　　難能可貴我女兒
能得爲國行大義　　我就不免再傷悲
講起當今的世境　　董卓父子塊橫行
組織應皆能取勝　　誰知袁紹那無能
貂蟬實在眞屬害　　王允未講伊先知
就要伴情甲[62]伴愛　　慧劍出鞘雙面刣
王允實在眞夭壽[63]　　爲著國家結私仇

---

58 一擺，音：cit⁸pai²，一次。

59 按哖生，或記爲「按呢生」，音：an³ne¹senn¹，這樣。

60 喉嚨鄭，或記爲「嚨喉滇」，音：na⁵au¹tinn⁷，想哭的感覺。

61 嗿，或記爲「嚊」，音：chngh⁴，抽泣的聲音。

62 甲，或記爲「佮」，音：kah⁴，與、和。

63 夭壽，音：iau²siu⁷，心狠手辣。

先允呂布做牽手[64]　　後送董卓有理由
貂蟬送去到府內　　翻頭[65]呂布伊會知
此款對我大損害　　截店[66]半路卜甲刣
我乎汝刣無要緊　　講起天就黑一屏
共講使人不相信　　第一貂蟬尚可憐
昨日貂蟬即歡喜　　能得嫁汝做妻兒
世間著汝尚甲意　　別人恰美伊不池[67]
誰知董卓即可惡　　人食愈老愈糊塗
強搶媳婦卜做某　　眾人聽著面能黑
伊講後日做皇帝　　皇后貂蟬伊一个
貂蟬若是敢卜假[68]　　王府全部要抄家
貂蟬交待一封信　　交乎將軍伊愛人
無救決定卜自盡　　人格不乎人看輕
世間只汝伊甲意　　二八青春少年時
董卓搶婚逆天理　　食老不修路旁屍
呂布詳細聽了後　　英雄目屎照常流
離開王允送伊走　　王允本身再翻頭
王允暫時無代誌　　盡看貂蟬使絕技
專是伴情甲伴意　　二人總放袂律纏[69]
老牛食著幼菅筍[70]　　十日未曾去面君
不是飲酒就是睡　　無人攪擾足單純
呂布每日著塊踪　　走尋[71]貂蟬尋攏無

64　牽手，音：khan¹chiu²，老婆。
65　翻頭，音：huan¹thau⁵，回頭。
66　截店，或記爲「閘踮」，音：cah⁸tiam³，阻擋在……。
67　不池，或記爲「毋挃」，音：m⁷tih⁸，不要。
68　假，或記爲「扴」，音：keh⁸，阻礙。
69　袂律纏，或記爲「膾脲纏」，音：bue⁷lut⁸tinn⁵/ be⁷lut⁸tinn⁵，糾纏不清。
70　此句爲「老牛吃嫩草」之意。
71　尋，或記爲「揣」，音：chue⁷，找。

契爸媳婦伊亦好　　　　實在真無差不多
董卓去到金鑾殿　　　　呂布順勢尋貂蟬
鳳儀停腳塊表演　　　　父子二人仙拼仙
彼時呂布趕緊走　　　　貂蟬則時目屎流
為何呂布即不老[72]　　當做呂布亂亂來
董卓中計也不知　　　　同時命人卜加刣
搬返故鄉的所在　　　　認為王允給幫忙
董卓染著皇帝夢　　　　殺死董卓無別人
伊被王允請入甕　　　　貂蟬轉嫁呂布兒
刣死董卓是契子　　　　連環計策用有行
儘看貂蟬的運命　　　　貂蟬實在足可憐
丟在路邊無人認　　　　却返去飼即起身[73]
王允心地真憐憫　　　　行路親像雲過月
是年貂蟬二八歲　　　　主人命令不敢推
生做標準好骨塊[74]　　伊乎王允獻連環
貂蟬半點無哀怨　　　　連環計策算過關
臨急破法心怴亂　　　　認情答謝王允伊
貂蟬感覺真歡喜　　　　權勢無法通維持
敢是王允無福氣　　　　董卓部下卜求和
設計呂布刣董卓　　　　因此性命即著無
王允拒絕介[75]不好

72　不老，老不修的意思。
73　起身，音：khi²sin¹，發育。
74　骨塊，或記為「骨格」，音：kut⁴keh⁴，身材。
75　介，或記為「界」，音：kai³，最。

（二）〈台灣宗教〉

台灣宗教百百款[1]　只有五教塊爭端
宗教政府無塊管[2]　變來變去自由權
老子出世近百歲　已經頭毛嘴鬚白
仙風道骨的風格　能曉[3]奕棋甲[4]飲茶
伊有這套的理想　五教之中稱英雄
至今受人的敬重　無偏無差守中庸
孔子世人稱東聖　二仟外年袂變形
堅持存心來養性　人性本善最分明
大學之道伊有寫　恰贏別人歸牛車
包羅萬象無空隙[5]　萬世師表塊賺食[6]
佛祖主張是慈悲　二仟外年無改移
明覺宛如像閃爍　救難救苦無定時
佛祖立在彩雲頂　佛光普照救眾生
受人效法兼尊敬　世界各國有分靈
耶穌身揹十字架　號稱和華是天父
世人所有總兄姐　主張博愛同一家
眾人稱乎伊西聖　生在二仟的年前
救生救苦受天命　替人屬罪[7]是光榮
莫罕默德是回教　強姦殺人要斬頭
左手伊提可蘭經　右手舉劍卜[8]總巢[9]
教門有權通好政　司法治安最嚴明

1　百百款，音：pah⁸pah⁸khuan²，很多種。
2　無塊管，或記爲「無咧管」，音：bo⁵teh⁴kuan²，不管理。
3　能曉，或記爲「會曉」，音：e⁷hiau²，會、懂得。
4　甲，或記爲「佮」，音：kah⁴，與、和。
5　空隙，音：khang¹khiah⁴。
6　賺食，或記爲「趁食」，音：than³ciah⁸，賺錢度日。
7　屬罪，或記爲「贖罪」，音：siok⁸cue⁷，贖罪。
8　卜，或記爲「欲」，音：beh⁴/bueh⁴，要。
9　總巢，或記爲「總剿」，音：cong²cau⁵，全部剿滅。

教主直轄下命令　　絕對無人通講情
大體五教是鬥好[10]　　闖出黑馬一貫道
秘密場所傳三寶　　政府當局算袂和
最後政府即開放　　王快立委即打通
五教綜合作一貫　　教義大體總相同[11]
教名號做一貫道　　全島教友攏眞和
回教被他來打倒　　五教換伊回教無
四百年前的台灣　　漢人未到專[12]熟番
自己教門眞多款　　荷蘭先到他先傳

荷蘭他傳基督教　　教堂建在每地頭
教堂可比像學校　　婚喪喜慶他總包
耶穌身揹十字架　　尊奉吾主叫天爸
會內教友稱兄姊　　總聽牧師伊一个
山外三教儒釋道　　自古至今總能和
最先丁蘭孝父母　　刻木爲娘還功勞
中華民族有承認　　忠孝立聖亦做神
有緣成佛西方進　　敬拜效法心如眞
若有信仰有力量　　精神寄託眞正常
社會宗教大影響　　惡質[13]的人變善良
每尊先聖教咱好　　善男信女向伊學
姓名一一我來報　　介紹在生的功勞
玉皇大帝是天公　　天公算來是神王
天地萬物伊塊創[14]　　儒道釋教拜相同
觀音大士是男神　　伊有三十二化身

10　鬥好，或記爲「拄好」，音：tu²ho²，剛好。
11　相同，或記爲「相仝」，音：sio¹kang⁵。
12　專，或記爲「仝」，音：cuan⁵，全部。
13　惡質，音：ok⁴cit⁴，本性惡劣的。
14　創，音：chong³，開始、創造。

有時化做婦女面　　是男是女分袂眞
天生五管慈祥面　　金童玉女隨兩平[15]
明覺如電哪哖緊[16]　　騰雲駕霧一身輕

15　平，或記爲「爿」，音：ping[5]，邊。
16　哪哖緊，或記爲「赫爾緊」，音：hiah[4]ni[7]kin[2]，那麼快。

(三)〈漳泉過台灣〉

河洛來自福建省　大概二三百年前
爲著唐山歹環境　移民台灣來求生
七州八府六四縣　來台多數是漳泉
也有不服清廷管　姑不而終[1]來台灣
卜[2]來台灣過黑海[3]　就用竹籠[4]絞[5]竹筏
闖若無過允凍害[6]　全家覆沒誰不知
要來事先做準備　至少糧食栓[7]半年
同時嗎要帶種子　開墾土地要本錢

泉州先到住海口　漳州晚來住內兜[8]
海口雖然風恰透　落海一日趕雙流
先顧三頓尙重要　居住暫時虎尾寮
欠缺代誌算袂了　也是成功爲目標
卜來台灣招歸陣[9]　未輪[10]進香甲[11]迎神
沿海媽祖多人信　請來台灣保萬民
漳州多數拜關公　無論經商亦[12]經農
關公正義不免講　虔誠信徒攏認同
漳泉最早住[13]河南　全部住在洛陽東
五胡亂華眞歹紡[14]　漢人迫甲走無空

1　姑不而終，或記爲「孤不而將」，音：koo1put4ji5ciong1，不得以、無可奈何。
2　卜，或記爲「欲」，音：beh4/bueh4，要。
3　黑海，指黑水溝。
4　竹籠，或記爲「竹篙」，音：tik4ko1，竹竿。
5　絞，音：ka2，栓緊。
6　允凍害，或記爲「穩當害」，音：un2tang3hai7，一定糟糕。
7　栓，或記爲「攢」，音：chuan5，準備。
8　內兜，音：lai7tau1，相對於沿海，指內陸。
9　歸陣，或記爲「規陣」，音：kui1tin7，一整群的人。
10　未輪，或記爲「膾輪」，音：bue7su1/be7su1，好像。
11　甲，或記爲「佮」，音：kah4，與、和。
12　亦，或記爲「抑」，音：a2，或是。
13　住，或記爲「蹛」，音：tua3，居住。
14　歹紡，音：phainn2phang2，很難處理。

漢人趕緊下江南　　拼命冒險過長江
走若無離[15]　猿免弄[16]　終點福建甲廣東
最遠終點到廣東　　多數攏總是客人
河洛的人恰含慢[17]　走到福建過閩江

閩南專講河洛話　　久來走音出問題
有人講是閩南語　　有人講是和茗話[18]
河洛的人儘孝義　　專是漢人的後裔
最早丁蘭先做起　　伊刻爹娘作神碑[19]
神主牌仔[20]有寫字　　祖公父母何時生
嗎有寫名甲寫信　　做祀祭拜萬萬年
搬來台灣的所在　　神主亦是請過來
安在廳頭塊奉拜　　伊參眾神排歸排
觀音佛祖上頂面　　金童玉女在兩屏[21]
媽祖灶君在下面　　只是用紙印圖形
漳州的人拜關公　　地與泉州不相同
紅面正氣看著爽　　身邊關平甲周倉
敬拜神明心安定　　個人認真落[22]經營
初來台灣袂適應　　嗎要忍耐過一生
台灣山高溪門多　　島上四面專[23]是溪
內山雨量若是多　　口面[24]容易出問題

15　無離，或記爲「無離」，音：bo⁵li⁷，來不及。
16　猿免弄，或記爲「猴免弄」，音：kau⁵bian²lang⁷，沒搞頭。
17　含慢，或記爲「頇顢」，音：han¹ban⁷，形容人愚笨、沒有才幹。
18　和茗話，即河洛話（ho⁵lok⁸ue⁷），或作「貉獠話」、「貉佬話」、「福佬話」。
19　神碑，音：sin⁵pi¹，指祖先神像。
20　神主牌仔，音：sin⁵su²pai⁵a²，指祖先牌位。
21　屏，或記爲「爿」，音：ping⁵，邊。
22　落，音：loh⁸，花工夫、時間。
23　專，或記爲「全」，音：cuan⁵，都是。
24　口面，音：khau⁵bin⁷，外面。

颱風若來爲尚苦　作物打甲土土土
起點攏是呂宋島　台灣把[25]著風颱路
彼時台灣多蚊蟲　天狗熱[26]是尚歹空[27]
起寒身軀齊震動　一年死去眞多人
熟番原本住海口　被咱迫甲上山頭
有時不願若出草　兩方刣[28]甲血那流[29]

當時清朝的政令　反起反倒[30]不平行
有時卜返變不肯　有時卜來變單身
一莊只有一字姓　團結即袂乎人侵
族群的力駛足硬[31]　小姓眞正不值錢
族群若小眞歹命　緊參大姓挺親晟
宣布眾人若知影　路途平坦變好行
唐山若來十一哥　有人匹配熟番婆
女方要求眞公道　子姓母係算能和
大家開始落耕地　多數攏要動牛犁
就要擔高落屯[32]下　各人開墾各人个
未耕以前開會議　眾人公家造土碑
排水亦是要設備　二項同時落實施
就對政府去申請　一匹土地我經營
政府派員來監定　即訂地番甲圖形
政府發給紅頭契[33]　能得典租甲買賣

---

25 把，音：pe²，看守、守衛。此指台灣位於颱風容易侵襲之處。
26 天狗熱，即登革熱。
27 歹空，音：phainn²khang¹，不好的事情、無利可圖的事。
28 刣，音：thai⁵，殺。
29 血那流，或記爲「血若流」，音：hueh⁴na²lau⁵，血流不止。
30 反起反倒，音：huan²khi²huan²to³，變來變去，反覆無常。
31 駛足硬，或記爲「使足硬」，音：sai²ciok⁴nge⁷，裝出很強勢的樣子。
32 屯，或記爲「塡」，音：thun⁷，用土塡地。
33 紅頭契，附有契尾的文書俗稱「紅契」、「紅頭契」或「印契」。而契尾則爲

平平也是政府地　　權利移轉無問題
見面有地開始拼　　比較唐山有恰贏
自恨出世貧赤[34]子　　攪恰艱苦嗎不驚
做田一冬[35]過一冬　　瞨望[36]天公罩[37]幫忙
逢著歹冬做袂動　　第 不值做田人
種作有收即歡喜　　三牲酒禮答謝天
但願眾神罩保庇　　年年豐收大賺錢
一年過了又一年　　望卜早日出頭天
求若平安邁[38]破病[39]　　甘願有量讓人侵
樂極生悲原有數　　政府規定卜收租
到這農民恰艱苦　　除了耕作無別圖[40]
平平耕作無同款[41]　　收成若有恰樂觀
好歹大家甭哀怨　　不過自然能抄煩[42]
有人家庭袂平安　　一日三頓當當緊[43]
山窮海傑[44]無塊趁[45]　　生活實在無簡單
土地塊作有好歹　　若作底地驚水災
真正悽慘做一擺　　卜對誰人訴悲哀
也有家庭起破病　　就攪了錢看先生
人卜悽慘一目眸[46]　　命醜即能按年生[47]

　　民間向政府登記土地權利，官方發給之證明。
34　貧赤，或記為「散赤」，音：san³chiah⁴，赤貧。
35　冬，音：tang¹，年。
36　瞨望，或記為「向望」，音：ng³bang⁷，期待。
37　罩，或記為「湊」，音：tau³，幫忙。
38　邁，音：mai³，不要。
39　破病，音：phua³penn⁷，生病。
40　圖，音：too⁵，方法。
41　同款，或記為「仝款」，音：kang⁵khuan²，一樣。
42　抄煩，或記為「操煩」，音：chau¹huan⁵，操心、煩惱、憂慮。
43　當當緊，或記為「頓頓」，音：tng³tng³an⁵，餐餐都不容易，指生活窮困。
44　山窮海傑，或記為「山窮海竭」，指經濟拮据，無以為生。
45　趁，音：than³，賺錢。
46　一目眸，或記為「一目瞬」，音：cit⁸bak⁸nih⁴，一瞬間，
47　按年生，或記為「按呢生」，音：an³ne¹senn¹，這樣。

無本耕作做袂動　　　　租金無納卜拉人
家內眞正無半項　　　　子兒就去做長工
貧人的子足可憐　　　　小漢不知誰原因
就看別人的頭面　　　　等待何時能出身
非是父母伊淌慘[48]　　　確實父母眞不甘
每日天光想到暗　　　　時常背後做孝男

長工先提長工青　　　　最短時間爲一年
平素工作算眞硬　　　　若卜休息靠歹天
若卜宿眠[49]靠落雨　　　若無不能宿半晡[50]
長工實在足艱苦　　　　年紀若多叫老爐[51]
智識若是恰豐富　　　　看破走去學工夫
時間三年四月久　　　　技術在手無恰輸
本身若是有才藝　　　　往往工人變頭家
不免被看無目地[52]　　能曉轉變無幾个
早年經濟不富裕　　　　嬰兒抱來做心婦[53]
此款婚姻眞特殊　　　　阿兄大漢[54]變丈夫
當時大勢恰艱苦　　　　個人自然能想步
妹妹大漢變做某[55]　　此點比較有糊塗
大漢做某無要緊[56]　　被人苦毒[57]足可憐
日日要看人頭面　　　　並無地位一身輕

---

48 淌慘，或記爲「濫糝」，音：lam⁷sam²，胡亂來。
49 宿眠，或記爲「歇眠」，音：hioh⁴khun³，休息。
50 半晡，音：puann³poo¹，半天。
51 老爐，或記爲「老奴」，音：lau⁵loo⁵/lau⁷noo⁵，老奴才。
52 看無目地，音：khuann³bo⁵bak⁸te⁷，沒有看在眼裡，瞧不起之意。
53 心婦，或記爲「新婦」，音：sin¹pu⁷，媳婦。
54 大漢，音：tua⁷han³，指長大。
55 某，音：boo²，妻子。
56 無要緊，音：bo⁵iau⁵kin²，沒關係。
57 苦毒，音：khoo²tok⁸，虐待。

彰化學

心婦第一無地位　　往往攏是要食虧[58]
冤枉無塊通吐氣　　每日目屎[59]四禪雖[60]
莫非敢是命所注　　不時痕跡歸身軀
真正食無打罵有　　比較豚[61]狗亦恰輸
每日都塊流目屎　　根本生母全不知
到底咱帶[62]誰所在　　放我一個塊悲哀
別人有通去讀書　　獨我就去却[63]蕃藷
三頓又是我塊煮　　別人食粒[64]我飲湯
也有賣乎人做子　　倒擋[65]袂得攔再行
不知有疼也無疼　　一切自己要認命
女兒賣人做媗婢[66]　有疼無疼由在伊
永遠袂得通相見　　貧人真正不值錢
賣人做媗真歹命　　就要跟人叫阿娘
十個之九無人疼　　若去陪葬無性命
查某媗仔被陪葬　　此款例俗介不通
無罪無過受冤枉　　一命就去見閻王
本件發生民國前　　彰化縣內來發生
苦命女婢真不幸　　問著[67]員外真酷刑
去到陰府卜報到　　名字先[68]尋[69]尋都無
文判心肝有到[70]好　隨時報告伊閻羅

---

58 食虧，音：ciah⁸khui¹，吃虧，遭受冤枉的損失。
59 目屎，音：bak⁸sai²，淚水、眼淚。
60 四禪雖，或記爲「四淋垂」，音：si³lam⁵sui⁵，涕淚交流的樣子。
61 豚，豬。
62 帶，或記爲「蹛」，音：tua³，居住。
63 却，或記爲「抾」，音：khioh⁴，撿取。
64 粒，音：liap⁸，湯中之料曰粒。
65 倒擋，或記爲「倒轉」，音：to³tng²，回來。
66 媗婢，音：kan²pi⁷，婢女。
67 問著，或記爲「拄著」，音：tu²tioh⁰，遇到。
68 先，音：sian¹，反覆不斷、一直。
69 尋，或記爲「揣」，音：chueh⁷，找。
70 有到，或記爲「有夠」，音：u⁷kau³，足夠。

陽間壽數也袂盡
此位女魂足可憐
黑白無常恰趕緊
去到陽間查原因
黑白無常真打拼
來到陽間去探聽
女魂一位歹命子
賣身葬父足出名
對手就是陳員外
伊的度量有到隘[71]
靠伊有勢黑白做
某死用姇來作陪
身屍雖然也未歹[72]
回魂本身就隨知
可惜蓋在棺木內
是卜如何爬起來
閻王託夢乎縣令
報告經過的情形
叫伊隨時做決定
救人動作隨進行
縣令得夢即知影
一半懷疑一半驚
趕緊卜救一條命
本身帶隊則時[73]行
趕到馬興的所在
一粒凶喪門即埋
先加掘開[74]來看覓[75]
同時去召墓主來
墓土掘開看隨知
二棋棺木擺拉排
縣令斷定本厲害
先將小棋加打開
打開完全即相信
一位女童在內面
自己喊聲無要緊
開嘴感謝縣大人
一位女子即可愛
縣令目屎流落來
能得復生算加再[76]
去路縣令給安排
聽講入山帶廟寺
後來是伊做主持
伊對身世真神秘
地方無人能識伊

---

71 隘，或記為「狹」，音：eh8，狹窄。
72 也未歹，或記為「猶未歹」，音：iau2bue7phainn2，還沒壞掉。此指還沒腐爛。
73 則時，或記為「即時」，音：cik4si5，立刻。
74 掘開：音：kut8khui1，用鋤頭挖開。
75 看覓，音：khuann3mai7，看看再說。
76 加再，或記為「佳哉」，音：ka1cai3，幸好、幸虧。

男兒若分乎人飼　　就是跋落子兒坑[77]
對方無生恰貴氣　　替咱晟養[78]咱子兒
有生分去分人疼　　相差有子無子名
但願子兒能好命　　比較在家亦恰贏
彰化一位曾員外　　有財無丁出問題
二百外甲的土地　　想甲心肝慮花花[79]
財產即大無路用　　時到無人通繼承
養子念頭做決定　　拜託媒人落進行
竹塘員外卜分子　　台灣全島齊風聲
個個媒人眞打拼　　緊尋嬰兒結親晟
自從消息發布後　　一日媒人相叩頭[80]
連同嬰兒抱甲到　　看無合意隨翻頭
因爲曾家財產大　　若無福氣飼袂活
不是沖犯就是煞　　絕對不免留塊拖
曾家夫婦煞神重　　眞正有影驚死人
無生連分亦無望　　爲何參人不相同[81]
夫婦分甲不敢愛　　害死眞多囝仔裁[82]
自恨命底有夠醜　　歸去宿困即攔來
曾家暫時且宿睡　　後不分子卜分孫
埔心黃家有緣份　　分來生子甲傳孫
黃家生有九个子　　貧赤無法通好晟
按算一個分人疼　　門著媒人塊探聽
媒人來甲員外講　　日館一位黃九郎
此巢囝仔根藤旺　　何不來去甲拜訪

77 跋落，音：puah⁸loh⁸，跌落。跋落子兒坑，指爲了生孩子而不斷地生孩子。
78 晟養，或記爲「成養」，音：chiann⁵iong⁵，養育。
79 慮花花，發音可能爲：hi¹leh⁴leh⁴，形容心情慘淡。
80 相叩頭，或記爲「相硞頭」，音：sio¹khok⁸thau⁵，指來往往的媒人很多。
81 相同，或記爲「相仝」，音：sio¹kang⁵，一樣。
82 囝仔裁，或記爲「囡仔裁」，音：gin²a²cai¹，早夭的孩童。

員外聽著即歡喜　　隨叫媒人加通知
十月十五好日子　　本人登府拜訪伊
不覺時日隨時到　　員外夫婦到他兜
對方門口塊等候　　則時接入到內頭
員外看著即歡喜　　對方眞正有禮儀
舉止談吐眞客氣　　論眞咱也不及伊
九郎睡在搖籃內　　看見今日人客來
可比大家眞識在[83]　　笑甲嘴仔離西西[84]
員外看著足甲意　　目睭重純[85]又有鼻
五官端正有福氣　　肉白嘴唇紅支支
媒人開嘴即講起　　兩方攏是眞趣味
黃兄若是有誠意　　應皆[86]看著外多錢[87]
黃家主人隨應伊　　分子不是塊講錢
較似[88]員外有甲意[89]　　錢銀多少撥一邊
員外彼時獻大路　　龍銀紅包二四元
小漢認眞加照顧　　大漢食飽取收租
此場到這做決定　　媒人抱嬰仔做頭前
小小紅包收去用　　失禮汝請我無閒
大家回返到本地　　這是未來大頭家
員外發出媒人禮　　小些[90]乎汝去食茶
自從養孫返來到　　員外歡喜目屎流
爲何員外那卜哭　　一場好戲塊後頭

83　識在，或記爲「熟似」，音：sik⁸sai⁷，熟識。
84　離西西，或記爲「裂獅獅」，音：lih⁸sai¹sai¹，開得像獅子的口一樣大。
85　重純，或記無「重巡」，音：ting⁵sun⁵，雙眼皮。
86　應皆，或記爲「應該」，音：ing⁵kai¹，應該。
87　此句是說，看看需要多少錢的意思。
88　較似，或記爲「假使」，音：ka²su²，如果。
89　甲意，或記爲「佮意」，音：kah⁴i³，喜歡、中意。
90　小些，或記爲「小可」，音：sio³khua²，少許、一些些。

鹿寮員外曾番地　本身做人眞趣味
平素伊是儉死死[91]　九郎卜開由在伊[92]
伊的學問特別好　九郎改名曾清河[93]
若在考試不驚考　一名二名免驚無
他的漢緣[94]特別好　人人稱乎伊人哥
庄中欠錢尋伊討　頭人開嘴不識[95]無
看是迎神也做戲　亦是觀神拉童乩
倩工造路開自己　不免動員甲半絲
做人實在足趣味　相差拉錢不準錢
他媽雖然能受氣[96]　不過無能通管伊
機車駛落溝底內　即叫查某攏總來
一个二元若卜愛　來我面前排歸排
一日一擺眞趣味　開這算來小可錢
但願大家若歡喜　留即多錢是卜哖[97]
最初飲酒伊袂曉　習慣無去楝袂條[98]
查某總來無加數　老蔥[99]攏嗎講効槮[100]
後來全島飲透透　全間茶店伊總包
有錢勢力使能到　每次都卜出風頭
阿媽知影塊加吵　算法半點都無差
一日若是開三百　租款先開嗎袂礁[101]

91　儉死死，音：$khaim^7si^2si^2$，非常節儉、吝嗇。
92　由在伊，音：$iu^5cai^7i^0$，隨他便。
93　曾清河，即曾深河。
94　漢緣，音：han^3ian^5，即人緣。
95　不識，或記爲「毋捌」，音：m^7bat^8，不曾。
96　受氣，音：siu^7khi^3，生氣。
97　卜哖，或記爲「欲呢」，音：beh^4ni^1，要怎麼辦。
98　楝袂條，或記爲「擋燴牢」，音：$tong^5be^7tiau^5$/ $tong^5bue^7tiau^5$，受不了。
99　老蔥，或記爲「老娼」，音：lau^5chang^1，老鴇。
100　効槮，或記爲「嘐潲」，音：hau^1siau^5，說大話。
101　礁，或記爲「焦」，音：ta^1，完、盡的意思。

可惜清河不聽話　　命底註皆[102]就連回[103]
現金開了[104]賣土地　　續落[105]生活成問題
土地賣完厝續卡[106]　　墳墓掘了即收腳
擱來三頓袂得飽　　家產全部攏總礁

---

102 註皆，或記爲「註該」，音：cu³kai¹，註定。
103 回，音：lian⁵hue⁵，情況悽慘，落魄流浪。
104 開了，khai¹liau²，花光、錢花完。
105 續落，或記爲「紲落」，音：sua³loh⁰，接下來。
106 卡，或記爲「敲」，音：kha³，拆除。

（四）〈二林名人歌〉（代擬）

許可執照做老師　　有教無類眞自如[1]
學徒當做親子女　　非是只要得證書
委任最初五權[2]教　偏避學校總無差
分數十個九個甲　　不怕上司來抽查
升級調換到原斗　　原斗翻身隨閂頭[3]
多數考中好學校　　卜[4]走家長強度留
調職中正做校長　　領導屬下有主張
紅包回扣伊無想　　豎[5]在清廉的立場

陳烈公開如水明　　正是地方的菁英
能力眾人所肯定　　個個稱呼小孔明
水明眞有軍師格　　地方尋[6]無第二个
選舉聘伊來設計　　票數得多錢免加
第一勢面看能準　　即用四兩破千斤[7]
逐回[8]選舉攏眞順　車尾吊甲眞齊勻[9]
文章能寫話能講　　替人做事萬事通
自己絡齊[10]眞套棟[11]　一生做人算成功

講起明山尊婦人　　挑花刺繡足認眞

1　自如，輕鬆、無負擔。
2　五權，學校名。
3　閂頭，或記爲「掌頭」，音：thenn³thau⁵，露出頭部，喻出頭管事，此指展露光芒。
4　卜，或記爲「欲」，音：beh⁴/bueh⁴，要。
5　豎，或記爲「徛」，音：khia⁷，站。
6　尋，或記爲「揣」，音：chue⁷，尋找。
7　四兩破千斤，即四兩撥千斤。
8　逐回，音：tak⁸hue⁵，每一次。
9　齊勻，音：ciau⁵un⁵，均勻。
10　絡齊，或記爲「落齊」，音：loh⁸chiau⁵，去調整。
11　套棟，或記爲「妥當」，音：tho³tong³，穩當、可靠。

頭殼犁犁[12] 無看面　　眞正親像囝仔身[13]
看眞就是用筆畫　　畫了一幅牡丹花
牡丹貴氣無塊買　　只好用筆畫假花
牡丹本是搖錢樹　　花容整日笑不休
人講牡丹花下死　　眞正做鬼也風流
夫婦能畫甲能寫　　不免作田[14] 有通食[15]
閒行坐店像小姐　　免做粗重如少爺

明星校長許委淋　　伊的道行有到[16] 深
學徒成功爲己任　　最後退休在二林
他對五俊[17] 來教起　　競爭不曾[18] 舉白旗
有向無敵即舒適　　比賽冠軍總是伊
教育以外有服務　　犧牲奉獻不認輸
上台演講不驚久　　不免看稿眞工夫
現在身退心不休　　逐過學校總保留
桃李若是有成就　　只有得名利無收
二林水明正菁英　　人人稱呼小孔明
未到代誌敢斷定　　特別就是向選情
文章能寫話能講　　選舉方面萬事通
他肯幫忙穩套棟　　將來不曾無成功
伊是一个軍師格　　二林尋無第二个
請教不免紅包禮　　外人隨意由人提

---

12 犁，音：le⁵le⁵，頭低垂貌。
13 囝仔身，或記爲「囝仔身」，音：gin²a²sin1，形容身材嬌小玲瓏。
14 田，音：coh⁴chan⁵，種農作物。
15 有通食，音：u⁷thong1ciah⁸，有得吃。
16 有到，或記爲「有夠」，音：u⁷kau³，足夠。
17 五俊，指芳苑鄉五俊村。
18 不曾，或記爲「毋捌」，音：m⁷bat⁸，不曾。

平生義務伊肯做　　做人第一得人和[19]
家庭經濟固眞好　　不良習慣半項無
若有孔明有水鏡　　介紹公所澄滄兄
粗力不敢參人拼　　用腦寫字伊不驚
無論作文寫大字　　地方山名能做詞
口才猶原眞流利　　名人雅士就是伊
自從公所退休後　　俗事無參人眞賢
就是世事著有透　　時段文人歹出頭
厝內古董積眞多　　生活大概無問題
只有羨賞[20]無塊賣　　人品蓋倒二林街

詩序能做話能講　　民政課長洪澄滄
做官清廉人和爽　　書法寫去眞成功
一表人才人肯定　　標準地方的菁英
每項評鑑有著等[21]　　彰化縣下足聞名
伊無爲名甲爲利　　朋友罩陣[22]無心機
只有一點的趣味　　收集古董伊無辭
每件古董眞可愛　　有時遠方人客來
伊用古董做招待　　介紹歷史乎人知

19　得人和，音：tit⁴jin⁵ho⁵，得人擁戴。
20　羨賞，音：sian⁷siong²，欣賞。
21　著等，tioh⁸ting²，得獎、得名。
22　罩陣，或記爲「湊陣」，音：tau³tin⁷，一起。

彰化學叢書　啓動彰化學・見證半線風華

1
土地哲學與彰化詩學
蕭蕭　著
定價：250 元

我不是在建構彰化詩學，我只是在喚醒大家的記憶，關於詩、關於彰化、關於台灣和愛。

2
人間典範全興總裁
康原　著
定價：250 元

這是「做牛著拖，做人著磨」的全興總裁一生故事，他就像台灣牛，有田犁田，無田載土豆，用心犁出了一畝全興人都能安身立命的樂土。

3
走向激進之愛
陳建忠　著
定價：250 元

宋澤萊（1952～）這位來自雲林鄉間，二十年來執教於彰化福興國中的小說家，究竟有何等魅力，能捲起本土文學「宋澤萊風暴」呢？激進之愛如何走，從宋澤萊筆下的小說一窺究竟。

4
給小數點台灣
——曹開數學詩
曹開　著
王宗仁　編訂
蕭蕭　校審
定價：250 元

王宗仁為曹開數學詩全新編次，收錄全部數學詩作，此書可謂最完整齊備之曹開數學詩集。

5
人間煉獄
——曹開新詩研究
王宗仁　著
蕭蕭　校審
定價：280 元

曹開一生創作，只為記錄這一段在台灣充滿禁忌與被消音的記憶。本書企圖驅離白色恐怖歷史的迷霧，位曹開新詩在定位。

6
鄉間子弟鄉間老
——吳晟新詩評論
林明德　編
定價：280 元

吳晟生於彰化縣溪州鄉，詩文雙重奏，許多詩篇是歷史的影子，絕對可以視之為詩史。

7
追蹤彰化平原
康原　著
定價：250 元

我已經立定志向，五十歲以後要獻給「彰化平原」，為這塊生我、育我、長我的土地去找尋，用我的筆去建構土地的歷史，記錄子民的生活。

8
台灣傳統末代文人
　　——施文炳詩文集
施文炳著
洪惠燕編
林明德審訂
定價：300 元

施文炳詩作獲獎無數，近年更獲得金曲獎傳統暨藝術音樂最佳作詞人獎。詩文書畫民俗兼備，叵謂堄代台灣的「末代傳統文人」。

9
歷史與現實的啄木鳥
　　——林雙不作品評論
康原　編
定價：250 元

收錄十三篇論述林雙不的文章，包括碧竹年代、林雙不年代的作品風格改變、散文與新詩的論述，從不同角度詮釋林雙不。

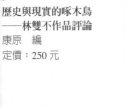

10
王白淵　荊棘之路
莫渝　編／定價：250元

王白淵（1902～1965）被視為台灣左翼文藝運動的創始者，唯一著作《荊棘之道》是台灣新文學史上第一本日文詩文集。

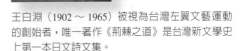

11
好山好水‧彰化自然地理
楊貴三、范舜侑　著
定價：250 元

本書以彰化縣地質、地形、氣候、水文、土壤、天然災害等六大特色著墨，勾勒出彰化縣優越的自然地理環境。

12
錦連的時代
　　——錦連新詩研究
蕭蕭、李佳蓮　編
定價：300 元

詩人錦連（1928～）自有屬於他自己的時代。因為，這一百年的台灣、台灣人、台灣詩人，都沒有錦上添花的榮華歲月。

13
台灣童謠園丁
——施福珍囝仔歌研究
施福珍　編
定價：250 元

擁有「童謠囝仔王」之稱的施福珍，創作台灣囝仔歌謠四百多首，其中〈點仔膠〉、〈羞羞羞〉傳唱多時，深植人心。

14
臺灣古典詩家洪棄生
陳光瑩　著
定價：320 元

洪棄生（1866～1928），彰化鹿港人，為清末至日治時期臺灣古典詩大家。本書論其人、其事、其詩，總論其成就與地位。

15
巧成真布袋戲偶藝術
洪淑珍　著
定價：250 元

雲州大儒俠史艷文的幕後雕刻聖手是誰？對台灣布袋戲有興趣，就不能不認識「巧成真」。

16
有港口的街市
——翁鬧長篇小說中日對照
翁鬧　著
杉森藍　譯
定價：300 元

收錄日文原作，與杉森藍所譯的中文讀本，特別安排中日文對照。另收錄翁鬧生平研究及導讀，是最完整的珍貴紀錄。

17
生命之詩
——林亨泰中日文詩集
林亨泰　著
林巾力　譯
定價：250 元

此詩集包括〈人的存在〉、〈生命之詩〉以及《愛彌兒》讀後〉。而最特別之處，在於收錄林亨泰一九九五大病之後的作品。

18
時光千噚
——石德華散文集
石德華　著
定價：300 元

以時間為線，所有關於彰化的舊憶，自屬開章第一卷〈我的小村如此多情〉。第七卷〈左文學，右教學〉，僅將義學體認、教學經驗，以數篇文章為記，做為今生的印記。

19
蕭蕭新詩乾坤
——蕭蕭新詩研究
林明德　編
定價：250 元

當今臺灣詩壇，蕭蕭集編、寫、評、教於一身，是位相當重要的詩人。本書延攬了張默、白靈、丁旭輝等知名教授與詩人評析蕭蕭新詩，教您讀懂蕭蕭的文字乾坤與新詩奧妙。

20
林亨泰的天地
——林亨泰新詩研究
蕭蕭　編
定價：250 元

此書延攬郭楓、丁旭輝、林巾力等人的評論，不僅探討林亨泰生平、創作背景、作品結構，更進一步分析林亨泰對本土詩壇的重大影響，是了解林亨泰詩作不可或缺的評論集。

21
《維繫傳統文化命脈——
員林興賢書院與吟社》
張瑞和　著
定價：300 元

收錄了許多「興賢書院與吟社」相關的歷史背景和重要詩人傳略，是了解彰化儒學、書院發展的重要書籍。

22
《翁鬧的世界——翁鬧論
文集》
蕭蕭‧陳憲仁　編
定價：320

翁鬧是台灣新文學的異端，他的文學創作並非全為了忠實呈現客觀的外在世界，他從事的是內省的思考與探索，他所重視和追求的理想境地是藝術手法的提升。

23
台灣玻璃新境界
——台明將與台灣玻璃館
康原　編
定價：280 元

介紹台灣玻璃產業的傳奇，收錄多位作家與學者所撰寫的文章，是了解台灣玻璃產業發展歷程與新境的最佳入門書。

24
陳肇興及其《陶村詩稿》
顧敏耀　著
定價：350 元

陳肇興這一顆清領時期最耀眼的明星，被譽為「彰化文學的第一座豐碑」當之無愧。

國家圖書館出版品預行編目資料

陳再得的台灣歌仔 / 陳益源‧陳必正‧陳芳慶編.
初版.——台中市：晨星，2011.1
　　　面；　公分.——（彰化學叢書；31）
　　　參考書目:面

　ISBN　978-986-177-469-5（平裝）

　1.歌謠 2.民間故事 3.台灣

　539.133　　　　　　　　　　　　　　99026055

彰化學叢書
031

陳再得的台灣歌仔

編者	陳益源‧陳必正‧陳芳慶
主編	徐惠雅
排版	王廷芬
總策畫	林明德‧康原
總策畫單位	彰化學叢書編輯委員會

發行人　陳銘民
發行所　晨星出版有限公司
　　　　台中市407工業區30路1號
　　　　TEL：04-23595820　FAX：04-23597123
　　　　E-mail：morning@morningstar.com.tw
　　　　http：//www.morningstar.com.tw
　　　　行政院新聞局版台業字第2500號
法律顧問　甘龍強律師
承製　知己圖書股份有限公司　　TEL：（04）23581803
初版　西元2011年1月23日

總經銷　知己圖書股份有限公司
　　　　郵政劃撥：15060393
　　　　（台北公司）台北市106羅斯福路二段95號4F之3
　　　　　　　　　　TEL：（02）23672044　FAX：（02）23635741
　　　　（台中公司）台中市407工業區30路1號
　　　　　　　　　　TEL：（04）23595819　FAX：（04）23597123

定價 300 元
ISBN　978-986-177-469-5
Published by Morning Star Publishing Inc.
Printed in Taiwan

◆ 讀 者 回 函 卡 ◆

以下資料或許太過繁瑣，但卻是我們了解您的唯一途徑
誠摯期待能與您在下一本書中相逢，讓我們一起從閱讀中尋找樂趣吧！

姓名：＿＿＿＿＿＿＿＿＿　別：□ 男　□ 女　生日：　　/　　/

教育程度：＿＿＿＿＿＿＿＿＿

職業：□ 學生　　　　□ 教師　　　　□ 內勤職員　　□ 家庭主婦
　　　□ SOHO族　　□ 企業主管　　□ 服務業　　　□ 製造業
　　　□ 醫藥護理　　□ 軍警　　　　□ 資訊業　　　□ 銷售業務
　　　□ 其他＿＿＿＿＿＿＿＿＿＿

E-mail：＿＿＿＿＿＿＿＿＿＿＿＿＿　聯絡電話：＿＿＿＿＿＿＿＿＿

聯絡地址：□□□＿＿＿＿＿＿＿＿＿＿＿＿＿＿＿＿＿＿＿＿＿＿＿

購買書名：陳再得的台灣歌仔＿＿＿＿＿＿＿＿＿＿＿＿＿＿＿＿＿

‧本書中最吸引您的是哪一篇文章或哪一段話呢？＿＿＿＿＿＿＿＿＿

‧誘使您購買此書的原因？

□ 於＿＿＿＿ 書店尋找新知時　□ 看＿＿＿＿ 報時瞄到　□ 受海報或文案吸引

□ 翻閱＿＿＿＿ 雜誌時　□ 親朋好友拍胸脯保證　□＿＿＿＿ 電台DJ熱情推薦
□ 其他編輯萬萬想不到的過程：＿＿＿＿＿＿＿＿＿＿＿＿＿＿＿
‧對於本書的評分？（請填代號：1. 很滿意 2. OK啦！ 3. 尚可 4. 需改進）

面設計＿＿＿＿　版面編排＿＿＿＿　內容＿＿＿＿　文／譯筆＿＿＿＿

‧美好的事物、聲音或影像都很吸引人，但究竟是怎樣的書最能吸引您呢？

□ 價格殺紅眼的書　□ 內容符合需求　□ 贈品大碗又滿意　□ 我誓死效忠此作者

□ 晨星出版，必屬佳作！　□ 千里相逢，即是有緣　□ 其他原因，請務必告訴我們！
＿＿＿＿＿＿＿＿＿＿＿＿＿＿＿＿＿＿＿＿＿＿＿＿＿＿＿＿＿

‧您與眾不同的閱讀品味，也請務必與我們分享：

□ 哲學　　　□ 心理學　　□ 宗教　　　□ 自然生態　□ 流行趨勢　□ 醫療保健

□ 財經企管　□ 史地　　　□ 傳記　　　□ 文學　　　□ 散文　　　□ 原住民

□ 小說　　　□ 親子叢書　□ 休閒旅遊　□ 其他＿＿＿＿＿＿＿＿＿
以上問題想必耗去您不少心力，為免這份心血白費

請務必將此回函郵寄回本社，或傳真至（04）2359-7123，感謝！
若行有餘力，也請不吝賜教，好讓我們可以出版更多更好的書！

‧其他意見：

更方便的購書方式：

（1）網站：http://www.morningstar.com.tw
（2）郵政劃撥　帳號：15060393
　　　　　　　戶名：知己圖書股份有限公司
　　　請於通信欄中註明欲購買之書名及數量
（3）電話訂購：如爲大量團購可直接撥客服專線洽詢

◎ 如需詳細書目可上網查詢或來電索取。
◎ 客服專線：04-23595819#230　傳眞：04-23597123
◎ 客戶信箱：service@morningstar.com.tw

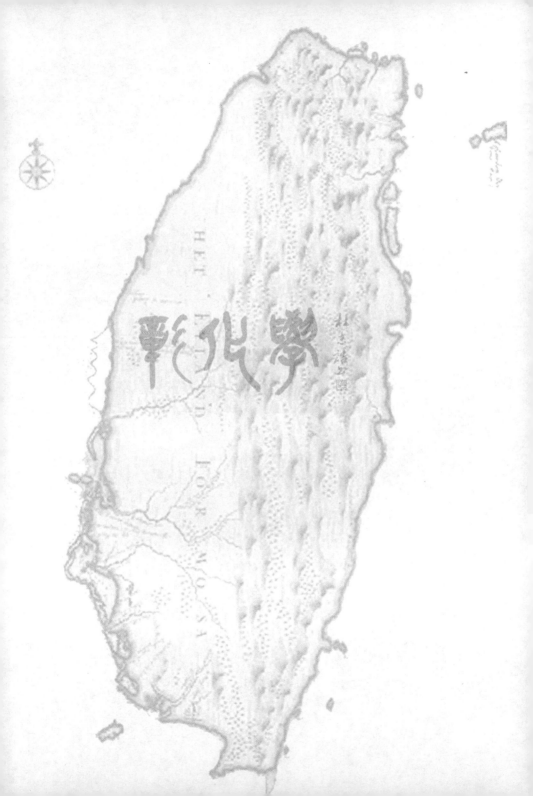